三国枭雄
司马懿

魏华北 著

文化发展出版社
Cultural Development Press

图书在版编目（CIP）数据

三国枭雄 ：司马懿 / 魏华北著．— 北京 ：文化发展出版社有限公司，2018.4

ISBN 978-7-5142-2178-7

Ⅰ．①三… Ⅱ．①魏… Ⅲ．①司马懿（179-251）—传记 Ⅳ．①K827=361

中国版本图书馆CIP数据核字（2018）第035820号

三国枭雄 ：司马懿

作　　者：魏华北

责任编辑：肖润征

产品经理：杨郭君

监　　制：白　丁

出版发行：文化发展出版社（北京市翠微路2号）

网　　址：www.wenhuafazhan.com

经　　销：各地新华书店

印　　刷：三河市文通印刷包装有限公司

开　　本：700mm×980mm　1/16

字　　数：206千字

印　　张：17.75

版　　次：2018年5月第1版　2018年11月第4次印刷

ISBN：978-7-5142-2178-7

定　　价：39.80元

目录

“时下国运衰危，豪杰纷争。我不读经史，既无文才，更无武略，出去为官也不会有什么作为，倒不如闲在家中。请使君代我谢过曹司空，就说仲达才疏学浅，徒具虚名，实在不能赴任。”

司马懿心中害怕，又想天下事已明朗，有识之士，当归依曹操，建功立业，更何况人家屡次来请，不如先屈就之，然后再相机而动。

曹操之死，曹丕即位，对于司马懿来说，无疑是人生的一个转折点。他因此而有机会率兵出战，充分发挥了其机智和谋略，先后北定辽东，西拒巴蜀，屡立奇功，无人替代。

曹丕对司马懿说：我在东方，您就主持西方事务；我在西方，您就主持东方事务。

身处纷争乱世，半生挥剑疆场。岁月如歌，残阳如血。

虽是能臣良将，然而数万将士生死系于一身，千里江山得失系于一身，面对长天，面对青山，面对厮杀战阵，不知果真有人能够始终轻松自若，胜似信步闲庭否？

“雄略内断，英猷外决”是他的气魄；“兵动若神，谋无再计”是他的才智；“生怯实而未前”是他的踌躇；“死疑虚而犹循”是他的谨慎……

诸葛亮比自己还年轻两岁。司马懿从内心里钦服他的才干和为人，虽然两人的性格相去甚远。假如没有战争，他们或许会隐居偏僻之乡，作为隐士相互倾慕；或许还会同朝为官，虽然会有矛盾和争执，但是目标却是一样的，都希望国家昌盛，民众安居乐业。但是，现在却是作为争战双方，是各为其主，是你死我活，是胜利与失败的较量，是两国存亡的选择。

司马懿良久不语，往事犹如梦魇穿透时空来到面前：泥泞得难以抽腿、阴雨中兵丁的抱怨、可怕的沉寂与死亡、军帐前雨滴单调地落在铁桶中的声音……一切都清晰可见，朦朦胧胧如在眼前，惊悸与疲惫一齐袭来。

年近古稀，事业依旧辉煌；生命却犹如溪水渐渐漫过黄叶，悄无声息。总要有最后那片刻的回眸……

“性宽绰而能容”才能左右逢源，苟求性命于乱世；“情深阻而莫测”才能披荆斩棘，越险阻而登攀。“辅翼权重，竭诚尽节”，三受托孤之重，可见拳拳之心；“天子在外，内起甲兵”，假风痹而政变，未必失贞臣之体。

俱往矣！一切故事，或许重如泰山？或许淡若轻烟？

感谢苍天，感谢生命，且待我三叩而别……

第一章

一波数折，司马懿无奈出仕路

“时下国运衰危，豪杰纷争。我不读经史，既无文才，更无武略，出去为官也不会有什么作为，倒不如闲在家中。请使君代我谢过曹司空，就说仲达才疏学浅，徒具虚名，实在不能赴任。”

司马懿心中害怕，又想天下事已明朗，有识之士，当归依曹操，建功立业，更何况人家屡次来请，不如先屈就之，然后再相机而动。

传说中的“狼顾之相”

公元179年。初秋，河内温县孝敬里（今河南省温县西）。

一片庞大的建筑群。深宅大院内，亭台楼榭相连，异木繁花掩映，屋檐交叠，雕梁画栋，人影穿梭往来，弦乐此起彼伏。处处显露出豪门士族的气派与威严。

司马防（字建公）手握一册《汉书》，在书房里徘徊。他最喜欢批读史书，漫游在历史场景与人物之间，评说是非，评说功过。一阵秋风拂过，几片黄叶在窗前飘零而下。司马防紧了紧衣襟。

这时，婢女来报：“恭喜老爷，太太生了，是个公子。”

司马防精神一振，甩掉手中的书，兴冲冲地跑去看自己的儿子。

刚刚出世的儿子不停地挣扎，似乎想要挣脱母亲的怀抱。母亲深情地望着怀抱中的婴孩，又含羞地望望丈夫，脸上洋溢着幸福的微笑。

司马防却面有忧色，悄然叹道：“时下，朝中宦官专权，软弱涣散，四野饥民流窜，豪杰相机而动，怕是汉朝气数已尽，天下将乱。生不逢时，焉知是福啊？！”

“太平之世，当思做治世之能臣；倘天下纷乱，岂非大丈夫建功立业之机也？”

不知什么时候，长子司马朗跑到了门前，朗声说道。司马朗（字伯达）年方八岁，聪明清俊，一表人才，眉宇间透露出轩昂之气。

“小孩子家，妄谈什么国事功业，还不快去研读经书！”司马防训斥道，但他的心中却有了一些慰藉。

这时，似有雷鸣隆隆自远天响起，时断时续，若有若无。母亲怀抱中的婴孩也发出一声声清脆的啼哭，仿佛与家人互为应答。全家上下无不感到诧异。

这是一个典型的儒教家庭。祖父司马儁（字元异），威武高大，官至颍川太守，身长八尺三寸，腰十围，常以报国为念，性情宽和仁爱，盛名远播乡里，亲族纷纷来投。司马防此时虽只是一个小吏，却胸怀大志，恪尽职守，后来官至京兆尹。父子二人，均颇有政声。

这个新生的婴孩即是司马懿。父亲以“懿”名之，是取德行美好之意，又依其兄“伯达”之字，为其取字“仲达”。后来，司马孚（字叔达）、司马馗（字季达）、司马恂（字显达）、司马进（字惠达）、司马通（字雅达）、司马敏（字幼达）相继出世，兄弟八人个个极富才学，成就非凡，时人并称“八达”，令人叹为观止。“八达”中最负史名的是仲达司马懿。他的一生，周旋于时事，盘桓于人海，历尽人事沧桑。半个世纪，杀伐战场，经天纬地，更可谓占尽了人杰风流。

司马懿生来聪明颖悟，多奇思妙语，被家人视为掌上明珠。司马防对儿子寄予厚望，管教极严。司马懿刚刚咿呀学语，父亲就聘请了乡内知名的塾师，日日教习功课，并常常带他到自己的书房，检查提问，灌输经史。司马懿虽敏而好学，但孩子毕竟有调皮爱玩的天性，所以父亲的板子，时常会重重地落在他的屁股上。

"人之初，性本善。性相近，习相远……"

"学而时习之，不亦说乎？有朋自远方来，不亦乐乎……"

稚嫩的童音从屋内传出，就像一串清脆的音符，那么悦耳动听。一丝自豪的微笑悄然滑过了司马防有些阴郁的脸庞。司马懿渐渐地成了他心中的骄傲。

一日，府第上下，张灯结彩，司马防高接远迎引来一位客人。叙礼已毕，分宾主坐定，仿佛正谈论什么大事。司马朗、司马懿兄弟躲在一边偷偷观望。见父亲待来客极为谨慎恭敬，便悄声议论那人必定是一个有来历的大人物。正在这时，门客来报："老爷让两位公子过去，面见客人。"

"这可如何应付？"司马朗显得有些慌乱。司马懿冲他做了一个鬼脸。

时值早春，天气依然十分寒冷。父亲威严地望着他俩。客人无非问些读经史的见解、人生志向等问题。见司马朗虽然对答自如，却沁出了满头汗珠，于是问道：

"天气并非炎热，你何以满头大汗？"

"在您这样尊贵的客人面前，心中慌张，所以汗不能禁。"

客人笑了。又转首问司马懿："你尚年幼，何以无汗？"

"在您面前，心里怯惧，故而汗不敢出。"

客人大笑起来，回头对司马防说道：

"常闻因惧怕紧张而生汗，却从不闻'汗不敢出'的道理。两儿多才，必为大器。"

"孺子不识规矩，巧言狡辩，安可道哉！"司马防忙谦虚道。

客人走后，司马懿面露得意之色。父亲将他唤到身边，严肃地告诫他道：

“仲达，古语云‘大器无形，大象无声’，做人要心中常怀鸿鹄之志。然而人事纷纭，世间多劫，是以凡事要‘三思而后行’，倘于人前，务必要谦虚谨慎，隐其形迹，藏其心志。”

这话语重心长。司马懿似懂非懂，却深深地点了点头，牢记于心。

这一年，司马懿不足四岁，司马朗年方十二。考试经学，司马朗得中童子郎。

温县地处中原腹地，濒临黄河。这里四季分明，河汉交错，土壤肥沃，物产丰饶。莽莽平原四季更替，日月星辰，昼夜变换。经史诗文，天地人物，时事变幻，英雄风云，无时无刻不在影响着司马懿，雕塑着司马懿。

幼小的司马懿恣意歆享着生命的欢乐，却也渐渐感受到人生的束缚与无奈，有时面对静夜苍穹，常常会有莫名的恐惧瞬间传遍身心。

他紧紧偎依在母亲或者奶妈温暖的怀抱，默默地听着大人的絮语，静静地等待“困神”来帮他忘掉害怕，进入梦乡。他也十分向往能够傍依着父亲那高大挺拔的身躯，但父亲的严厉、阴郁与忙碌，又常常使他望而生畏。

毕竟已是末世之秋，局势动荡，征战频仍，抓丁征粮，河内百姓的心头都覆盖了一层阴影。只有孩子们依旧每日奔跑玩耍，不知忧虑。他们常常聚在一起，玩领兵打仗的游戏，而且渐渐地有了喜恶，形成帮派，各自推举出了自己的首领。于是，无名河边，田间垄上，小树林里，日日喊杀声起，征战不休。孩子们玩得投入而充满乐趣。

司马懿有时会悄悄溜出家门，逃避无休止的诵读经书。他性格温和沉静，极少言语，却又机警善变。独自往来于天地之间，观日出日落、看飞鸟鸣虫，若有所思、若有所悟，这常常让他内心感到充实、满足、愉悦。群童热火朝天的打闹游戏也深深吸引着他，只是他从不参战。这个出身士族的豪门公子，常让孩子们敬而远之。他们表面上疏远他、排斥他，心里却羡慕他、敬服他。当他们歇息无聊的时候，会因司马懿的几句坏话重新开战；当他们争战犹酣的时候，也会因司马懿的几句好话立即休战讲和。站在高坡之上，看他们奔跑喊杀，司马懿的嘴角常常会露出一丝莫名的微笑。

一次，群童为一个问题争论不休，去找司马懿询问。

司马懿两手托腮，坐在河边，看河水夹带泥沙汩汩流走。正自出神，忽闻身后有人大呼“仲达”，他连忙回头去看。

群童急急跑来，忽然怔住了。他们看见司马懿身子并没有丝毫的转动，而双目已经向后正视了。大家甚以为奇，争相模仿，却个个任脖颈拧得生疼，也不能做到身体向前，而面目朝后。

“诸位兄弟，何事唤我？”司马懿全然不觉，站起身来问道。

群童面面相觑。其中一两个嗫嚅道：“刚才我们为一些问题争论不休，特来向仲达请教。试问天下何火无烟？何水无鱼？何山无石？何树无枝？”

司马懿答道：“当年，先师孔子率群徒出游，路遇小儿项橐，问过这些问题。项橐善辩，脱口而出：‘萤火无烟，井水无鱼，土山无石，枯树无枝。’”

又问道：“何为君子？何为小人？”

仲达答道："贤为君子，愚为小人。"

"那么何为不足？何为有余？何女无夫？何城无戍？"

"冬日不足，夏日有余，玉女无夫，空城无戍。"

群童仿佛豁然开朗，见年幼的司马懿竟有这么多学问，都赞叹不已，却也从此有了新的更具吸引力的话题。他们一窝蜂跑去请教最有学问、年龄最长的老人，七嘴八舌地询问司马懿何以能面向背后。老人也颇感惊奇，沉思良久才说：

"相书里对此好像有所提及，称此为'狼顾'之相，人可以像狼一样，身体并无丝毫转动，蓦然回首之时，却左右顾看自如。但只是听说而已，极少有人亲见。据说有此相者，为野狼转世，秉性狡诈多疑，凶残忌刻。"

从此以后，群童再见司马懿，每个人心里都多了许多猜忌和恐惧，于是对他更加言听计从。私下里却开始把他唤作"司马狼"或者"狼司马"。

司马懿听说之后，非但不恼，反而笑道："天地之间，生有万物，却是你争我夺，弱肉强食。虎吃狼，狼吃羊，羊吃草。仲达以为做人可以如狼，且万万不可做人如羊啊！"群童骇然。

众乡邻再见司马懿，更是指指点点、议论纷纷。

公元 184 年，黄巾农民起义终于爆发。巨鹿（今河北巨鹿）张角组织七州二十八郡三十六万人同时起事，全国响应，朝野震荡。

一个对司马懿未来政治生活影响很深的人物——曹操，此时正值英年，踌躇满志，执戟率兵，在颍川、汝南、济北、兖州（今河南禹县、平舆，山东长清、兖州等地）镇压起义。

曹操，字孟德，沛国谯郡（今安徽亳县）人。父亲曹嵩，本姓夏侯氏，是中常侍曹腾的养子，官至太尉。曹操少时，好游猎，喜歌舞，有权谋，多机变，恣意放荡。时有善识人者皆以为他“治世之能臣，乱世之奸雄”。

公元 189 年，董卓领兵进入京都洛阳，废少帝刘辩，立九岁的刘协为献帝，自为相国，把持中央大权。次年，各路军阀以讨伐董卓为名，纷纷起兵，史称“关东军”。董卓挟持献帝迁都长安。

司马朗曾被抓住送到董卓那里。董卓非常喜欢司马朗，久久注视着他，动情地说：

“你和我死去的儿子同岁，个头大小也极为相像。你就留在我身边吧。”

司马朗忙岔开话题，向前进曰：“大王，在连年战乱和灾祸的时代，您凭借超出世人的品德，清除邪恶之众，推举贤能之才，为成就霸业奠定了良好基础。不过，要恩威并施才能兴盛，只有功勋与事业吻合才能显耀。如今，州郡纷扰动乱，百姓不能安居乐业，我常常为此而忧郁。希望您能借鉴往事，三思而后行，您的名声就会与日月同辉，即使伊尹和周公也不能和您相比。”

董卓听了很高兴，连称有理。

司马朗知道董卓肯定败亡，赶紧贿赂董卓手下，偷偷回到乡里。

司马朗把全家召集起来，说：“董卓违命叛逆，天下仇恨。忠义之士正伺机而动。河内已经不是安居之地。”

“河内郡和京都洛阳的边境相接，洛阳东边有成皋，北边毗连黄河，讨伐董卓的义兵假如受阻，就一定会停留集结在这里，这里也就成了四分五裂、争战不休的地方，所以我们必须赶快迁走。是不是这样呢，哥哥？”年少的司马懿试探着分析。

司马朗欣喜地点头称是。他说：“我们要趁着道路还畅通，举家向东迁往黎阳。黎阳统领兵马的赵威孙是家族故交，可以投靠。倘若事情有变，再想办法也不迟。”

兄弟几个又去动员父老乡亲，却任凭磨破了嘴皮，他们就是不听从劝说，不肯离开故土。

几个月后，关东军数十万人，全部集结在荥阳（今河南荥阳一带）和河内，由于众将领不能统一行动，就放纵军队攻杀劫掠，百姓死亡近半。

数年后，关东军四散而去，司马朗、司马懿携家眷返回温县，又恰逢灾荒之年，百姓因饥饿和疾病而死的人无数。天灾人祸，迁徙动荡，使少年司马懿愈加早熟起来。他一面与哥哥一道奔波忙碌，收留抚恤宗族父老和乡邻，一面对弟弟们严加教导，要他们切不可因为世道衰败而放松学业。司马懿自己也更加坚定了建功立业、抚国济民的信念，日夜读书习武，更勤奋了。

有人天生奇谋善略

人生苦短。然而人生之中也有相对漫长的时光，那就是童年时光，单纯、充实、美好、难忘。

司马懿已经十七岁了。他就像自己的父兄一样，生得魁梧高大，英气勃勃。童年、少年时光一去不复返，却带给了他满腹经纶和奇谋，也带给了他远大的志向和成功的基础。司马懿已经以“聪亮明允，刚断英特”而享盛名于遐迩。

当时有叫作崔琰、杨俊的两个人，喜欢品评人物，素有伯乐之誉，和司马朗极为要好。一天，两人专程约见司马懿，坐而论经，探听虚实。

时值仲夏，房后花园曲径通幽，繁花似锦。池塘之中，游鱼戏水，莲荷飘香。葡萄架上，翠色欲滴；葡萄架下，几只竹凳，数盏香茗，谈道论经，识才荐才，德与花同馨，志与天比高，此情此景，真应该写诗作赋加以咏叹！

崔琰（字季珪，清河郡东武城县人），曾在军阀袁绍军中任骑都尉，后来被曹操征用为别驾从事。他声音洪亮，两眉舒展，须长四尺，持重威严，深通易理，颇具才学，崔琰首先问司马懿道：

“圣人仰观天象，俯察地理，深明神明之道。然而，神秘幽深的事理何以能为常人所见？所以圣人制作了八卦，后来发展为六十四卦，依极数立爻。就大义而言，已经包罗万象。而夏代为《连山》，殷代有《归藏》，周代却称《周易》，这是什么缘故呢？”

司马懿从容答道：“包羲在燧皇之图的基础上制作八卦，神农氏发展为六十四卦，黄帝、尧、舜都通其变化。三代因时制宜，繁简各由其事，之所以称为‘易’，就是指变易；称作‘连山’，就是好像高山一样吐纳云气，连接天地；‘归藏’是指万物全部归宿包藏在其中。”

“《系辞》说‘黄帝、尧、舜垂衣裳而天下治’，然而在包羲、神农的时代，还没有人穿着衣裳，天下依然能够大治。圣人教化天下，何以有如此区别呢？”

司马懿答道：“三皇的时代，人少而禽兽多，所以取禽兽的羽毛、兽皮天下人就够用了。到黄帝时，人多而禽兽少，所以就制作衣裳来适应时代的变化。”

崔琰又问：“乾代表天，但又代表金、代表玉、代表老马，天地怎么能与这些琐屑的事物并提呢？”

司马懿答道：“圣人在进行比喻时，或远或近，近时取身边诸物，远时则比拟天地。”

崔琰与司马懿论完《易经》，杨俊又紧接着提问《尚书》。杨俊淳朴善良、正直宽厚，河内郡获嘉县人，曾任丞相掾属、南阳太守，后来因为得罪魏文帝曹丕而自杀。

杨俊问道：“郑玄说：‘稽古同天，言尧同于天也。’王肃说：‘尧顺考古道而行之。’两人注释不同，究竟谁对？”

司马懿道：“孔子说：‘天是世间最大的，尧是以天为法。’尧最大的美德，在于他法天行事，因而，应当是郑玄的注释为对。”

杨俊说道：“古代圣明的大人，德合天地，明并日月，思无不周，明无不照，真是让人永世仰慕尊崇啊！”

“即使弘大如圣人，也会有所不足。大禹说：‘连尧也以知人善任为难。所以尧对于四凶，周公对于二叔，孔子对于宰予都犯过错误。’圣人的圣明就在于他们善于自察自省，并能够满怀愉悦地加以改正。”

司马懿理解如此深奥的典籍不拘形式，不泥古人，融会贯通，变化自如，所以才能对答如流、轻松自然，崔琰、杨俊不住地颔首称许。

接下来又讲《礼记》。崔琰狡黠地笑笑，问道：“《礼记》中说：‘太上贵德，其次务施报。’如何教化、施政，才能达到建立德行、施而不报的境界呢？”

司马懿道：“太上贵德，是指三皇五帝时期以德行教化百姓；其次务施报，是指夏、商、周三代以礼教治理国家。”

杨俊说：“这两者达到教化的境界有高低深浅不同，是因为君主有优劣之分呢，还是时势使然呢？”

“时势有淳朴与文教之分，所以教化才有高深与低浅的不同啊！”司马懿回答。

如此经史子集、地理天文，倾心而论，娓娓而谈，每有奇思妙语，酣畅淋漓，不觉日已西斜，晚风渐起。司马懿之才，令崔琰、杨俊二人十分惊喜，对司马朗说道：“令弟聪慧睿哲，明智亮允，刚健果断，英俊卓越，实在不是一般的人呀，您恐怕也是比不上他的。国有这般栋梁，实为幸事。”一直在旁边默默倾听的司马朗，此时也异常兴奋，不住地添茶。

夜幕降临，四个人转到了屋里。婢女掌上了灯烛。大家一边饮酒，一边长谈。不知不觉间，话题转向了时事，室内气氛顿时有些黯然。

这一年（公元196年），曹操采用荀彧的建议，奉迎穷途末路、饥寒交迫的汉献帝定都于许昌，任命自己为大将军，后来转为司空。曹操自此挟天子而令诸侯，并开始在许下屯田，夯实了政治、经济、军事基础，势力逐渐强大。当时，在曹操的北面有袁绍；南面有南阳张绣、荆州刘表；东南面的扬州有袁术；在东面徐州先有吕布，后有刘备；在西面关陇地区，有韩遂、马腾。封建割据，军阀混战，朝廷暗弱，国运衰危，天下已经分崩离析。

虽然被认为是旷世之才，却苦于尽忠无路、报国无门，满腹才学无处施展，满腔热情无法倾诉，司马懿抑制不住内心的冲动，禁不住慨然长叹。

四个人禁不住惆怅万分，时势至此，又有谁能够挽回呢？唯有举杯痛饮，以酒解忧。

乱世乱象

许昌宫中，汉献帝刘协闷闷不乐，怨叹不已。虽然贵为“天子”，但是他的头上却仿佛始终笼罩着一团阴影。

刘协常常独自来到太庙，在功臣阁徘徊。每次都在中间高祖刘邦画像前久久驻足。刘邦姿态英武，仪容端肃，眼看着这些不争气的子孙，眉宇间似乎蕴含着怒意。

“昔日高祖皇帝，从泗上亭长起家，提三尺剑，斩蛇起义，三年亡秦，五年灭楚，纵横海内，君临天下，打下了万里江山，立下了万世基业！可是，祖宗英雄，子孙软弱，想我刘协自即位以来，奸雄并起，吃尽了苦头。后来得遇曹操，本以为他是社稷之臣，不承想，这人更是专国弄权，作威作福，每次见了他，朕都不免心中发怵。谁又能知曹操不会有谋篡之心啊。”刘协一边自言自语，一边暗自垂泪。

刘协越想越气，越想越怕。一天，他含泪对伏皇后说道：“如此下去，我们二人还不知道要死于谁手、葬于何地？”

伏皇后哭道：“满朝文武，都食汉朝俸禄，没事时都自恃功高，如今国难当头，却没人挺身而出，不知朝中还有没有忠臣良将？”

话音未落，忽然一个人影闪了进来。刘协与伏皇后都大吃一惊。细细一看，才知是伏皇后的父亲伏完。伏完说道："满朝上下，不是曹操的宗亲，就是曹操的门下；宫廷之内，陛下左右，也都是曹操的心腹。曹操，实在是国之奸贼啊，应当尽早把他除掉。"

刘协用长袖擦了擦眼泪，深叹了一口气："倘若没有曹操，朕不知道死了几回了。想想曹操率兵日夜杀伐战场，平定叛乱，除董卓，败袁绍，杀吕布，国家才不至于分崩离析，对国家、对朕倒也有些功劳。只是从来不把朕放在眼里，恐怕早晚会生出反叛之心啊。"

伏完说道："眼下，陛下势力远远不如曹操强大，如果不是宗族、国戚，谁又肯尽忠陛下，讨伐贼寇？老臣以为不如立即宣国舅董承入宫，秘密颁布诏书，命令他想办法组织兵力灭了曹贼。"

"即使灭了曹贼，天下盗贼之中，不知又会有几个董卓、几个曹操。"刘协又长叹道。

想想先祖，想想自己，本应有天子之至尊，现在却苟安于别人的股掌之中，避难于他人的威权之下。越想越气恼，越想越羞愧，他觉得再也不能这么软弱窝囊下去，于是咬破手指，血书密诏：

朕闻人伦之大，父子为先；尊卑之殊，君臣为重。近日操贼弄权，欺压君父；结连党伍，败坏朝纲；敕赏封罚，不由朕主。朕夙夜忧思，恐天下将危。卿乃国之大臣，朕之至戚，当念高帝创业之艰难，纠合忠义两全之烈士，殄灭奸党，复安社稷，祖宗幸甚！破指洒血，书诏付卿，再四慎之，勿负朕意！建安四年春三月诏。

刘协将血诏藏到玉带之中，然后宣董承入宫。趁左右随从不注意时，刘协眼含热泪，悄悄对董承说道："昔日，高祖身边有张良、萧何，卿应当像这两人一样伴随朕的身边。"一边用手指指腰间的玉带，双手解下，使个眼色，赐予董承。董承会意，将玉带系在腰间，迅速出宫。

哪知早就有人禀报了曹操。董承才出宫门，就遇到了匆匆赶来的曹操。

曹操命令左右将董承穿的锦袍玉带全部解下，并穿在自己身上反复试看，又脱下来对着阳光仔细观望，竟未发现丝毫破绽，只好作罢。

董承恐怕事情泄露，吓得浑身瑟瑟发抖。

回到家中，董承拆开玉带，看到血诏，不禁痛哭失声。他带着血诏，日夜秘密奔走，结连党羽，共商灭曹大计。

不多日，已经有七位英雄人物在诏书上签字画押，发誓齐心协力共杀曹贼。七位英雄分别是：车骑将军董承、工部侍郎王子服、长水校尉种辑、议郎吴硕、昭信将军吴子兰、西凉太守马腾、左将军刘备。

刘备，字玄德，涿郡涿县（今河北境内）人，西汉景帝刘启之子中山靖王刘胜之后。但支系疏远，家世早已没落。朝廷之上，刘协查看宗族世谱，认定玄德为叔辈，把他唤作皇叔，极为信赖。

刘备签字之后，担心日久有变，匆匆辞别曹操门下，径直去了徐州。因为边关危急，马腾也飞马回了西凉。

刘备为了抵御曹操，出谋划策，促使袁绍大军出战。袁绍与文武官员反复磋商，动用马、步兵各十五万，浩浩荡荡，进发黎阳。

袁绍想道："今大举攻伐曹操，必须草拟征讨檄文，列数曹操罪恶，发至沿途各郡，方才名正言顺，大事可成。"于是命令当代才子、书记官陈琳草制檄文。

陈琳领命，洋洋千言，挥笔立就。文中写道：

……司空曹操：祖父中常侍腾，与左悺、徐璜，并作妖孽，饕餮放横，伤化虐民；父嵩，乞匄携养，因赃假位，舆金辇璧，输货权门，窃盗鼎司，倾覆重器。操赘阉遗丑，本无懿德；獯狡锋协，好乱乐祸。

……而操遂承资跋扈，恣行凶忒，割剥元元，残贤害善。

……操便放志：专行胁迁，当御省禁；卑侮王室，败法乱纪；坐领三台，专制朝政；爵赏由心，弄戮在口。所爱光五宗，所恶灭三族；群谈者受显诛，腹议者蒙隐戮。百僚钳口，道路以目；尚书记朝会，公卿充员品而已。

……身处三公之位，而行桀虏之态，污国害民，毒施人鬼！

……历观载籍，无道之臣，贪残酷烈，于操为甚！

……而操豺狼野心，潜包祸谋，乃欲摧挠栋梁，孤弱汉室，除灭忠正，专为枭雄……

一篇檄文，洋洋洒洒，酣畅淋漓，文锋犀利，文采斐然。

檄文传到曹操手上，他看过之后，盛怒之下，还禁不住赞叹陈琳的文采。

后来，袁绍大败，陈琳归附了曹操。曹操对陈琳说道：“诛伐罪恶不能超出这个人本身。你写檄文骂我，只列举我的罪状也就罢了，我之功过任人评说。可是你却骂及我的父亲和祖父，这就是你的不对了！”

陈琳慌忙叩头谢罪。曹操非但没有杀他，还加以任用，一时传为佳话。由此可见曹操胸怀之博大，爱才之心切。然而，一份渗透血泪的血书玉带诏，一纸尖利的讨曹檄文，却让当时天下几乎所有人，都认定了曹操乃是国之奸贼，世之公敌。

这时的司马懿被郡府察举为上计掾，身为郡府一名小小的属官。司马懿心中清楚，世道纷乱，参与上层，更会犹如浮萍漂浮不定，犹如蝼蚁朝夕不保。所以他只是日日恪尽职守，安心做着小吏。但他毕竟不是寻常之人，远大的志向和过人的才智，又促使他热切地遥遥关注着时事，关注着家国兴衰，也寻找着上升的机会。对于曹操的传闻越来越多，司马懿听了，既愤恨曹操弄权，又常常苦苦思索：朝廷如何才能走出暗弱，走向强大呢？

董承等人想要诛灭曹操的计谋，很快败坏在自家奴婢手中。董承的家奴，偶尔偷听得此事，迅速投奔了曹操，泄露了机密。曹操闻听大怒，将董承等五人和他们的全家老小共七百多人，押送到各城门处斩。京城四周阴森恐怖，护城河水都被鲜血染成了红色。这又是曹操在你死我活的争斗之中，凶暴残忍的一面。曹操仍然怒气未消，他又带剑入宫，叱命左右武士将怀有身孕的董承之妹董妃当着刘协的面勒死。

病遁计成

月白风清，树影摇曳。处理完日常烦琐事务，又读了几篇兵书，做了一些批注和笔记，不知不觉夜已深沉，司马懿颇感倦怠。他于是放下毛笔，合上书卷，舒展一下筋骨，随手捡起一本闲书，半卧床头，胡乱翻着，心飞神驰，想着心事儿。

辽阔的黄河流域，烽火硝烟，连绵不绝，军阀混战，相互吞并，饥疫流行，民不聊生。正所谓“名都空而不居，百里绝而无民”，“白骨露于野，千里无鸡鸣。”

其中一支军阀势力正日益强大。

公元 197 年，曹操大败袁术于蕲县（今安徽宿县）。

公元 198 年，曹操攻徐州，杀吕布。打败张绣、刘表联军。次年张绣投降。

公元 200 年，曹操在下邳（今江苏邳县）击溃刘备，并稳定了关中势力。

同年，曹操与袁绍大战于官渡（今河南中牟东北）。曹操以卓越的军事才能，以少胜多，消灭了袁绍主力。

曹操统一北方已势在必得。

征战之中，曹操力图矫正汉末弊政，打击豪强大族，抑制其势力发展，缓和阶级矛盾。他下令逮捕贵族，押解游街，没收家产，有的甚至被斩首示众。豪强大族无不对他切齿痛恨。

司马懿出身豪强大族，他听说之后，也十分痛恨曹操，禁不住添上几句臭骂。

曹操正任司空之职，为政治、军事所需，他开始广纳贤士，并且摒弃门第观念，不拘一格，唯才是举。身边有不少大臣经常议论起司马懿，说此人不但志向高远，而且极善谋略。曹操于是派遣使者火速赶到河内，召司马懿到府中就职。

使者来见司马懿，说道："司空曹操仰慕仲达之才，特派我等前来，请您到曹司空府中任职。"

司马懿料知汉朝将终，心怀忧愤，无心出来为官。更兼对曹操了无好感，甚至非常瞧不起这个长在异姓人家，于乱军中起家的曹阿瞒（曹操小字），哪里肯就职在他的手下？于是婉转推辞道："时下国运衰危，豪杰纷争。我不读经史，既无文才，更无武略，出去为官也不会有什么作为，倒不如闲在家中。请使君代我谢过曹司空，就说仲达才疏学浅，徒具虚名，实在不能赴任。"

使者并不就此离开，又极力争取道："天下虽然纷乱，然而能安天下者，除了曹司空，更无他人。司空法令所到之处，选拔敦厚朴实之士，举用清正济世之才，弘扬廉洁自律之风，抑制阿谀浮伪之众，使得吏洁于上，俗移于下，气象俨然，天下有目共睹。仲达前往归附，难道还怕辱没了清名吗？！"

“仲达身患风痹之症已经一年多了，坐卧起居，极为不便，心中十分苦恼，又怎么能够前去就职，侍奉司空呢？”司马懿实在不愿就任，又怕得罪了曹操，只好诈称身患风痹之症（风痹，即中医所指风湿性关节炎一类疾病）。司马懿边说，边做出“不信，你瞧”的架势，假装试图将右手举过头顶，却不管怎么努力，终究没能抬起来，一脸的痛苦不堪。

“既然如此，仲达就悉心养病，我们将如实回复司空。”

使者走后，司马懿心中常常感到不安。

夜越来越深了。月光洒在床前，窗影映在屋内墙壁上，几片树叶的黑影在那里自顾闪动。天地间万籁俱寂，连狗吠都听不到一声。

司马懿依旧半卧在床，翻着闲书，辗转反侧，不能入眠。献帝软弱，曹操僭越，天下崩溃。国事、家事萦绕脑际，纷乱而模糊。可曹操又到底是怎样一个人物呢？！司马懿反复回味着使者的话，不自觉地吟诵起了曹操的《短歌行》：

对酒当歌，人生几何？譬如朝露，去日苦多。慨当以慷，忧思难忘。何以解忧，唯有杜康。青青子衿，悠悠我心。但为君故，沉吟至今。呦呦鹿鸣，食野之苹。我有嘉宾，鼓瑟吹笙。明明如月，何时可掇。忧从中来，不可断绝。越陌度阡，枉用相存。契阔谈宴，心念旧恩。月明星稀，乌鹊南飞。绕树三匝，何枝可依？山不厌高，海不厌深。周公吐哺，天下归心。

司马懿感到这首诗颇有些合于自己的心志，竟然泛起“两心有戚戚焉”的感觉。他一边沉浸在诗歌的美好意境之中，一边又仿佛看到曹操正挥槊狂呼，在乌巢（今河南延津东南）疯狂坑杀袁绍降军七万多人，看到宫廷之上，曹操吆三喝四，失乱纲常，听到曹操在嚷：“宁教我负天下人，休教天下人负我。”果真是诗人的情怀、政治家的抱负？果真是忧国伤时、胸襟宽广、求贤若渴？到底是匡世英才还是狂暴之徒？是国家栋梁还是祸国奸臣？一向听说此人残暴多疑，他会不会猜到我假装身患风痹之症欺骗他，从而加罪于我？司马懿翻来覆去，胡乱想着，困倦已极，不觉沉沉睡去。

忽然仿佛有阴森的鬼影从梦寐中闪出，庞然大物，凶狠残暴，站在眼前。司马懿一激灵，猛不丁半坐起身子，手中紧握的书卷陡然滑落。随着“嚓”“噌”几声轻轻的怪响，一个轻捷的黑影已从屋顶上飘然而下，蹿到了窗前。紧绷的神经和多思多疑的性格，让司马懿凭借第六感觉在睡梦中就感知到了不速之客的到来。

司马懿紧张地瞪大了双眼，几个念头在脑海中倏忽闪过。盗贼？不。定是曹操怀疑我假装有病，派人来探听虚实。我必须将计就计，仍然假装有病瞒过刺探，否则，装病的事一旦败露，曹操必然大怒，我的命也就完了。想到这里，司马懿立刻作风痹病重的样子，只见他腰背僵直，四肢颤抖，口中嘶哑有声，似乎在高叫“抓贼啊”，却又喑然无力。他惊慌失措、满脸焦急，试图用力跳下床来抽剑防卫，却不想浑身上下哆哆嗦嗦，向前踉跄几步，竟然跌坐在地。

一把佩剑划破了窗纸，不速之客把这一切看得真真切切。

家兵听到动静，喧喧嚷嚷，纷纷起来捉贼。那人乘乱顺着屋前梧桐跃上房顶，急急离去。

司马懿翻身站起，快步跨出屋门，呵斥家兵不要声张，快快回去休息，却独自在院子里散起步来。

月已西斜。远天有几片低垂的黑云。清冷的月光透过梧桐树叶洒落得斑斑点点。司马懿长长舒了一口气。一阵清凉的夜风吹来，他忍不住打了几个寒噤。

有一种无奈是出仕

那夜造访司马懿的轻捷人影，的确是司空曹操派去探听虚实的刺探。那探子回来将所见所闻如实禀报曹操。曹操微微颔首，沉吟良久，又轻轻摇了摇头。

曹操无暇多顾，仍率兵加紧征战在北方战场上。

官渡之战后两年，袁绍忧愤而死。他的两个儿子袁谭、袁尚争位，相互火并。到公元 205 年，曹操杀死了袁谭和并州刺史高干，袁尚投奔乌桓。公元 207 年，曹操平定“三郡乌桓”，基本统一了北方。

当时有甄氏之女，黑色的头发长及膝盖，美艳绝代，被袁绍的二儿子袁熙迎娶为妻。曹丕，字子桓，年方十八，跟随父亲曹操攻破冀州时，在袁府中一见甄氏，为之倾倒。曹操见了，也惊讶道：“此女美艳端庄，天下罕见，真是苍天为我选送来的好儿媳啊！”于是命令曹丕将她纳为妻室。等到后来曹丕称帝，甄氏被立为皇后，生魏明帝曹叡。后来，自小号称“女王”的郭贵妃奸诈嫉忌，设计谋害，甄后被文帝曹丕赐死。曹丕之弟曹植，字子建，也极其仰慕甄氏，并写下了千古美文《洛神赋》歌之、咏之。

曹操统一北方之后，还想乘胜一举统一天下，又担心朝中群臣从中作梗，于是启奏献帝刘协，罢黜了三公的官职，自己担任丞相，选拔崔琰为丞相西曹掾、毛玠为东曹掾、司马懿的哥哥司马朗为主簿。从此，曹操的威权已经达到了极点。

一天，使者又来到司马懿家中，对司马懿说道："丞相久慕您的才华，想要征用您为文学掾，请速随我前往就职。"

司马懿仍想用计托词。使者喝道："丞相有令，您要再次拒绝就职，就拘捕回去，收入大牢，以重罪论处。武士安在？"

十几名兵丁手持刀枪，应声破门而入。

司马懿心中害怕，又想天下事已明朗，有识之士，当归依曹操，建功立业，更何况人家屡次来请，不如先屈就之，然后再相机而动。于是即刻转换脸色，佯装十分爽快地答道："使君休怒，刚才某假装托词，不过与君玩笑耳。某愿随同前往。"

司马懿见了曹操，连忙表示谢罪："某因久患风痹之症，而违背丞相，还望丞相恕罪。"

曹操一笑置之。

"仲达高大英武，行走如风，这哪里是有病之人呢，无非是信不过老夫罢了。"

"丞相雄才伟略，胸怀宽广，某实在景仰已久。"

司马懿想不到曹操会如此宽容大度，心里颇觉感动。

是年，曹操已五十四岁，却正如他在诗中所咏叹的："老骥伏枥，志在千里；烈士暮年，壮心不已。"此后，曹操屡屡问计于司马懿，以试其才。司马懿每次应答，都令曹操在心中默然称许。

一次，曹操将司马懿唤入书房，倾谈良久，从天文地理到诗赋歌舞，从时事征伐到世事人情。

谈兴正浓时，曹操忽然站起身来，轻叹一声，说道：“时下，因我位高权重，常常招致朝野谤议。想我始举孝廉之时，尚且年轻，无甚声名，常恐被人看作平庸愚昧之辈。任济南相时，我努力革新，除残去秽，平心选举，颇有作为，却得罪了豪强士族和皇帝的侍从近臣。为避免给家族招来祸害，就称病辞官，回了家乡。本想避居僻远之所，断绝宾客往来，秋夏读书，冬春射猎，待天下清平，再复出建功立业。事情却往往不遂人愿。二十余年，我引兵打仗，出生入死，征战南北，平定叛乱，统一北方。现身为宰相，人臣之贵已极，已经远远超过了我的理想和愿望。设若国家没有我，不知已有几人称帝、几人称王。我以忠心对国家，奈何仍有不少人以主观臆测来评议我，胡说我有做皇帝的野心！”

司马懿听了，不住地点头，赞叹道：“诚哉斯言。倘若没有主公，如此形势，真不知已有几人称帝、几人称王。昔齐桓公、晋文公，以其兵势广大，犹能奉侍周室。秦二世胡亥欲杀大将蒙恬，蒙恬说：‘今臣将兵三十余万，其势足以背叛，然而我自己明知必然被杀，而遵守君臣之义，是不敢辱没了先人的教诲啊。’他们迄今仍然被人们广为称颂。《论语》云：‘三分天下有其二，以服事殷，周之德可谓至德矣。’今丞相以大事小，一心为了汉朝，德可谓崇高到极点了，主公您不就是当朝的周文王吗？！”

曹操说：“仲达之言，正合我意。我多年来所思、所想、所遵循的正是周文王之义啊！”

渐渐地，司马懿对曹操的看法开始有所转变，他为得遇明主而暗自庆幸，并决心倾尽聪明才智，以报丞相识拔之恩。但是，两个月后，曹操怒诛孔融，却让司马懿首次领略了官场环境的险恶。

这天，曹操召集文武百官同庆胜利。大家纷纷向曹操表示祝贺，称颂他多年来的丰功伟绩。曹操说：“诸位对我过奖了，我是靠大家的力量取胜的，功劳当属于在座诸位。古人说：‘闻过则喜，善莫大焉。’又说：‘朝闻道，夕死可也。’现在还是说说我的不足之处吧，不然我做错了还不知道呢。”

曹操态度之恳切，令司马懿怦然心动。自己又初至丞相府，有意要显露才华，品评一下丞相的是非成败。他刚想站起来，就听有人拖着长腔，夸张地说：“先圣孔子有言：‘闻过则喜，善莫大焉。’但愿主公真心听取大家的意见。主公的错误实在太多了。”

司马懿一看，原来是少府孔融。孔融说：“别的暂且不提，就拿禁酒来说吧，主公分明是错了。”

曹操说：“近来各地发生饥荒，不少百姓因饥饿而死，禁酒可以节省粮食，赈济灾民，难道这也有什么不对吗？”

孔融道：“天上有酒星，地上有酒泉，人有爱酒之性。先圣痛饮百杯而不醉，并说‘仁者爱人’，你向民间颁布禁酒令，压抑人之性情，岂非不仁？桀纣以女色亡国，主公何不下令禁止男女结婚呢？”

司马懿久仰孔融之名。孔融四岁让梨成为美谈，闻名遐迩。今日一见，却不想此人竟如此酸腐做作。

对孔融的侮谩讥讽，曹操回敬道：“既然饮酒可以成圣人，那就传令多做些酒缸酒桶，每人都多喝几杯，天下岂不尽是圣人了吗！”

满堂哄然大笑。太尉杨彪忙站起来为孔融帮场：“主公今日广开言路，鄙人亦进一言，以表愚诚。名门世族是国勋功臣之后，贤达之士是社稷栋梁。主公占取冀州之后，对社会贤达多方打击，名门世族家破人亡。凡此种种，实在是有悖先贤之道，有违千载人伦，伤天害理，毁灭精英啊！万望主公监察。”

曹操怒道："我惩治豪强，是为伸张公理，以平民愤。你杨彪曾里通敌人，现在又为豪强和反动儒生叫屈，辱骂于我，还不快把他拉下去关押起来。"

孔融大惊，他自恃有些虚名，双手左右乱挥，要挟道："杨太尉四世清德，倘若如此贤良之士都无辜受戮，那么我孔融堂堂鲁国男子，明日便将拂袖而去。"

曹操用力一拍几案："孔少府，你现在就可以走了。"

孔融环顾左右，竟无一人出来求情，着慌了，连忙跪倒乞求道："主公德比天高，好像日月经天，江河行地，能在您手下做事，实在三生有幸，我孔融怎么舍得离开主公呢？还望主公您君子成人之美。"

曹操轻蔑地笑笑："你'堂堂鲁国男子'，怎么没长骨头？贵先圣的学说我还没来得及研究，所以不懂得'成人之美'。作为人臣，我进不能风化海内，退不能建德和人，但是抚养战士，杀身为国，整治浮华交会之徒，惩处阴谋复辟之辈，却还是有些办法和成绩的。"

孔融见事态已经无法挽回，立即从地上爬起来破口大骂道："曹操逆贼，你欺君罔上，窃国弄权，奸诈残忍，不仁不义，若不改辕易辙，必死无葬身之地。"

曹操喝道："无耻腐儒，冥顽不化，不识时务，拉出去斩首。"

须臾，兵丁拿孔融人头来报。

司马懿倒吸一口凉气，暗暗庆幸没有来得及多说什么。他虽然对虚伪迂腐的孔融并无好感，但是一代名士，在这样本来是欢聚庆功的场合，因酸腐卖弄的一番话而遭非命，哪能不叫人胆战心寒。为人、为官之道远比想象之中凶险艰难得多。司马懿想起了儿时父亲的教导，暗暗告诫自己以后要时时谨慎谦让，忍辱含垢。

得陇望蜀

时间在不知不觉中流逝，难以把握，无法挽回。几年光阴倏忽而过，司马懿已历任黄门侍郎、议郎、丞相东曹属、丞相主簿等职。

在丞相府，司马懿人缘最好。他虽然年纪较轻，却言语小心，处事谨慎，待人谦辞退让，而且每出奇策，常有良谋。

司马懿深深明了，丞相府乃是非之地，稍有不慎，就有可能祸及全家。“隐其形迹，藏其心志”，父亲的话如黄钟大吕时时响在耳侧。

这个时期在司马懿的内心，有两条基本的处事原则：一是绝不树敌；二是努力寻求支撑点和保护伞。前者是容易刻意做到的，后者却需要机遇和策略。所以他常常笑对他人，少言少语，有时甚至随和到了显得窝囊的地步。

曹操广为笼络人才，下了求贤令，令属下唯才是举，推荐人才。于是各色人等，纷纷来投，不但才情各异，品性更是不同。用句现代的俗语，就是“林子大了，什么鸟都有”。有浮浪轻狂之徒，常自以为才华远在司马懿之上，所以百般讥讽侮辱，找碴儿挑衅，司马懿却像是并不生气，总是能够巧于周旋，让其自行退却，口服心服。

曹操一次对司马懿说："仲达形貌伟岸，才思敏捷，为何待人如此谦卑也？"

司马懿忙垂手而立，曰："仲达以为华夏之大，人才辈出。丞相下令求贤，唯才是举，丞相府中更是群贤毕至，远在仲达之上者，不可胜数。更何况先师孔子有言：'三人行，必有我师焉。'仲达实在不敢故作谦卑啊！"

"嗯，仲达之言是也……"曹操颔首称是，却又若有所思。

公元208年，曹操统一了北方，遂掉转马头，挥师南下，意欲鲸吞荆州与江东，进而统一全国。想不到鏖兵赤壁，却被孙、刘联军以火攻之计打得大败，损失惨重。曹操回兵，改变了短期内统一全国的计划，开始致力于内部整顿，进一步招贤纳士，巩固他在北方的统治。

这里所说的孙、刘联军，孙是指江东孙权，富春（今浙江富阳）人。父孙坚，曾随朱俊镇压黄巾起义。长子孙策渡江向江东发展，得到江南、江北一批士族豪强的支持，打败了扬州的割据势力，在江东站稳了脚跟。孙策死后，其弟孙权，年仅十九岁，承继父兄基业。刘是指刘备，此时正带领关羽、张飞两员大将屯居新野小县。为寻求发展，他三顾茅庐，请出诸葛亮为军师。

赤壁战后几年中，曹操十分欣赏司马懿，司马懿也屡屡献计，内容涉及政治、经济和军事，大至治国方略，小至丞相家事。而其中最为突出者，还是军事上的谋略。

一日，司马懿径直来到曹操书房，禀告曰："丞相，多年来，战争频仍，壮丁劳力多在军中，致使田地耕作荒疏，军需严重不足，必须早早采取措施。"

曹操问道："我亦知之矣。仲达有何良谋啊？"

司马懿忙道：“夏侯将军为陈留、济阴二郡太守，率将士劝种稻，民赖其力，谷帛丰足。丞相可下令建制，令守军秋冬习战事，春夏修农桑，且耕且守，使其不但可以自给，而且还能交赋纳税。”

曹操道：“正合我意。”

司马懿建议：“在军屯土地上劳动的是士兵和他们的家属，称为‘士家’，士家另立军籍，在指定地区聚居。称士兵的子弟为‘士息’，要世代当兵，父死子继，兄死弟代。士女必须嫁给士，寡妇也要官府做主再行配士。士家子弟不能做官，不能免除军籍。”

曹操连连点头称道：“如此甚善。既保证了军队给养，又牢固控制了军队，稳定了兵源。”于是号令天下，实行军屯。

但是后来司马懿在丞相府却突然失去了他原有的光环。

公元215年，曹操征讨张鲁，让司马懿随军。司马懿向曹操献计曰：“刘备用欺诈手段夺取了刘璋的地盘，蜀人尚未归心。刘备无知，此刻不安抚蜀中，却远征江陵。丞相，如今我们攻克汉中，益州全境震动。倘若趁机进军攻蜀，势必土崩瓦解，这真是难得的机会，千万不能错过。”

不想曹操只是哼了一声，没有说话。

司马懿又急忙进曰：“丞相，圣人不能违背天时行事，但也绝不应该失掉时机啊！”

曹操斜睨司马懿良久，含怒叹道：“人苦不知足，既得陇右，复欲得蜀！”

这段故事，后来形成一个成语，即“得陇望蜀”。聪敏的司马懿立刻从丞相的目光中读到了什么，自己在丞相面前失宠了，而且还有可能已经招致祸端，于是他缄口不言，相时而动。

原来，司马懿虽然谨小慎微，处处与人为善，但有人出于嫉妒，总想置他于死地。机会终于来了。丞相府中渐渐有人传说司马懿有“狼顾”之相。善做文章者，立即将这事告知曹操，并引经据典，添油加醋，说：“丞相，某连夜翻查相书，并求教于有经验的老者，得知有狼顾之相者，慈善于面，而恶毒于心，迟早会行凶险之事。司马懿常伴丞相左右，为避不测，亦早除之，万望丞相明察。”

曹操生性多疑，又兼平时也以为司马懿大才，非久居人下者，必会得寸进尺，没有厌足，所以颇以所听谗言为是。近几日，正欲对证此事，对司马懿自然心怀恼恨。

一次，与众谋士商议完军情，大家正欲散去，忽然，曹操大呼曰：“仲达，留步！”众人皆惊。司马懿下意识地猛然回头应道：“某在！”

曹操细看，但见司马懿脸面正向着自己应答，而身体依旧背对自己，作离开之势。曹操大惊，自语道：

“果然是狼顾之相——”

急下令曰：“速将司马懿推出斩首！”

大家尚未回过神来，忽有一人急忙站出为司马懿求情。仔细看时，却原来是曹操世子曹丕。

曹丕在以后多年都充当了司马懿的保护伞的角色，司马懿当然也为曹丕倾尽了才智。

有曹丕在那里力争，虽然小人依然在旁边叫嚣，虽然曹操也确实气恼不轻，但司马懿也终究没有被杀。

第二章

常伴曹丕，开启三朝元老路

曹操之死，曹丕即位，对于司马懿来说，无疑是人生的一个转折点。他因此而有机会率兵出战，充分发挥了其机智和谋略，先后北定辽东，西拒巴蜀，屡立奇功，无人替代。

曹丕对司马懿说：我在东方，您就主持西方事务；我在西方，您就主持东方事务。

低头做得了司马，高位献得了谋划

司马懿一进丞相府，就被安排与曹操长子曹丕交游相处。

曹操共有二十五个儿子，大妻丁夫人无出，妾刘氏生曹昂，早年殁于宛城，不计其中，卞夫人生长子曹丕、次子曹彰、三子曹植、四子曹熊。曹操受封魏王后，其他夫人、昭仪、姬妾生二十一子。曹家几多女儿似乎没有记载，但其中有三个是到宫廷中当了贵人。

曹操教子甚严，期望他们都能有所成就。诸子之中，曹丕、曹植最有文才，曹彰崇尚武力，勇而无谋。

曹操最喜曹植。

曹植常常跟随父亲南征北战，不但生性机警，聪明灵异，能诗善赋，而且英武俊拔，胸怀大志。征战间歇，曹操常把曹植唤到身边，谈文讲武，充满了父子亲情。

开始，曹操常对人说："植儿聪敏喜人，某宠爱至甚。不过小时宠爱，长大并不一定重用。"

后来，曹操对曹植恩宠有加，又说："曹丕、曹彰、曹植兄弟，我以为最可定大事者，非曹植莫属。"

司马懿虽然并未参与其中，却对此事有着自己的看法。他私下里几乎坚定地认为：曹丕与曹植兄弟二人，能成大事者，乃是曹丕，而绝非曹植。原因有二：其一，曹操升为王侯，世袭爵位、继承父业的应是长子，废长立幼，不合乎传统，必然生乱，时下已有袁绍、刘表的教训。其二，司马懿发现曹植为人虚华，恃才放旷；曹丕笃厚恭谨，才智兼全。曹操之爱曹植，不是出于理智，而是为了寻求杀伐劳苦之余的亲情慰藉，曹操早晚会改变主意的。对于这些，司马懿虽然成竹在胸，但他从不向别人提及。他不是嗜好虚名之徒，不屑于在人前虚夸卖弄，也无暇穿梭往来，搬弄是非。他想得更多的是自己如何在现有的环境中游刃有余，稳步发展。所以，谁也不会注意到他有什么心思和变化。只不过他与曹丕相处得更为贴近了。

司马懿比曹丕年长八岁。他的奇思多谋，谦谨恭让，同样赢得了曹丕的好感。渐渐地他们之间几乎完全没有了主人与属下的关系。或郊野打猎，或谈经论道，或作赋吟诗，或分析时事，亲近而和谐，相知更相依，胜过兄弟。

当时，与曹丕关系比较好的，除了司马懿，还有陈群、吴质和朱铄。四人都是才华横溢，引人注目，他们与曹丕超凡的关系，朝野几乎无人不知，被当时的人们称誉为“四友”，充当着曹丕智囊和羽翼的角色。

公元211年春，曹丕升任五官中郎将，为丞相副，并设置了自己的官府，成为丞相曹操处理军国事务的助手。

司马懿有狼顾之相，遭人谗害，曹操又生性多疑，唯恐他为祸作乱，盛怒之下，真想把他杀了。曹丕与司马懿关系如此密切，自然不会眼睁睁看着不管，急忙出来求情：“父亲，所谓狼顾之相，实在是有小人出于嫉妒，想要加害仲达，怎么能因此无稽之谈而错杀贤才呢？万望父亲明察。”曹操瞪了曹丕一眼，没有收回成命。

曹丕又急忙进言道:“当下人才匮乏,父亲几次下令求贤,爱才之名,天下相闻，如今无端杀了司马懿，岂不让天下欲归附者寒心？”

曹操刚才惊怒交加，才下令斩杀司马懿，此时转念一想，也觉得是有些小题大做了。但他仍对此事耿耿于怀，于是下令：“免去司马懿官职，速遣往军中马厩，司掌养马。”

司马懿忙跪谢不斩之恩，刻意动情地说道：“丞相宏才伟略，纵横四方，乃国之中坚，世之枭雄，有丞相在，则必有国家之兴盛。仲达实欲日日陪伴丞相，奉侍丞相。丞相之令，仲达实不敢违，但无论身居何职，身处何地，时时不敢忘怀丞相，更不敢忘怀国家。”

司马懿说这番话，确实是出自真心。他清楚地知道自己退已经不可能，进也只能依附于曹操安身立命，再没有别的路径可以寻求了。

“仲达，只要不忘记夜间给战马添加饲料，足矣。”不知谁大嚷了一句，左右文武官员一阵哄笑。

当天晚上，司马懿就如令出现在军中的马厩里。

明月皎皎，夜风清清，战马不再嘶鸣。它们细细咀嚼着草料，打着响鼻，月色中的姿态温驯而美丽，让人想象不出它们在战场奔跑厮杀的情景。

自出仕以来，日日忙碌，已经好久没有这么独对苍穹，体味人生况味了。司马懿此时的心里倒是十分平静，他对人生坎坷有着足够的思想准备。毕竟没有成为刀下之鬼，魂飞远方。只要一息尚存，那么一切一切就都充满着希望。屈辱和伤痛如人生旅途中的坑洼与土石，是可以迈过和跨越的。不管路怎么走，只要走下去，努力地寻求人生机缘，就一定能达到自己所追求的目标。

正想得发呆，忽然一只手掌重重地打在他的肩上。一个衣着破烂的马夫训斥道：“站在这里发什么呆，还不去铡草料！”

司马懿盛怒之下，欲反唇相讥，但他忍住了。

马夫挖苦道：“你不要以为自己曾经如何如何，一个新来的马夫，不懂规矩，快去干完活，回来伺候大爷。”

司马懿反倒被气得笑了，说道：“世上竟然也有如此不知廉耻之人。我今日为马夫，明日为将相。可是你呢？今日为马夫，下辈子也不过还是一个马夫！”

马夫大怒，拉开架势，要决一雌雄。司马懿觉得与这等人斗嘴，实在无聊，转身离去了。

远处走来一个人影，是曹丕来看他了。

曹丕安慰他道：“仲达，你受苦了。”

司马懿慨然道：“某思则为国，想则为民，一心侍奉丞相和您，别无他念，是以胸怀坦荡，并不觉得什么。”

曹丕说：“仲达身处马厩之中，仍不忘家国大事，令人敬佩。”

二人不禁朗声笑了起来。

过了一些日子，司马懿被命令不再督管养马，改为督管守军伙食。司马懿颇感失落，可转念一想，又暗自喜道：“丞相尚未忘却仲达啊！”

此时丞相府中，又有一才子声名大噪。此人姓杨名修，字德祖，博学广览，无所不通。府中传闻：一日，塞北部族送来点心，名曰酥，曹操很高兴，随手在盒上写道：“一合酥”。杨修进来看到，马上拿起来，对众人说：“丞相有令，命大家‘一人一口酥’，快来分而食之。”曹操表面上很高兴，连称杨修狡诈多才，心里其实很不高兴。

曹操多疑，为防止睡梦中遭到不测，常吩咐左右道：“我好梦中杀人，我睡着时，汝等千万不要近前。”为了让人信以为真，一天，他卧于帐中，假装睡得深沉，并故意将被子蹬落在地。身边一个侍从慌忙跑过来替他盖上。曹操忽然跃起，一剑将侍从斩为两截，然后又卧床假装熟睡，半晌起来，佯装震惊道：“是谁胆敢杀我身边侍从？！”众人实话实说，曹操痛哭不已，传令厚葬。大家都以为丞相果然是梦中杀人。杨修却在丧葬仪式上对着棺木叹道：“悲哉，君乃他人锦囊之计，君死何其冤也！”曹操在旁边听了这话，犹如背有芒刺，坐立不安。

司马懿听说之后，暗暗叹道：“此人虽然才华横溢，却丝毫不懂处世之道，必然短命，可惜死期不远矣。”

公元216年夏。许昌。

朝廷内外，许多别有用心的人开始盛赞曹操。侍中王粲赞颂曹操南征北伐的诗中写道：

……相公征关右，赫怒震天威。一举灭獯虏，再举服羌夷。西收边地贼，忽若俯拾遗。陈赏越丘山，酒肉逾川坻。军中多饫饶，人马皆溢肥。徒行兼乘还，空出有余资。拓土三千里，往返速若飞……

群臣极力要把他推上帝王的宝座，一齐奏请献帝：

“魏公曹操，亲自披戴盔甲，率领将士，平定汉中，荡定西陲。其勤政爱民胜过了稷神和禹王；其忠君为国之心，即使伊尹和周公也不能比及。功德卓著，可谓高如苍天，广如大地。而他却掩之以谦让，守之以弥恭，天下无不钦服景仰。魏公现在虽然已位在上公，也不能与其功勋德行相称，所以各位大臣齐奏陛下，请为魏公晋爵为王。”

献帝不敢不允，下令草制诏书，立即进封曹操王爵。

曹操屡屡谦让之后，接受王爵，冕十二鎏，乘金银车，驾六马，用天子车服仪銮，出入称警跸。

司马懿心中十分明了，自己此时犹如一棵不起眼的菟丝草，淹没于洪水之中。如不攀附大树，恐怕再难见到阳光。那样苟且活着，生不如死。

他暗暗地等待时机。

魏王留居邺郡。差大将夏侯惇领三万甲兵，在许都来往巡警，又降王旨，教长史王必总督御林军马。司马懿密切注视着这一切，他深知王必为人，由他来总督御林军，早晚必出事端。一向刻意表现谦恭的他，再也顾不得许多，他要乘此机遇，充分显示自己的才能，同时真正站到曹操的立场上，为他做些事情，从而赢得他的理解和信任，改变现在的处境。

于是司马懿急急求见魏王，禀告道:“王上，仲达素知王必嗜酒成性，处事浮躁潦草，恐怕不能任军国大事。”

曹操斜睨着司马懿，心不在焉地问道：“仲达，养马肥乎？”

“此事非小，所以仲达才不管身处微贱，禀告王上，万望王上三思。”

“王必与孤披荆斩棘，屡历艰险，形影相随。此人不但忠勇而且勤勉，心如铁石，乃孤之手臂，国之良将。岂是得陇望蜀、得寸进尺之辈。孤心里十分看重他啊！”

曹操一番话，说得司马懿脸色羞红，低着头慌忙退出。

不几日，耿纪、韦晃等人造反，纵火烧了京城，王必果然因为酒后疏忽，未能及时平定叛乱，多亏夏侯惇远远望见城中火起，前来相救，方才没有贻害国家大事。

曹操心中暗暗后悔没有听信司马懿之言。

过了些日子，司马懿又请求见魏王。

曹操对他的狼顾之相，依旧耿耿于怀，冷冰冰问道："孤正自读书，仲达不安心为军兵造饭，又有何事前来烦扰？"

司马懿双膝跪地，向前爬行，说道："近日偶然听说，王上命令胡修为荆州刺史、傅方为南乡太守，仲达心里十分不安，左思右想，才再次不顾身处卑微，敢冒生死前来禀告王上。素闻胡修这人性格粗暴简单、傅方平日骄奢淫逸，此二人都不可重用，现在却统领大军，驻守边疆，只恐早晚有变。望王上慎之。"

曹操哪里肯听，一拂手冷冷说道："孤之用人，向来人尽其才。更何况孤之左右，个个都是贤臣良将。军国大事，就不再劳驾仲达多虑了吧！"

司马懿长跪在地，揖拜叩首不止，说道："仲达之言，句句发自肺腑，万望王上思之。"

曹操冷笑几声，起身拂袖而去。

公元219年，刘备又从曹操手中夺取汉中，并自立为"汉中王"，封世子刘禅为王太子。

消息传到许都，曹操大怒："刘备织席小儿，安敢如此！孤势必要杀了你。"

于是接连派兵前往征讨，却屡屡败阵而回。镇守荆州的刘备大将关羽，进攻襄、樊，掘襄江、白河之堤，水淹曹操大将于禁所统率的七军人马，并斩了大将庞德，威名大震，华夏皆惊。

曹操慌忙聚集文武商议："孤素知关羽关云长智勇盖世，如今据有荆州、襄阳，如虎添翼。况且近日又擒拿了我大将于禁，斩杀了我大将庞德，正在围攻樊城，吾兵锐气大减。倘若关羽率兵径直来攻打许都，那将如何是好？孤欲迁都河北，暂时避避敌兵锋芒，诸卿以为怎样？”

文武官员有主张火速迁都，走为上策的；有说迁都示弱，锐气更减的。争争吵吵，莫衷一是。曹操烦躁，怒道：“孤头疼得厉害，都快快退下。”

曹丕知道父王没了主意，觉得时机已到，急忙进见魏王，请求重新起用司马懿。

曹丕恳切地说道：“司马懿如此之才，被贬至军中司掌养马、掌管伙食，从来不曾见他有一丝不满情绪，更未听他透露半句怨怼之语，足可见他慑于父王之威，确乎一颗忠心对待父王。况且此人满腹谋略，几次献计，几次应验，他人实在无法企及。儿丕以为还应重新起用司马懿，并且委以重任。”

曹操思忖道：“司马懿确实颇具奇才，但是为父常常以为他心怀叵测，实在担心将来他会参与曹家大事，几次想要杀掉他，都被你拦住了。此人又聪敏至甚，能伸能屈，丝毫不露破绽。近日来，反复琢磨，孤也觉得他如同鸡肋，食之无肉，弃之还颇为可惜啊！”

曹丕沉思良久，说道：“儿丕以为还是设法起用他为好。”

曹操说：“要用其才智，抑其心志，且不可疏忽大意。”曹丕十分高兴，连忙点头称是。

于是下令重新起用司马懿，将他官复原职。司马懿谢过魏王和曹丕，即献计劝止迁都。

曹操问道：“何以不可暂时迁都河北？”

司马懿禀道：“仲达以为于禁等是被水所淹，并非威势不强大，将士不勇猛，所以此次兵败，于国家大计未必有什么损害。如今刘备与孙权，外表亲和，其实却很疏远，关羽得志，孙权并不高兴。王上不如立即派遣使臣去孙权那里，陈说利害，并许割江南之地以封孙权，令他暗暗起兵，从后面攻打关羽，那么樊城之围不日可解。”

曹操笑了，说道：“还是仲达知孤心意，如此甚好，何必非要迁都动众呢？”

于是召集群臣，下令道：“朝野内外，不许再言迁都之事，倘有违者，立即斩首。”

司马懿也笑了。晚上，他独自一人在黑暗中差点笑出声来。笑得轻松，也笑得辛酸。他为自己的才智而笑，为自己的胜利而笑。在王府，随着魏王下令，他撇着嘴角，微仰起脸，轻蔑地扫视一周。就是他们，曾经对他几多妒忌，几番谗言，又几番嘲弄。今天，他终于走出了屈辱，而且走得比原来更好，走得比他们更好。此时此刻，他的目光是那么犀利、那么有力，直至让不少人物羞愧地低下了头。虽然司马懿暗暗告诫自己不要过多地表现出这种情绪，但对于这一阵扫视，他从内心里感觉酣畅淋漓。

为太子师，最强风险投资

曹操进封魏王，丞相府内外便更不肃静了。

曹丕与曹植兄弟争当世子、王太子。文武官员议论纷纷。

二子之争，缘由起自父亲曹操。他时常说起“诸子之中，最可定大事者，三子植也”。言语中流露出欲立曹植为太子的意思，曹植就不可能再无视这个金灿灿的宝座。而曹丕身为长子，自己又觉得当仁不让。矛盾也就来了。

司马懿也参与其中。他想要支持的当然是两人中的胜利者。一开始，他便认定了五官中郎将曹丕。这是他现在生命中离不开的一棵大树，可以说是唇亡齿寒，而且事实上更要严峻得多。所以他要在曹丕与曹植争夺王位的过程中，立下功劳。

司马懿几次悄然劝告曹丕道：“眼下，临淄侯曹植的才气、声望都与将军您不相上下，必然会与您争夺宗子嫡嗣之位。将军必须多树党羽，不断巩固自己的地位。”

曹丕忙问：“仲达有何良策？”

司马懿深得儒家经义，颇知“为人处世”之道，出主意道：“临淄侯虽然才贯华夏，学高八斗，然而却恃才傲物，率性行事，目前虽有名望，却终究不会长久，难以成就帝王之业。将军当避其长，击其短，以德服人。要崇尚并发扬仁德气度，为学、修行、立德，深深地磨炼自己，朝夕不辍。久而久之，则必然魏王看重，群下归心。”

曹丕如释重负，频频点头。司马懿又针对曹植的弱点，屡屡进言道：“将军且记，无论何时，都不可失乱父子纲常，违背了作为人子的正道常礼。同时，您可派人贿赂王上身边侍从，让其平时在王上面前多言您之德行，并及时通报消息。”

曹丕、曹植各有自己的羽翼，许多智囊人物也乐得从中周旋。曹丕的支持者，除了“四友”司马懿、陈群、吴质、朱铄之外，还有毛玠和贾诩。曹植身边主要有杨修和丁仪、丁廙兄弟。物以类聚，人以群分，粗略一算，前者均为政客，后者都是才子。只要看到将来这些人物分别是何处境，就不难想象参与其中丝毫无异于一次人生赌博，也就不难理解他们何以要费尽心机参加这场豪赌。

杨修、丁仪最耐不住性子，二人启奏魏王道：“丞相既然已经受封王爵，就应该早立世子，加封魏王太子。臣等以为临淄侯曹植诗彩华章，众人仰慕，可立为宗子嫡嗣。”

曹操此事尚未考虑成熟，犹豫片刻，说道：“二卿所言，正合孤意。不过植为三子，丕为长子，容孤再作计议。”

曹操曾经询问贾诩道：“孤欲立后嗣，卿以为当立谁？”

贾诩笑笑，并不回答。

曹操急忙问道：“卿何故不作回答？”

贾诩说：“臣忽然想到袁本初父子、刘景升父子，所以没有即刻回答王上。”

袁本初即袁绍，刘景升即刘表，二人均因废长立幼，导致内部争执，甚至战乱，一直到大败于曹操手中。所以，贾诩此言一出，曹操立即会意。

曹丕、曹植都依照他人的计谋行事，竭力讨得魏王赏识。曹操每次亲自领兵出征，丕、彰、植、熊诸兄弟都远远送行。曹植聪明多才，举笔成章，常常即席赋得美文华章，对天吟诵，赞颂父亲功德卓著，昭彰日月。曹操十分高兴。曹丕却不言语，自顾涕泣叩拜，依依惜别，情真意切，惹得左右众人无不受到感染，为父子惜别而觉得感伤。时间长了，曹操开始疑心曹植为人有些花巧乖张，心地诚实不如曹丕。

一日，曹丕有事需要商议，急忙请心腹朝歌长吴质议事，又唯恐他人看见，于是把他藏在盛绢帛的大簏中，随车马接进府中。

这事早被相府署仓事主簿、曹植的密探得知。杨修立即禀报了魏王。

曹操十分恼怒，呵斥道："如此下作，会有什么好事，来日便把吴质擒拿了来。"

次日，杨修又见车马拉着大簏入府，慌忙报告曹操。曹操立即派人截住马车，打开大簏，细细搜查，可是里边除了绢帛，并无半个人影。曹操问杨修如何解释，杨修无言以对。曹操因此大大怀疑杨修有谋害曹丕之心。

原来，曹操发怒的消息早就有人报告了曹丕，曹丕急忙请教司马懿，才想出这个既可消除魏王疑虑，又大大不利于杨修的妙计。

曹操为了试探两个儿子的才能，命令曹丕、曹植分别出东、西门，却又秘密安排军兵不要放他们出城。

曹丕到东门叫门不开，只好返回禀告魏王。魏王嫌其愚钝，很不高兴。曹植先请教杨修，杨修说："临淄侯奉魏王之命出城，谁若阻拦，立斩。"

曹植受到阻拦，果然挥刀斩了门吏，出了城门。曹操听到消息，十分高兴，正要召曹植来问，却有人悄然禀告道：“这些都是杨修教的。”

曹操闻言大怒，骂道：“杨修竖子，安敢教唆孤之爱子！”

一次，曹植与杨修饮酒方酣，突发奇想，于是携带酒肉，乘坐魏王车辇，径直出了司马门。众人都以为是魏王出府，慌忙跪在道路两旁远远迎候，等走近了才知道是魏王三子曹植。曹操大怒：“我无事不出此门，是为了取信于诸侯。竖子如此无礼，倒不如把他杀了。”众人苦苦劝阻，方才罢休。曹植从此失宠。

曹丕被立为魏王太子。为了给太子扫清道路，几个月后，曹操于军中以扰乱军心的罪名杀了杨修，并将他的首级高高悬挂在营门之外。这一年，杨修年仅三十四岁。

杨修之死，让司马懿颇感痛惜。他又想起了少府孔融。二人都不是一般人物，可惜孔融死于迂腐执拗，杨修死于率性放旷。苍天赋予人的禀性，真就那么难以更改吗？好在自己个性既不似孔融，也不似杨修。

思绪纷乱的司马懿又想念起了哥哥司马朗，他已于两年前因病猝然逝去。当时司马懿闻听这一凶信，心如被掏空了一般，痛楚不已。在自己的成长历程中，哥哥曾对他产生过较大的影响，两人又同在丞相府做事，他的离去，让司马懿心里顿然感觉缺少了某种依托。好在堂兄司马芝和胞弟司马孚都已来朝中为官，虽不能常见，但早晚总算有个照应。

生命就如江河之水，一刻不停地流逝。也有的甚至如同天上的流星，倏忽一闪，即无踪影。蓦然回首，已经走过了人生三十六个春秋，身在乱世，虽然没有大的波折，却也算得上坎坷。先师孔子说：“三十而立。”展望将来，究竟何时才能有如虎豹，往来驱驰呢？

曹丕在兄弟“太子之争”中的胜利，也是司马懿、陈群等智囊和党羽的胜利。司马懿也被擢升为太子中庶子。他隐约感觉到在自己未来的仕途上开始闪耀着亮光。

魏王曹操却没有料到这场兄弟之争竟会持续多年，直至曹植郁郁而死。魏王驾崩之后，曹丕秉政，为巩固政权，他迅速剪除曹植党羽，杀掉了丁仪、丁廙兄弟。曹植多次被贬，三迁封地，生活简陋不堪，精神压抑难耐，在曹丕、曹叡父子的迫害下汲汲无欢地度过了 11 个春秋，于公元 232 年死后临黄河葬于山东东阿鱼山。同样受到迫害的还有任城王曹彰、白马王曹彪等家族成员。

曹植痛苦而矛盾的情绪，在他的诗中得到了较好的反映。《七步诗》中写道：

煮豆燃豆萁，豆在釜中泣。本是同根生，相煎何太急！

《赠白马王彪》中写道：

玄黄犹能进，我思郁以纡。郁纡将何念？亲爱在离居。本图相与偕，中更不克俱。

鸱枭鸣衡轭，豺狼当路衢。苍蝇间白黑，谗巧令亲疏。欲还绝无蹊，揽辔止踟蹰。

曹丕每自吟诵《七步诗》，也禁不住潸然泪下。

兄弟成仇，缘起于魏王曹操。谚语说：“贫不学俭，卑不学恭。”

兄弟之争，并非出于本性，实在是形势使然。曹操虽然是旷世奇才，乱世枭雄，一生成就大业，但他在选择继承人的问题上却优柔寡断，酿成祸根。儿子曹彰是个勇武之人，虽然也为没能立为太子而怀恨在心，但他终究采取了退却的态度。假如曹操及早阻遏曹植，那么他就会早早失去了窥望之心，杨修等也不会因为参与其中而招致大祸了。再就是曹丕、曹植身居高位，追随者如云，正如《赠白马王彪》诗中写到的，是小人谗言，搬弄是非，离间了骨肉亲情。

曹丕、曹植二人太子之位的争端，足以让司马懿“领略”到权欲者面对权力时的狂热，以及政治斗争的残酷性。虽然他自己就参与其中、沉浮其中。

司马懿曾献计劝阻曹操迁都，并结好孙权，让东吴牵制关羽，以解樊城之围。曹操采纳之后，一切果然都依照此计进行。

孙权派遣使者为自己的儿子向关羽的女儿求婚，遭到拒绝，正在生气之时，忽报魏王使臣到。孙权忙令进殿。

使臣对孙权说道：“如今刘备大将关羽统率大军屯驻襄阳、樊城，妄自尊大，自以为天下无敌。希望主公早日进兵袭击关羽，魏王可以割江东荆州、襄阳之地为主公封爵。”

孙权聚集文武商议良久，对使臣说道：“请回复魏王，关羽大军屯驻襄、樊，荆州必然空虚，我即日发兵夺取荆州，擒拿关羽。”

南郡太守糜芳驻守江陵，将军傅士仁驻守公安，二人平日都怨恨关羽目中无人，所以对战事消极应付。孙权用计谋轻易袭取了荆州，又暗中派人引诱二将。同时曹操派大将徐晃援救樊城。关羽不能取胜，回兵江陵。可惜江陵已被孙权大将吕蒙占领，关羽军队溃散，败走麦城，乱军之中，关羽、关平父子被俘，后被孙权杀害。

孙权命令用木匣盛了关羽首级，派遣使者连夜赶路送到洛阳。曹操闻听，非常高兴，暗暗想道："司马懿之计果然高明，如今非但我许都无忧，而且借助孙权之手，杀了关羽，消除了我胸中块垒。"他立即召集文武大臣，同到大殿。曹操欣然说道："孤用妙计，与关羽大战于樊城，却让孙权袭击其后，而今关羽已死，孤再无忧虑，夜来可以安睡了。"

忽一人出班奏道："丞相，孙权送来关羽首级，这乃是移祸之计。"

曹操看时，原来是司马懿。于是问道："仲达，此言何意啊？"

司马懿道："当年，刘备、关羽、张飞最初举事之时，曾于桃林之中，对拜结交，誓同生死。多年来，三人亲如兄弟，情同手足。如今孙权杀害了关羽，惧怕刘备复仇，所以才将关羽首级献给丞相，好让刘备以为孙权乃是受您的指使才杀了关羽，从而使刘备迁怒于丞相，不去攻打孙权，却倒戈前来伐魏。他倒坐观鹬蚌之争，伺机行事。"

群臣唏嘘，都赞叹司马懿想得细致。曹操说道："仲达所言，正是孤之所想。那么孤当如何破其计策呢？"

司马懿道："此事容易得很。丞相可下令用香木雕刻关羽躯体，与其首级相接，盛殓之后，以大臣之礼厚葬。刘备知道后，必然感激您对关羽的情义，而更加痛恨孙权，全力向东征讨。那时，您再坐观二虎之争，寻机以图大事，岂不更好？"

曹操大喜，即刻传令依计行事。

不几日，孙权又遣来使臣上书：

臣孙权久知天命已归主上，伏望早正大位，遣将剿灭刘备，扫平两川，臣即率群下纳土归降矣。

曹操看罢，沉思了一会儿，忽然大笑道："这小子是想要把孤往炉火中推啊。"

侍中陈群、大将夏侯惇等早就看透魏王心思，都乘机奏道："汉室久已衰微，丞相功德巍巍，天下莫不崇仰。孙权称臣归附，这正是天人相应，异气齐声。丞相应该顺人应人，早正大位。"

司马懿笃信儒教，有忠君思想，但也眼见汉祚已尽，群臣又都奉劝曹操登基皇位，只好也进言道："自古以来，能救民众于水火，为百姓所归依者，就是生民之主。丞相戎马三十余年，功德昭昭。汉朝国运已终，现在十分天下，您已有其九，却一直恪守臣节，朝野上下无不钦服。您应该畏天知命，顺应民意，早正大位，还在疑虑什么呢？"

曹操扫视左右，笑道："想我曹操戎马多年，一心侍奉汉朝，力图一统天下。虽然有些功德，然而位至于王，名声、爵位已高到极点，不敢更有别的企望。古语说：'施于有政，是亦为政。'倘若老天真的有意于我，那我就做周文王吧。"

司马懿这才将孙权上书的本意挑明，说道："孙权称臣归附，其意在于让丞相举兵讨伐刘备。丞相可以将计就计，即如其意，为其封官赐爵，并命令他抗拒刘备。"

曹操点头称是，即刻表奏献帝，封孙权为骠骑将军、南昌侯，领荆州牧。

这时又有人出班奏道："荆州新得，州城及附近百姓全都是刘备子民，还有在颍川屯田的群众，因为靠近东吴贼寇，经常有闲散之人为祸作乱，不能归附。"

曹操有些不耐烦，轻描淡写地说道："那就想办法把他们都迁往别处。"

司马懿却急忙说道："不可。荆楚之地容易动荡，难以安定，现在关羽大军新破，一些为恶之徒正藏窜观望，如果下令移民，必然有伤善者之意，而那些暂时离开避难的人也就再不敢回来。如此一来，荆楚之地不就荒疏了吗？"

曹操觉得有理，于是下令，安抚当地百姓，对为祸作乱之徒多加管制引导。

司马懿注意到曹操正在竭力掩饰自己的痛苦，果然是他的头风病又犯了。他终于忍耐不住，挥手示意，大家尽皆散去。司马懿却跟着进了曹操的内室。

曹操坐立不宁，不再掩饰，说道："孤头风病又犯了，疼痛已极，难以忍耐。"

司马懿道："丞相头痛，仲达心中也不能安宁。容我去请太医来。"

曹操似乎自言自语，断断续续说道："太医又有何用？当年，名医华佗为孤诊病，竟然消极怠慢，我怀疑他别有所图，才下令把他杀了。后来，孤之爱子仓舒病重，因为无人能治而夭亡。想人生处事，为何要如此多诈！"

司马懿没能想出应对之语，所以沉默着，没有言语。

时值寒冬，天上零星飘起了雪花。曹操专注地凝望着窗外，又独自叹道："孤今年已经五十六岁。披肝沥胆，一生戎马，整肃法治，识拔人才，意欲奉天子以令诸侯，荡涤贼寇而一统天下。然而朝野之中，依旧有不少人在与我作对。现在我心只寄托于史官书写，后世评判。"

司马懿说道："王上运筹演谋，鞭挞海内，奇功盛德，远远盛过周文王啊！”

曹操忽然转过脸来，逼视着司马懿，问道：“仲达对孤，果能忠乎？”

司马懿慌忙扑倒在地，连连叩头。“仲达本来身处僻远，才智短浅，全是仰仗大王识拔，才有今日。仲达忠于丞相，万死不辞。”

曹操说：“仲达快起，孤深知仲达之忠也。”

司马懿拜辞曹操出来。飘飞的雪花击打在他的脸上。天色阴沉，薄雪的地上清晰地留下他一串细琐的脚印，仿佛也在和主人一道反复揣摩猜测。风卷雪花吹来，司马懿接连打了几个寒战。他知道，魏王病重，非同寻常，恐怕大去之期不远了。

公元220年，正月。洛阳。

冰天雪地，北风呼啸。魏王宫内，肃穆凝重，阴气沉沉。

魏王曹操不再临朝。他病得越来越重了。忽一夜，曹操又梦三马同槽而食，心中十分不安，天一破晓，即传令贾诩、陈群、司马懿等身边近臣来到病榻前。没等几人问安完毕，曹操就急忙问道：“孤向日曾梦见三马同槽，怀疑是马腾、马休、马铁父子三人为祸。方今马腾已死，昨夜又梦见三马同槽，孤心十分不安，不知此梦到底主何吉凶？”

司马懿闻听曹操发问，心里一惊。他立即由三马同槽之“槽”想到了魏王曹操之“曹”，由三马同槽之“马”想到了自己复姓“司马”之马。他也觉得这梦怪异。但他非常担心曹操也会忽然这样联想，万一这样，自己也就大祸临头了。他慌忙低下了头，紧张地等待下文。

这时，就听贾诩向前解释道：“禄马，乃是吉兆。禄马归于曹，丞相又何必疑虑呢？”

曹操说道：“如此甚好。孤心安矣。”

司马懿这才悄然长长地舒了一口气。

又过了两日，曹操觉得气冲上焦，双眼模糊，知道所剩时间不多了，便召集曹洪、陈群、贾诩、司马懿等近臣来到病榻前，说道：“孤恐怕大去之期到了。各位都与我生死与共，相伴多年。今天召集你们前来，是想以后事相嘱托。”

大家急忙说道：“丞相不要多想，好好将养身体，不日便会康复的。”

曹操摇了摇头，良久说道：“孤纵横天下三十余年，群雄皆灭，只有江东孙权、西蜀刘备，未曾剿除。孤今后再也不能和卿等相处了。太子曹丕，笃厚恭谨，可以继承父业，愿卿等竭力辅佐他。”

大家泣不成声，断断续续说道：“请丞相放心。”

曹操长叹一声，泪如雨下。须臾，溘然长逝。

曹操一生崇尚节俭，不事浮华。弥留之际，他曾把各个侍妾叫到身边，嘱咐道：“我死之后，你等要勤习女工，多织丝履，卖之可以得钱养活自己。”

曹操还遗令说：“天下尚未安定，丧葬务必俭约，不要依照古代繁缛的礼节。安葬完毕，大家都要脱掉丧服，各自去做自己的事情。入殓时要给孤穿平时的衣服，不要在墓穴里掩埋金玉珠宝陪葬。”

曹操谥号“武王”，葬于高陵。

史官拟《曹操行状》云：

操知人善察，难眩以伪；识拔奇才，不拘微贱；随能任使，皆获其用；与敌对阵，意思安闲，如不欲战，然及决机乘胜，气势盈溢。勋劳宜赏，不吝千金；无功望施，分毫不与。用法竣急，有犯必戮，或对之流涕，然终无所赦。雅性节俭，不好华丽，故能芟刈群雄，削平海内。三十余年，手不舍书，昼则讲武，夜则思经，登高必赋，对景必诗，深明音乐，善能骑射，曾在南皮一日射雉六十三头。及造宫室器械，无不曲尽其妙。是以遂成大业，开阐洪基也。

当朝之中，司马懿所敬服的唯一的一个人，就是曹操。

司马懿与曹操的性格迥然不同。曹操善诗能赋，善饮能武，善骑能射。他胸怀宽广，个性豪放，集儒家、道家、法家诸种精神于一身，而且还不乏文人的浪漫情怀。司马懿待人外表谦和，内心嫉忌，他喜怒不溢于言，恩怨不露于行，能够忍辱含垢，善于巧施机谋，行为处事深得儒教精髓，却又禀性宽松解放，率性自然，敢于自嘲。

但两人都是求生存于乱世之中，建功业在沙场之上，所以处世谨慎，多思、多虑、多疑、多谋，有荣有辱，有善有恶，有威逼，有退让，这些方面，却是极其相似的。

巨星陨落，天下举哀。

司马懿也极其悲痛，一方面哀痛丞相之死，另一方面为国家前途与个人命运而担忧。他与陈群、贾诩等大臣，以大局为重，尽心处理丧葬以及其他事务，并且报知曹丕，将魏王灵柩由洛阳迁往邺郡，使得内外整肃，上下安定。

司马懿之弟司马孚现为中庶子，二人早就商定好拥立新王的策略。

灵堂之上，司马孚起身而出，说道：“魏王既薨，天下震动，当早立继承之王，以安众人之心，稳定天下。”

群臣连连点头称是。

“王室内外，多人想要争夺此位，更何况东吴、西蜀尽皆窥伺中原，一旦有什么变故，则江山社稷难保。”

大家正自商议，忽报华歆奉诏从许昌飞马来到邺郡。汉献帝下诏封曹丕为魏王、丞相、冀州牧。

曹丕即日登位，受大小官僚叩拜起居。

曹丕登位之后，对有功人员大行封赏。并在心腹近臣的协助之下，竭力清除敌对势力。

曹操死后，曹丕继位，对于司马懿来说，无疑是人生的一个转折点。他因此而有机会率兵出征，充分发挥了其机智和谋略，先后北定辽东，西拒巴蜀，屡立奇功，无人替代，地位也越来越显赫，直至一人之下，万人之上，在朝中擅权，威逼帝王，俨然又是一个曹操在世。

以一个人有限的生命时光作计量，短短半个多世纪，历史就出现了惊人的反复，一切历历在目，犹如再现，这实在不能让人不惊叹、不悲哀！

隐忍是个好脾性

曹丕继承王位之后，司马懿觉得心里轻松多了。在魏王府，环境对他来说也确实变得越来越宽松。他不必像在曹操面前那样过分谨慎，甚至常常感到惶恐不安。有过与太子的朝夕相处，有过在曹丕继嗣方面的出谋划策，他虽然并不因此而觉得劳苦功高，但曹丕对他却是十分的信任和欣赏，所以，有些事便可以通融，甚至可以商量。

而且更主要的是，自己的命运已经紧紧地与魏王曹丕的命运维系在了一起。曹丕已经是事实上的“天子”，登基皇帝之位，指日可待，他不可能对此熟视无睹。他的内心是矛盾的，一方面为汉朝将终而不安，毕竟自家世代为汉臣，食汉禄；另一方面汉朝确实已经走到了尽头，天下已然归魏，应当庆幸自己已经归在魏王麾下，并且可以游刃有余，有所作为。

父王新丧，大权初立，曹丕的心里十分不平静。事态纷乱如麻，究竟应该从何处着手？他在屋内来回踱着步子，忽然吩咐左右道：“速把司马懿召来。”

司马懿奉命进殿拜见曹丕。

曹丕说："刚才有人来报，说鄢陵侯曹彰率十万大军，径直前来邺郡索询先王玺绶。曹彰武艺高强、雄壮勇猛，领兵打仗，堪任大将，一旦谋反，后果不堪设想，多亏诸位大臣晓之以礼，动之以情，方才回到鄢陵自守。"

司马懿道："鄢陵侯挟兵前来奔丧，未必没有二心，只是见到诸位大臣已经归心于您，您的权威远非他所能及，所以才突然改变主意，将兵马交割于主上，自回封地。"

"如此下去，终究令人心怀隐忧啊。"曹丕仿佛自言自语。

又问司马懿："临淄侯曹植、萧怀侯曹熊，二人竟然不来奔丧，孤派遣了两位使臣前往问罪，却不想四弟曹熊惧怕罪责，自缢身死。三弟曹植每日与两个狂放文人丁仪、丁廙兄弟饮宴作乐，狂悖无礼，常常以先王曾经欲立曹植为太子而不平，出言不逊，辱骂于孤。不知仲达作何感想？"

司马懿道："昔日杨修多负才名，先王却寻机把他杀了，那就是为了帮助您剪除敌对，扫清道路啊。丁仪、丁廙乃一时文士，巧舌如簧，善于鼓动吹风，做事又不计后果，早晚必然为害，留之何益？"

曹丕会意，当即命人火速赶到临淄，将丁仪、丁廙兄弟全家老小并其宗族，还有曹植府下大小官属全都斩首，又贬曹植为安乡侯。

在极力剪除敌对势力的同时，曹丕下令对有功之人，大行封赏重用。任命大中大夫贾诩为太尉、御史大夫华歆为相国、大理王朗为御史大夫。司马懿受封河津亭侯，转丞相长史。

曹丕从小嗜好弹棋，曾作《弹棋赋》，反复吟味，兴趣盎然。司马懿伴随太子之时，常常与之对弈。近来，曹丕心中烦闷，司马懿观察得知，便命人从民间找到两位弹棋高手，送入王宫，朝夕陪伴魏王下棋。

一日，曹丕宣司马懿、贾诩、陈群等入宫，一边切磋棋艺，一边商讨治国方略。

正与曹丕对弈的是司马懿。

曹丕说道："今日我召集众卿前来，并非只为对弈，其实是想要问计于诸卿啊。我如今新即王位，欲求法令一新，有所作为，众卿有何良策，尽管讲来。"

司马懿左手轻捻下颌，右手捏弄着棋子儿，琢磨着魏王的心思。他首先说道："臣以为汉朝昔日之盛，天下瞩目，如今之所以衰微至此，朝廷暗弱、宦官弄权是主要的原因。大魏欲求兴盛，并存之久远，必须以此为戒。"

有司马懿开了头，贾诩也忍不住在旁边紧接着说道："仲达之言甚是。国家昌盛，用人是根本。大王应亲贤臣，远小人，采纳忠言，不听谗佞，使得政令畅通，民心归附。"

曹丕显得有些兴奋，连连颔首，说道："二卿所言极是。孤正是希望卿等袒露心扉，说些为政之道，也好引以为鉴。"

坐在一侧的陈群仿佛受到了鼓舞，连忙奏道："而今窥伺王权者，均是大王兄弟宗族，所以您应该对他们时时戒备，加以贬抑。而异姓大臣众心归服，对您忠心耿耿，又都才情各具，可以重用。"

陈群之言，在司马懿听来，颇有些道理，更何况于自己有利，他看了看曹丕的脸色，紧接着说道："陈群之言，听起来逆耳，实则忠臣诤言，王权之争恐怕在大王宗族内部还没有结束。"

司马懿善于察言观色，揣摩别人心理。他与曹丕下棋，总是有进有退，有输有赢，赢时恰到好处，输时也恰到好处，这样既能让曹丕高兴，又能不显得刁钻逢迎，赢得他的信任。此时，司马懿终于输掉了最后一颗棋子，曹丕脸上露出了笑容，他又“赢”了一盘棋。曹丕兴奋地说：“众卿之言，字字珠玑，令孤今日茅塞顿开。孤要举行宴会，与大家开怀畅饮，广纳良谋，以谢众卿。”

夜来，魏王府宴会大厅内，灯火通明，佳丽如云，笙歌弦舞，觥筹交错，一番盛世景象。

席间，司马懿率先与魏王敬酒，盛赞王上才德，并进言道：“自赤壁之战以来，天下已成魏、蜀、吴鼎足之势，局势相对稳定。大王是否应当考虑减少征战，休养生息？”

曹丕道：“先王在时志在统一天下。而今天下依然分裂，吴、蜀均有侵犯中原之心，我们还要以先王遗志为念，所以征战杀伐之事，恐怕难以免除。”

司马懿又道：“上古时代，黄帝、尧、舜都善于广泛征求意见。黄帝常常专程到明台，悄悄听取贤人的议论；尧、舜在道路旁边修建草屋，以便听到行路百姓的谈话。所以您应该广开言论，招贤纳士，依靠士族，以德化民。”

曹丕常常希望自己做个明主，以名垂青史。他十分推崇汉文帝有圣贤之风，想要效法汉文帝宽仁玄默，以德化民。他经常像今天这样，聚集文武，商讨国事，王宫内外，洋溢着宽和民主的美好气氛。这令他寻找到了许多极好的治国之道。有进言主张减轻刑罚的；有主张降低赋税的；有提倡节俭的；有提议关心民众疾苦的……曹丕都悉心听取，并择其善者而从之。但是曹丕却没有想到，他的宽厚仁爱的背后，却蕴藏着某种危机。他对待别人缺少了父亲的那种挑剔忌刻、多疑多虑。司马懿就是在这样的环境中，才得以重用，并充分显示和发挥了自己的聪明才智，才渐渐有了将来的劳苦功高，身居高位，直到后来培植起了司马集团的势力，最终充当了曹魏政权的掘墓人。

曹丕对司马懿是越来越信任了。

这年，曹丕吸取东汉由于宦官、外戚擅权造成政权长期不稳定的教训，对宦官、外戚在政治上实行限制。他下令："凡后宫宦官担任官职，不得超过各个官署的署令。"并把这项命令刻录于黄金做成的简策上，收藏于石室之中。

曹丕下令广泛征询官民意见，他说："朝廷各部门的官员，都要尽到规谏的职责。将帅们谈论军务、军纪，朝臣们议论国家制度，地方长官报告政务，士大夫们考察六艺，各方的政绩我都要亲自审看。"

曹丕还下令说："近几年天下不安，征战频仍，听说还有许多战死的士兵没有被埋葬，我对此很怜悯。现命令各郡、各国预备棺材，把战死的士兵送回家中，由官府安排祭礼，加以厚葬。"

其仁德宽厚之风，渐为天下所知。

有群臣的鼎力协助，曹丕即位不久，即法令一新，天下整肃。远近各方威慑于中原的武力，倾慕于君王的美德，纷纷前来投靠。貅貊单于、焉耆王、于阗王等边地民族分别派遣使者前来进奉贡品。揭竿起义、占山为王的郑甘、王照率领部众归降朝廷，曹丕还将他们封为列侯。吴主孙权派遣使者前来进奉贡品。蜀国大将孟达率领部众归降魏国。氐人武都部落首领杨仆率领部落归附魏国，并向内迁到汉阳郡定居。

七月，群臣建议：吴、蜀两国窥视中原已久，而今我中原势力日益强盛，王上应举行盛大的仪式，示威于天下敌对，也振奋天下民心。曹丕于是统率三十万大军南巡，并到吴国疆界观其阵势。

一日，抵达故乡谯县。数十万当地百姓夹道相迎，群蚁排衙，扬尘遮道，尽酒奉觞，争睹王上风采，其声威浩荡远远胜过昔日汉高祖刘邦御驾沛县之时。曹丕在谯县东郊举行盛大的宴会，招待随行众臣、军队及谯县的父老乡亲。人山人海，一直绵延数十里，席间，人群之中山呼“万岁”，欢声雷动，响彻天外。曹丕的眼睛湿润了。他一面挥手致意，一面又表谦辞。

司马懿等随行近臣看到如此景象，心中无不翻波涌浪，激动难抑，大家连忙跪倒在地，进言道：“而今，王上声威已极，当思早进皇位，此诚万民之愿，天下之幸也。”

曹丕慌忙起身搀扶，正不知如何应付才好时，忽然有人急报：“樊城、襄阳二城缺乏粮谷，不能抵御敌兵。近日，吴国军队常在对面习战。曹仁将军驻守二城，不知如何处置，特来请示大王。”

曹丕看看左右，问道：“众卿以为应当如何处置？”

众人纷纷说道：“樊城、襄阳既然粮草匮乏，那么一旦发生战事，则于我军大为不利。臣等以为，可暂且放弃二城，立即召守将曹仁将军回兵，屯驻宛城要塞。”

曹丕连连点头称是，正要传令下去，却忽然有人出面阻止，喊道：“万万不可回兵。”

众人看时，却是司马懿。“启禀王上，樊城、襄阳乃军事要地，不可轻易放弃。臣以为孙权不会引兵来犯。一则因为孙权刚刚打败关羽，正想与我魏国联合，共同抵御西蜀；二则因为襄阳正当水、陆要冲，抵御敌寇有天然之险，孙权必然不敢轻易动兵，侵犯我境。”

曹丕反复衡量一番，终究没有采纳司马懿的建议，即刻下令曹仁撤兵。

不久，曹丕率众回到邺郡。得报，将军曹仁放火烧了襄、樊，回驻宛城。孙权却并没有入侵。曹丕后悔不已，对司马懿说：“孤未听卿之言，几乎凭空毁掉了两座重要的城池！”

开启权臣之路

朝野之中，希望曹丕以魏代汉的呼声越来越高。

公元 221 年。有人传言：在石邑县，一群美丽的凤凰在空中盘旋，在郊野聚集，有祥云流荡缠绕，有瑞气氤氲笼罩，色彩缤纷，美轮美奂。啼鸣之声，轻灵曼妙，犹如天上仙乐。

过了几日，市井之中，人们又争相传说：临淄城有麒麟出现。自现自隐于街市，脚底踩着五彩祥云，阔步行走，声若洪钟。

大家风传这是祥瑞征兆，必将有真龙天子降临。这些消息传到朝廷（其实正是由朝廷之中传出的），文武百官无不称奇，说既然天有征兆，就应当顺应天意，拥立新君。

华歆、王朗、辛毗、贾诩等众臣，直接进入皇帝内殿启奏汉献帝：

“启奏陛下，石邑县凤凰来仪，临淄城麒麟出现，种种祥瑞征兆，无不向天下昭示了魏当代汉。皇上应当效法禹、舜之禅位，即日安排禅位大礼，将天下让于魏王，魏王必然不辜负陛下。果真如此，则是天下之幸、万民之幸也。”

献帝闻奏大惊。祖上打下大汉江山，已历经十余代，几百年，不承想巍巍基业今日就要断送在自己手里。他心如刀绞，心乱如麻，痛恨自己没有回天之力，禁不住泪流满面。四面环顾一周，见大殿之上，皆是魏臣；阶下数百人披甲持戈，均是魏兵；前后侍卫，也都是魏王心腹。

献帝带着祈求的声音说："众位爱卿，且宽限几日吧。容朕再多想想。"

司马懿没有随同上殿。他陪伴魏王曹丕对了几局弹棋，聊了一会儿闲天儿，便回了府邸，闭门读起了兵书史册。

这时，有人来报："司马孚大人到。"

司马懿将弟弟径直引到了书房。

司马孚问道："文武大臣都一齐上殿去了，欲奏请献帝禅位于魏王。哥哥难道不知？"

司马懿笑道："王室内外，事无巨细，哪有愚兄不知的道理？我也正在日思夜虑，想着这事儿。我等皆食汉禄，世代都是汉臣，如若随同他们入宫，焉能不被世人辱骂？自己心中也觉得不安。所以，尽请他们前往扰攘，我们不如坐观其变。其实，只要能够得到魏王宠幸，还有什么可担忧的呢？"

司马孚道："自古以来，万事万物，生生灭灭，周而复始。有兴必有废，有盛必有衰。世间没有不亡之国，没有不败之家，时至今日，汉朝气数已经到了尽头。倘若禅位，也在于情理之中，何必定要骂谁篡逆呢！"

司马懿叹道："身处乱世之末，我们也无回天之力。无奈只能明哲保身，大丈夫相时而动。一朝天子一朝臣，而今也只有拥戴新君，慢慢再考虑其他。"

司马孚说道："混迹朝廷，明枪暗箭，你死我活，每日里总少不得深思熟虑，担惊受怕。"

司马懿说道："但愿你我均能步步升迁，终有一日，身处一人之下，万人之上。朝廷之上，指点江山，挥斥方遒；出入府门则前呼后拥，万众景仰。到那时，方能挥洒自如，光宗耀祖。"

二人又举杯对饮，憧憬未来，朝野人物品评一遍，上下关系测算良久，方才散去。

激动人心的等待中，日子一天天过去了，献帝还没有准奏禅位。不多久，朝野内外又风传有黄龙在邺郡出现。群臣再次入宫面见献帝。

华歆等一齐奏道："自魏王即位以来，麒麟降生，凤凰来仪，黄龙出现，嘉禾蔚生，甘露下降，上天已经显示种种祥瑞，又兼时下种种图谶，无不说明，魏王代汉确乎合于天意。您若上违天命，下逆民心，必然天降灾祸，人间蒙难，陛下应当以天下为念，尽早效法帝尧让位给舜，舜又让位给大禹，举行禅让大礼。"

献帝满面苦涩，说道："所谓祥瑞、图谶，都是虚妄之事，你等何以非得凭此无稽之谈就要逼朕立即舍弃祖宗基业啊！"

众臣道："皇上应该知道，汉朝的统治衰败已久，自您即位以来，战乱频仍，暴徒横行，巍巍汉朝已经被盗贼颠覆。多亏了武王曹操英明神武，把江山从这场灾难中解救了出来，才使得天下重新安定，大汉的宗庙、社稷不至破灭。等到曹丕继承王位，更是大展先父宏图，其品德可比于周文王、周武王，其才干可比于唐尧、虞舜。皇上让位则罢，不让位，天下臣民不许，我等也不能答应，倘若祸起萧墙，悔之晚矣！"

献帝惊怒交加，勉强装出一点"天子"的威风，一拍座椅，拂袖而起，怒道："汝等难道想要反叛朝廷、弑杀君王吗？"

华歆笑了。他近前一步说道："陛下并无人君之福，何必如此留恋皇位？若不是魏王在朝，弑杀陛下者恐怕已经不可胜数了。”

献帝颓然坐下，勉强隐忍着泪水，对群臣说：“朕愿将天下禅于魏王，只求留我性命，以终天年。”

于是下令由陈群起草禅国诏书，命令华歆手捧诏书和玉玺，引领百官一直步行到魏王府中献纳。

百官之中，也是各有所思，各怀己见，可是事态已经明朗至此，倘若不愿意马上离开官场，那么，还会有谁不来夹杂在这禅位的队伍之中呢？

不知什么时候，司马懿已经跟到了队伍的前面。

自己昼思夜想之事终于成功，曹丕非常高兴，他身着盛装，众星捧月一般远远迎出府门。

华歆宣读诏书：

朕在位三十二年，遭天下荡覆，幸赖祖宗之灵，危而复存。然今仰瞻天象，俯察民心，炎精之数既终，行运在乎曹氏。是以前王既树神武之迹，今王又光耀明德，以应其期。历数昭明，信可知矣。夫大道之行，天下为公；唐尧不私于厥子，而名播于无穷，朕窃慕焉。今其追踵尧典，禅位于丞相魏王。王其毋辞！

曹丕听到宣诏完毕，欣然向前，准备受诏。

这时，忽有一人挤到前面出言制止，众臣都禁不住吃了一惊，只见他俯在魏王耳边说道：“既然皇上诏书王上不要推辞，王上您何不就此推辞一番？！”

曹丕正在兴头上，闻听此言，极为恼怒，正欲唤人推出斩首，仔细看时却是司马懿，他的怒气随即平息了许多。

曹丕问道：“仲达何出此言，难道对孤接受献帝禅位有什么看法吗？”

司马懿慌忙答道：“臣不敢。只是王上不可轻易受诏。试想天下窥伺皇位之人不可胜数，王上受诏，当尽量避免天下之怨恨、朝野之诽谤，以免留下威逼帝王之名。所以虽然禅位诏书与皇上玺绶已经送到府上，王上仍应上表，再三谦辞，以堵天下之口，以得天下之心。”

众人没能够听明白，交头接耳，议论纷纷。曹丕微微颔首，若有所思。

司马懿又压低声音说道：“昔日，魏武王接受王爵之时，三次辞让诏书不许，然后才受诏，天下无不钦服。而今王上欲登皇位，直如探囊取物，何必那么着急呢？！”

曹丕心中暗喜，当着众人谦辞推让一番，自称德薄，不能胜任，请陛下另求大贤承嗣天位。又命令王朗书写表章，奏请皇上批准。表中写道：

> 臣丕顿首受诏，伏惟陛下以垂世之诏，禅无功之臣，使臣闻知，肝胆摧裂，不知所措。窃以尧逊大位于贤，巢、由避迹，后世称之。臣才德鲜薄，安敢奉命？请于盛世别求大贤，以礼让之，则免万年之议论也。臣谨纳还玺绶，待死厥下。臣不胜惶怖战栗之至！谨表。

献帝接到表章，心中十分不安，连忙问计于众臣，一脸无可奈何的神情。

大家奏道："陛下尽管下诏，直到魏王接受为止。"

曹丕二次接到诏书，心中仍然踌躇，于是再次垂询司马懿、贾诩、华歆、陈群等近臣。

曹丕说道："我听仲达之言，颇受启迪。父王曾经三辞诏书而后接受王爵，如今虽然汉帝二次降诏，孤仍担心会给后世留下篡逆之名，让天下世代指点辱骂。"

司马懿出主意道："王上可再次辞谢诏书，让来人带回玺绶，然后选择吉日良辰，聚集大小官僚，举行盛大仪式，广造声势于天下，并令汉献帝亲奉玺绶，禅让天下于魏王，就会让朝野不疑，天下归心。"

曹丕欣然道："爱卿之计甚妙，孤再也不用担心什么了。"

又回头问道："只是你我都不曾见过君王禅位之礼，诸卿以为应当如何搞法？"

贾诩回道："我们要精心推算良辰，占卜佳址，再筑造三层高台，名曰'受禅坛'，王上换下汉帝登上受禅坛，而后接受八般大礼，奉玺绶而君临天下。"

时在十月，北风呼号，风沙弥漫，天无云翳而阴沉，地因沙尘而昏黑。繁阳城外，受禅坛前，旌旗招展，甲胄闪烁。大小官僚四百余员，依照官职高低排定，庄严整肃；御林军马三十多万人，各自持枪挟盾，军威俨然。三层高台之上，汉帝双手托着诏书玺绶，愁眉难展；三层高台之下，魏王曹丕如玉树临风，慷慨威严。

卯时三刻，仿佛一道霞光骤然而至，天地一片绚丽。魏王曹丕昂首拾级，登上高台。

献帝亲手捧着传国玉玺，郑重交给魏王曹丕。台下无数臣民跪在地上，齐声高呼"万岁"。

司仪大臣读册完毕，曹丕接受臣下八般大礼，正式登了帝位。

献帝刘协低眉抬脚，走下高台。

献帝与群臣共同跪于台下听旨。

曹丕传旨，大赦天下。谥父曹操为太祖武皇帝，尊称母亲武王太后卞氏为皇太后。追尊祖父曹嵩为太皇帝。封汉献帝刘协为山阳公，即日赴封地河内郡山阳县，非宣诏不准入朝。

司马懿立于曹丕身后，心中情绪跌宕，难以平静。人君人臣，地位反转，是喜是忧，是悲是愁，即使旁观之人也说不清楚。何况他并不是一个旁观者。

司马懿始终目不转睛地凝视着一切。风声为故人送行，犹如百鹤哭泣，令人为被废之帝心寒；风声也为新人接风，英雄迎风独立，莅临天下，让人为新来之君折服。

其实，汉朝早已名存实亡了。史家往往以公元190年董卓挟持汉献帝离开洛阳为汉朝下限、三国上限。

曹丕登上天子之位，从形式上最后结束了汉朝的统治，建立国号大魏。这是公元220年的事儿。曹丕不会想到，就在短短的四十五年之后，他的宠臣司马懿的孙子司马炎，也以几乎同样的方式废除了魏元帝曹奂。

几个月之后，曹丕迁入洛阳宫。

次年，刘备在成都称帝，建立国号汉，世称蜀，又称蜀汉。同年，孙权接受魏国封号，在武昌称吴王。

孙权并非真心臣服魏国。孙权上书曹丕请求称臣，一方面是因为刘备已经亲自率领大军袭击东吴，交好曹魏，可以借魏国援助的名义来鼓舞士气，迷惑敌人；另一方面则是为了防止曹丕大军也乘机南下，来攻打东吴，从而陷入腹背受敌、应付不迭的不利境地。

孙权书信之中，把自己贬损得极为无能，同时又极度恭维曹丕，使曹丕放松了警惕。当时有朝臣向曹丕进言：“眼下，我们应乘此机遇，大举进兵，直接渡过长江袭击东吴，这样，刘备从西面攻，我们往南面打，不出几天，吴国就可灭亡。”

遗憾的是，曹丕对此建议没有引起重视。初登皇位，得到诸侯拥戴，他有些怡然陶醉。

献计伐蜀，助推九品选人法

公元221年。西蜀刘备为了夺回荆州，替关羽报仇，不听群臣劝阻，御驾亲征，率领十万大军，进攻东吴。孙权以陆逊为大都督，率兵五万前往迎击。战争持续将近一年。刘备先后在猇亭（今湖北省枝城西北）、彝陵（今湖北省宜昌市东）大败。

此时，曹丕才又想起了一统天下之事，他派遣三路大军攻打吴国。朝臣刘晔进谏劝阻道："昔日，孙权屡屡败阵于刘备，其威势几遭顿挫，所以攻之必胜；如今，东吴刚刚大败蜀军，上下齐心，锐气百倍，又兼有江湖之险，恐怕难以取胜。"

曹丕非但不听，还亲自率领御林军接应三路远征的兵马。结果大败而还。

吴、魏两国从此不和。

刘备猇亭、彝陵战败之后，羞愧不已。公元223年夏，病死于永安宫。

弥留之际，刘备托孤于丞相诸葛亮，喘息道："君之才能，十倍于魏国曹丕，必定能够安邦定国，成就大事。如若嗣子刘禅有君王才德，您就尽心尽力辅佐他；如若没有，您就可以自立为成都之王。"

刘禅一向愚钝软弱，他有无君王才德，做父亲的哪有不知之理，刘备其实是有意这样叮嘱，叫人不可再有二心。

诸葛亮心情十分沉重，为了表示忠心，头在地上叩得鲜血直流，含悲忍泪说道：“臣发誓竭尽肱股之力，尽到忠臣之节，以报答陛下知遇之恩，虽死又何足虑哉？！”

刘备又将刘禅兄弟三人叫到病榻前，用手指着诸葛亮，嘱咐道：“朕死之后，你们三人要把丞相视为父亲，不可怠慢。”

刘备死后，太子刘禅即皇帝位，加封诸葛亮为武乡侯，领冀州牧。葬先帝刘备于惠陵，谥曰昭烈皇帝。

刘备以诸葛亮与曹丕相比，言语之中有轻慢魏国之意。他却不知道，将来诸葛丞相的对阵敌手，却是一个叫作司马懿的。两人同生天地之间，对才、对智、对兵、对谋，一直不相上下，简直相互成了克星。直到诸葛亮鞠躬尽瘁，英年早逝。

曹丕得知刘备已亡，轻舒一口长气，高兴地说道：“刘备已亡，朕再无须忧虑矣。何不乘其国中无主，起大兵伐之？”

近臣贾诩谏道：“刘备虽然已死，必然托孤于诸葛亮。诸葛亮一直深感刘备知遇之恩，必然倾心竭力扶持新君。臣以为陛下仍然不可轻易举兵，仓促讨伐。”

这时，忽听有人朗声哂笑，有一人从班部之中奋然而出，看时正是兵部尚书司马懿。

司马懿摇头振臂，满怀信心地说道：“皇上一心想要继承先王之志，一统天下，如今，蜀国新丧，朝中无主，不趁此时进兵，还待何时？”

贾诩竟然也和刘备一样，只知道西蜀有一个诸葛丞相，用兵如神，却并不知道魏国还有一个司马懿。

曹丕闻言大喜，连忙问计于司马懿："仲达有何良策可破蜀兵？"

司马懿道："如果只是调用中原兵力，恐怕难以取胜，必须用五路大军，四面夹攻，让诸葛亮首尾不能救应，即便是有神机妙算，也不能施展，那么蜀国就可覆灭了。"

曹丕忙问："不知您要用哪五路兵马？"

司马懿道："陛下可立即修书一封，派遣使者到辽东鲜卑国。见国王轲比能，以大宗金帛器皿相赠，命令他起辽西羌兵十万，先从旱路取西平关，此一路也。再修书一封，派遣使臣携带任职文诰和诸种赏赐，快马赶奔南蛮，见蛮王孟获，令他起兵十万，攻打益州、永昌、牂牁、越巂四郡，攻打西川之南，此二路也。再派遣使者到吴国游说，以割地相许，令孙权起兵十万，攻打两川峡口，然后经由险峡隘口，径直攻取涪陵，此三路也。又可差使到西蜀降将孟达处，命其起上庸兵十万，西攻汉中，此四路也。然后命大将曹真为大都督，提兵十万，由京兆径直出阳平关攻取西川，此五路也。共起五路大兵五十万，诸葛亮即使再有才能，恐怕也难以抵挡吧！"

司马懿此番调兵遣将，前三路兵马都是客兵，第四路用蜀军降将，虽是主兵，也属客兵，犹如以蜀攻蜀。最后一路方才用自家之兵。先言西路，而后南路，而后东路；先其近者，后其远者，思路明晰，胸有成竹，江山湖海、敌我双方、大军千万顺手捻来，就像是在自己家中，正可谓运筹帷幄，决胜千里。在场之人，无不惊异钦服。

曹丕大喜道："他有诸葛，我有司马，攻打西蜀，又有何难！"

其他众官也都随声附和，唏嘘称是："仲达用兵狠绝，环环相扣，滴水不漏，诸葛亮纵有天大本事，恐怕也难以应付。"

八月初秋，天高气爽，五路兵马均已齐备。大兵压境的消息传到成都，丞相诸葛亮称病不出，后主刘禅无所适从，满朝上下，惊慌失措。刘禅亲自前往丞相府中询问，苦思冥想的诸葛亮方才以“兵法之妙在于使人不测”为由勉强搪塞。

诸葛亮说道：“先帝以陛下托付于臣，臣安敢稍有怠慢？成都众位文武官员，都不知兵法之妙在于使人不测，岂能泄露于人？”

几日之内，刘禅屡进相府，诸葛亮都称病反锁在小屋里。

忽有一天，诸葛亮禀报后主：“五路敌兵不日可退。”

刘禅十分惊喜，急切地问道：“不知相父如何退兵，快快说来朕听。”

诸葛亮才道：“西番国王轲比能引兵犯西平关，臣料马超祖祖辈辈都是西川人氏，一向深得羌人之心，都把马超称作‘神威天将军’，臣已经派遣使臣前往，命令马超紧守西平关，埋伏四路奇兵，每日交换，备战昼夜，这一路不必忧虑。又有南蛮孟获，兵犯四郡，臣也已经派遣使者持檄前往，命令大将魏延领一军左出右入，右出左入，为疑兵之计，蛮兵勇而无谋，若见疑兵，必不敢进，这一路也不足忧虑。臣又知孟达引兵出于汉中，孟达与我朝托孤重臣李严曾结生死之交，臣回成都时，留李严守永安宫，臣已仿李严笔迹修书一封送给孟达，孟达必然托病不出，怠慢军心，这一路也不足忧虑。还有曹真引兵犯阳平关，此地险峻，可以保守，臣准备派赵云引一军守把关隘，并不出战，不久曹真也必然退去。此四路兵都已不足忧，臣还担心不能保全，又秘密调遣关兴、张苞二将，各自引兵三万，屯于紧要之处，为各路救应。只是第五路孙权兵马，臣正在想办法应对。臣以为，曹丕刚刚发三路大军攻打东吴，东吴必然与魏有怨，但是如果见到其他四路兵胜，川中危急之时，也必然会来攻打。臣前后思虑已久，欲派舌辩之士邓芝邓伯苗前往说服东吴，晓之利害，也可望能不战而退。魏国虽然司马懿用兵狠绝，然而老臣应付之策俱已齐备，何劳陛下圣驾来临？”

刘禅悬着的心终于放下，连连说道：“如此甚好，如此甚好，一切就依相父。”

自赤壁之战以来，三国鼎足之势已然形成。非但魏国欲统一天下，蜀国亦然，东吴亦然。然而其势力大致相当。魏国伐蜀，必用连横之法；蜀国抗魏，也必然要用连横之法。两国于是都派遣使者联合东吴，东吴就成了一枚举足轻重的砝码，他只有反复权衡得失利弊，而后相机而动，从中最大限度地寻求着自己的利益。

吴、蜀两国，互通来使，果然寻求到了利益的统一，吴国不再出兵伐蜀。消息传到中原，曹丕大怒，于是，即刻召集文武百官上朝。

曹丕说道：“近日孙权与蜀国联合，往来非常密切，必然会有共图中原之意。朕以为倒不如立即起兵，先伐吴，再破蜀，不知众卿有何高见？”

侍中辛毗出班奏道：“中原地带，土广民稀，如今大举用兵出征，未必就能取胜。臣以为倒不如养兵屯田，积蓄力量，十年之后，兵多粮足，然后出兵，才能大败吴、蜀，一统华夏。”

曹丕闻听大怒道：“这真是迂儒之论！如今吴、蜀两国已经联合，早晚必来侵犯我境，哪里还用等待十年！仲达以为怎样？”

司马懿慌忙站出来说道：“诚如陛下所言。吴、蜀联合，其意就在抗击我大魏国，我们必须尽早用兵，争取主动。吴国有长江之险，臣以为应当立即打造船只，训练水战，然后由陛下御驾亲征，乘大小战船，从蔡、颍二水入淮，取寿春，至广陵，渡江口，径直攻取南徐，此为上策。”

曹丕听从了司马懿之言，立即传令，即日起日夜不停，打造龙舟十只，收拾战船三千多只，会聚曹真、张辽、张郃、文聘、徐晃等众位大将，水、陆军马共三十多万，浩浩荡荡直向东吴进发。

曹丕登基后，即任命司马懿为尚书，不久，转为督军、御史中丞，加封安国乡侯。

次年免去督军官职，升任侍中、尚书右仆射。

司马懿高兴之余，也常感不安。毕竟不是天下太平的年代，自己虽然经常随军，依靠智慧谋略，屡屡献计，多被采纳，却并不曾亲自率领军兵，驰骋沙场，建立汗马功劳。而今，身居高位，深得天子器重信赖，可谓身处万人之上，却没有能够令万人折服的功德。他无时无刻不在激励自己一定要勤于政事，处处为天子着想，日夜为国家思虑，生活节俭朴素，待人宽容大度。在司马懿的骨子里，一直希望能够以非战方式解决天下所有矛盾。他虽不愿意见到天下之人争名夺利，直至相互厮杀，生灵涂炭，但是自己自幼熟读兵书，深知自己在军事方面的才能，所以又希望有机会亲率大军，征战南北，为国分忧，一统华夏，同时自己也建立赫赫功勋，让天下民众和朝中众臣仰望。

如今的司马府也已经是幕僚穿梭，门客云集。最令司马懿感到欣慰的是：二子司马师、司马昭，出落得聪敏灵异，被视为少年才子。司马懿自己心比天高，对两个儿子更是寄予厚望。他经常想起小的时候，父亲司马防的谆谆教诲。每天回到府中，他都要召集二子前来考问功课。

这一天，他把二子唤到跟前，说道："如今天下三分，恐太平之日难以久长。蜀主刘备身边有贤相诸葛亮，神机妙算，善于用兵，传说有若神人，早晚必然进犯我魏国边境。想我朝野之中，虽然勇猛之将多多，但能以智谋与之对阵者，恐怕难有其人啊！"

司马师快言说道："父亲常思要立下大功，报效国家，孩儿看来，魏国上下，能抵御诸葛者只有父亲一人。"

司马懿佯装发怒道："竖子休得多言。你等只须记住为父的话就是了。"

司马昭忙说："胸怀大志，多读书，勤习武，讲文可为贤相，论武可为良将，倾其才智，为国尽忠。父亲的话，我们已经牢牢记在心上，只待父亲统率兵马之时，带上我俩伴随左右，也好长些见识。"

司马懿微微点头，正要说些什么，只见弟弟司马孚径直走来。司马懿示意二子退出。

未及落座，司马孚就慌忙说道："我刚才听到消息说，宫廷之中出了大事。"

司马懿一惊："何事？"

司马孚道："府吏报称，甄皇后近来失宠，颇有怨言，因而私下里缝制了一个玩偶，上面书写皇上生辰年命，每天晚上用针刺之，试图魇镇天子。不想被天子得知，今日赐她自缢于冷宫。"

司马懿叹息道："甄皇后乃是聪颖宽厚之人，焉能做出如此下作之事，定是郭贵妃等人和她争宠，设置陷阱，嫁祸于人，谋害甄皇后。"

"既然如此，可否奏明圣上查明此事，以防宫廷之中再生不测呢？"

司马懿道："万万不可，宫廷之事，焉能说得清楚？弄不好，反倒引火烧身。我以为与圣上闲处之时，可以伺机旁敲侧击，但愿他自己能够明了其中的来龙去脉。"

其实，甄皇后之死，正如司马懿所料，是蒙冤遇害。甄皇后当年本是袁绍之子袁熙的妻子，曹操大败袁绍之时，在乱军之中被曹丕发现。曹丕见她容貌美艳端庄，于是纳娶为妻。谁知甄皇后却是个性情中人，不擅权术。昔日，曹丕与弟弟曹植争夺太子之位，她非但不能为曹丕出谋划策，反而十分倾向曹植。曹植不似曹丕虚伪多谋，他以绝代才情闻名于世，甄皇后极其倾慕，言语之中难免就有些透露。甄氏容颜倾国倾城，而其最美者乃是满头青丝，她常常高高绾将起来，形若云鬟，光泽可鉴，并美其名曰“灵蛇髻”，享盛名于天下，几乎尽人皆知，别说亲眼见到，即使仅仅听人谈及，都无不春意荡漾，情动心底。美人爱才子，才子惜佳人。曹植一见，自然也是十分爱慕。后来曹丕随父曹操出征，甄氏因病在家留守。大军回来后，却见甄氏愈加容颜焕发，哪里有半点病容？纷纷传言，曹植与甄氏叔嫂私通，大行苟且之事。曹丕因而更加怨恨曹植。然而对甄氏的宠爱，丝毫没能改变，曹丕登基后，虽百般陷害曹植，却仍将甄氏立为皇后。

曹丕侍妾郭氏不但相貌极其美艳，而且心性聪颖，热衷权术，工于心计，常常参与曹丕大事，出谋划策，乐此不疲。她因此得到曹丕的宠幸，后被纳为贵妃。

郭贵妃是安平广宗人郭永之女，进宫前，郭永就常对人讲：“小女乃女中之王也。”郭贵妃觊觎皇后之位已久，恰逢曹丕龙体欠安，郭贵妃于是偷偷用碎布和棉花缝制了一个玩偶，上面写上皇上生辰年命，插上无数钢针，呈给皇帝，诬告道：“刚才从皇后屋中发现此物，没想到甄皇后居然如此狠毒，竟然用此法魇镇圣上，致使龙体不幸染病。”

曹丕大怒，立即下令赐以白练，令甄皇后自缢身死。甄夫人生子曹叡尚且年幼，郭氏没有生养，曹丕便命令郭皇后抚养。

司马懿对此事如此明了，态度如此平静，也稍稍平息了司马孚刚才的激动情绪。他们坐了下来，婢女端来了酒菜，泡好了香茗。

司马懿道："有另外一事，必须尽快草拟奏章，奏明圣上。而今，天子新立，天下百废待兴，无奈朝中大臣，大多附庸际会，推举之人，非亲即私，这样对国家大为不利啊。所以要奏明圣上，效法武帝唯才是举之法，尽可能举用海内英贤。"

"那么，我今夜就写表章，明早上朝，奏明圣上。"司马孚说道。

司马懿很高兴，说道："不如立即动笔，咱们兄弟一齐撰写。"

二人随即命人取来笔墨和奏折，你一言我一语，写起奏章来。

第二天早朝，便由司马孚出面奏明圣上。

司马孚道："眼下当选侍中、常侍等官职的人，都是先前陛下身边旧臣所不能认可的，圣上却勉强任用，不再另外选拔。臣以为虽有尧舜，必有稷契。如今圣上新立，即使如数尽用海内英贤，恐怕依然感觉匮乏，又怎么能够任由朝中大臣凭借关系网自相荐举呢？倘若为官之人都失去了他应有的才能和责任，那么得到它的人也就不以其为贵了。"

曹丕思忖良久，说道："季达之言有理。立即传朕旨意，原来欲定侍中、常侍等官，一律改选。朕一直渴盼天下英贤都能聚集朝堂之上，群策群力，共图国家大业。只是由于战事频繁，旧时的察举征辟制度早就已经荒废。如今不知可以采取什么样的推举人才之法，还望众卿踊跃献计。"

"察举征辟制度"是秦汉以来以"乡举里选"为主要根据的选官制度。"察举"，就是地方官考察选拔人才；"征辟"，就是封建王朝直接征聘人才。东汉末年，在农民起义的扫荡之下，士人流散，各地乡、亭、里等组织遭到破坏，这一选官制度已经自然废止。

司马懿道："选拔人才，应当不拘一格。然而，臣之愚见，天下有才有德之人，还是多存于世家大族，所以臣以为仍要采用层层推举之法，使贤能之士水落石出，得以重用。”

吏部尚书陈群道：“为臣之意与司马公正可谓不谋而合。臣昼思夜想，觉得可以推行‘九品官人之法’，已经写成奏折，请皇上御览。”

左右呈上奏折，曹丕细细看罢说道：“传朕旨意，就依陈群的计策，实施‘九品中正制’，选用天下治世能臣。先由陈群、司马孚等爱卿将此法再行完善，然后由吏部即日起具体实施。”

朝官宣读完毕，众臣都啧啧称赞，表示此法甚好。实施“九品中正制”，就是要在各州郡设立“中正”官，负责察访本州郡的士人，分别评定为上上、上中、上下，中上、中中、中下，下上、下中、下下，三等九级，称为“九品”。由“中正”负责考评确定人物品级，主要是先考虑祖先做过什么大官，有几代人做过官，谓之“家世”，也称“品”；然后再看本人的才德，谓之“状”。中正要注明各人的“品状”如何，划分品等，然后向吏部推荐。吏部根据中正的报告，依品授挂官，品第越高，官职越大。已经授挂官的，每三年由中正负责向吏部推荐升降。

九品中正制的实施，代表了包括司马懿、司马孚兄弟在内的世家大族的利益，反映了世家豪族势力的高度发展，他们已经成为曹魏政权所依靠的主要力量。

勿负君命

司马懿在寻找机会讽谏皇上，必须妥善处理后宫事务，以免造成麻烦，不可收拾，祸及国家大事。这当然不能在朝堂之上。他善于讲究方式和方法，不能让圣上尴尬，更要让圣上易于接受。道路婉转些没什么，重要的是所要办的事情能够成功。

对于司马懿来说，机会总是很多的。

这一日，他伴随曹丕去皇家猎场围猎。时值盛夏，空山新雨，生机盎然。围猎场上，既有古树参天，更有丛生灌木。太阳的金光透过密密层层的绿叶偶尔洒落下来，斑斑驳驳。空气中充满着清新的香甜味儿。鸟鸣啁啾，群兽角逐。大自然古老而神秘，来到这里，直感觉返璞归真，又回家园。

途中，司马懿与曹丕并马而行，边走边谈。曹丕兴致很高。不知不觉间，从打猎谈到了征战，从征战谈到了宫廷，从宫廷谈到了甄皇后。

“多日来，甄皇后音容笑貌常常入我梦中，朕一生之中恐怕再也难忘甄皇后。只恨她对朕不忠，方至于此。”曹丕说着，言语中便有些伤感之意。

司马懿连忙说道："甄皇后获此罪名，未必没有冤枉。"

曹丕吃惊道："仲达之意，莫非有谁谗言陷害甄皇后吗？"

"事已至此，臣以为对既往之事再追究也无益处。虽然身处后宫之中，也会有人权欲膨胀，因而暗暗争斗不休，甚至践踏皇权，凌驾于帝王之上。三皇五帝以来，此事绝不缺乏例证。"

司马懿不希望曹丕为后宫之事牵扯太多精力，所以劝阻他不要对甄皇后之事追究不休。

曹丕是个贤明的君主，他不停地颔首称是，不觉陷入了沉思，仿佛在追忆风流绝代、情笃意深的甄皇后。

围猎数日，曹丕回都。时在七月，冀州蝗灾严重，农民颗粒无收。朝廷命令打开官府粮库赈济灾民。

九月，曹丕下诏："妇人干预朝政，是祸乱的原因。从此以后，大臣们不得向皇后奏报政事，外戚不能担任辅政的职务，也不能无故接受封爵。要把这个诏书传到后世，如果有人违背，天下共诛之。"

不久，立郭氏为皇后。

这一诏书的颁布，为司马家族的升迁提供了良好的环境。

司马懿却没有想到如此重大的责任这么快就落在了他的肩头。

公元 224 年，曹丕亲自率领大军南巡，临行前，召集文武百官到大殿议事。

曹丕说道："吴王孙权而今不安心恪守人臣之道，几次想要侵犯我大魏边境。况且，自朕登基以来，时时不敢忘记先王之志，常常以一统华夏为念。所以，今日朕要亲率大军南巡，以壮我大魏国威。"

众臣一齐跪倒在地，齐声高呼："陛下圣明！陛下万岁，万岁，万万岁！"

曹丕也站了起来，说道："众位爱卿，快快请起。朕这次南巡，要颇费些时日，朝廷诸多事务，不能一日无人把握。”说完，示意左右宣读诏书。

侍臣跨前一步，宣读诏书：“奉天承运，皇帝诏曰：今天子南巡，命侍中、尚书右仆射、安国乡侯司马懿留镇许昌，改封向乡侯，转任抚军、假节，领兵五千，加给事中、录尚书事。”

群臣皆惊。平日都知司马懿深得皇上器重与信赖，却不承想皇帝能委以如此重任，司马懿这人平素谦恭至甚，一朝如此荣耀显赫，也太出人意料了。唏嘘之声，在殿下响成了一片。

最为吃惊的还是司马懿本人。他此时长跪在地，连连叩首：“臣司马懿才浅德薄，更无军功，若是担当如此重任，恐怕难以服众，还请陛下另选其他贤良重臣留镇许昌。”

司马懿羡慕高位，渴望成功，并且已经为此做出了巨大的努力，但是如此重大的责任突然降至头上，却是他始料不及的。

曹丕既定之事，哪会轻易改变。所以，司马懿再三推辞，曹丕坚决不许。

曹丕悄然说道：“我忙于各种事务，夜以继日，没有一刻安宁。这些职务，不是为了使你荣显，只是让你为我分忧罢了。”

司马懿的双眼充满了泪水。他双膝跪倒，向前爬行十余步，高声说道：“皇恩浩荡，臣司马懿肝脑涂地，万死不辞。”边说边以头叩地，感激涕零之情，无法言表。

曹丕再次站了起来，道：“仲达爱卿请起。卿既受此任，就当以国事为重，抛却一己之私，要勤政爱民，不计得失。众卿都应该顾全大局，事不分大小，都要让司马懿定夺。”

群臣一齐跪倒在地，山呼万岁。

曹丕乘辇出行。文臣武将和谋士侍卫相拥，大兵数十万相随，车辚辚，马萧萧，扬尘遮道，气势磅礴。

司马懿引领留守众臣远远相送，约行十里，曹丕命令车马止步。他走下龙辇，与司马懿双手紧紧握在了一起。

“众位爱卿，请就此留步。仲达，许昌诸事，托付给您，朕心里也就没有什么牵挂了。”

司马懿连忙下马双膝跪倒，说道：“吾皇放心，此行还望万岁多多保重，臣等翘首等待陛下早日归来。”

曹丕弯腰搀扶司马懿起身，拱手辞别而去。

夕阳如盘，残照如血。漫漫荒原，马蹄之声渐行渐远。烟尘散处，重显天地莽莽苍苍。

司马懿与众臣向着大军去处久久地凝望……

曹丕有多位亲兄弟，又有长子曹叡，为何没有嘱托子弟监国，却教司马懿留守？对此司马懿心中十分清楚。曹丕接受东汉衰亡教训，已经多次下令抑制后宫以及外戚擅权，而亲兄弟曹彰、曹植本来对其继承王位就极为不满，所以屡屡遭到贬谪，曹丕自然不肯委以重任。曹丕长子、平原王曹叡年龄尚幼，再加上其母甄皇后被郭妃陷害，现在归由郭后抚养，一样不能轻易重用，让他来监国摄政。所以作为外姓之臣，司马懿以其超人的才能和独到的处官之道，深深赢得了曹丕的信任，国事当头，急需有人担当如此重任，司马懿也就成了不可替代的人选。

司马懿监国，确有其道。初次担当监国摄政大任，竟显得如此老道熟练。他待人更加宽和、谦恭、仁爱了。但凡国政大事，他都要召集朝中大臣共同商议，谨慎裁决，如有要事，还要设法派人快马加鞭，报请圣上。从来都不刚愎自用，任意裁决。家人偶尔显露出盛气凌人的态度，司马懿得知，都严加管教。他常劝诫子弟说：“为人处世，尤其周旋于官场，千万要谨慎谦恭。道家精髓，最最忌讳张狂自满。想天地四时尚有推移变化，我辈而今虽然蒸蒸日上，哪里能够保证永久不会衰败呢？所以，在得意之时，不能自我张扬，而是不断自我贬损，方可免除后患，行止无忧啊。”

司马懿的作为，渐渐得到更多人的首肯，即使那些出于妒忌，欲寻隙陷害的人，也不得不暗暗表示信服。司马懿因而颇有政声。

曹丕御驾亲征，东吴举国上下，集中力量迎敌。

东吴安东将军徐盛献计，捆绑芦苇，摆放成疑兵城楼，绵延数百里。又临江停放无数大型舟舰，其威势之盛令人叹服。江水盛长，秋风肃杀，正是江雾弥漫、苇絮飘飞时节。

曹丕挺立船头，临江观望，禁不住倒吸一口凉气，长叹道：“魏国纵是有武骑千群，也无用武之地，东吴不可图也。”

魏兵不习水战，一经对垒，就兵败而回，又恰逢暴风骤起，曹丕所乘龙舟，几乎覆没。于是，曹丕率大军无功而返。

司马懿率领文武众将出城迎接，并举行庆贺大宴，为皇上接风洗尘。曹丕对司马懿监国的功劳，给予了充分的肯定。

在宴会上，面对文武百官，他对司马懿的才能与人品大加称赏。司马懿的位置愈加显赫，朝廷之上，已是屈指可数，与曹真、陈群并称，都是曹丕最为信赖的贴身重臣。

此间，诸葛亮亲自率兵，屡战南蛮番王孟获，七擒七放，孟获心悦诚服，俯首称臣。

公元 226 年，春天。曹丕重整旗鼓，御驾亲征讨伐东吴，封陈群为镇军大将军，随同出征，封司马懿为抚军大将军，继续留镇许昌。但凡国政大事，均听司马懿裁决。

不久，再次无功而返。

许昌城门忽然崩塌，朝廷上下相互传闻，都以为这是不祥之兆，国家定有灾难。

五月，曹丕染病，医治不愈，自觉将不久于人世。

这天，鸣蝉聒噪，天气炎热，洛阳宫嘉福殿内，却是寂然无声，阴气袭人。

司马懿跪在曹丕病榻前，内心十分悲痛。曹丕是一个贤明的君主，有他在，乃是国家之福，也是万民之福。更何况，自己在朝廷为官，所走过的每一步，都不曾离开曹丕的帮助。曹丕年方四十，在位仅仅七年，正待统一华夏，有所作为之时，谁能料到偶染寒疾，竟然不幸将要驾薨而去。试想战场之上，明枪暗箭，相互拼杀，何其英武；又想宫廷内外，使计弄权，明争暗斗，又是何等激烈。哪里知道生命竟然又是如此脆弱，偶尔染病，即使贵为天子，天下名医任意调用，也不能给予生之希望。望着皇上憔悴的面容，司马懿禁不住眼泪簌簌落下。

与司马懿同被唤入嘉福殿病榻前的还有平原王曹叡、中军大将军曹真和镇军大将军陈群。

曹丕有气无力地说道："如今朕病已沉重，恐怕不能复生。此子曹叡尚且年幼，卿等三人俱是朕身边重臣，一定要好好地辅佐他，别辜负了朕的一片心意。"

三人一齐跪地叩头，说道："陛下何出此言？臣等愿意竭尽全力侍奉陛下，直至千秋万岁。"

曹丕连忙示意三人起身，一面说道："卿等都是国家重臣，顶梁柱石，如若能够同心同德辅佐太子曹叡，朕死也就瞑目了。"

说罢，泪珠滚落下来，驾薨而去。

几人一面举哀，一面拥立曹叡为大魏皇帝。

曹叡即位之后，谥父曹丕为文皇帝，谥母甄氏为文昭皇后，封司马懿为骠骑大将军。

六月，葬文皇帝曹丕于首阳山东。

曹丕生前，曾下令说："安葬的目的是把人体埋藏起来，所以依照礼制，不在坟墓处设置祭坛。为了不轻慢死者，制作的棺木能够装殓尸骨，衣服被褥能够遮掩尸体也就行了。"依照曹丕的嘱咐，丧葬仪式十分简单。

曹叡原来常在东宫，不问政事，不结交朝臣，每日里只是潜心读书。即位之后，群臣看到他的风采，都唏嘘叹道：

"和秦皇汉武相比，才具略微不及罢了。"

东吴孙权闻听魏国曹丕驾薨，亲自率领兵马攻打江夏郡。江夏太守文聘坚守。众臣请求发兵相救，曹叡问计于司马懿。司马懿回道："东吴之兵，擅长水战，之所以敢离开水面，来陆地攻战，是希望乘我不备。如今，文聘已经排兵布阵，与之相拒，江夏又易守难攻，孙权必然不能坚持长久。"

果然，不久之后，孙权领兵败走。

东吴左将军诸葛瑾又入侵襄阳，司马懿率兵轻而易举将其击破。

司马懿观察形势，所担心者不是东吴，而是西蜀。他上奏皇上：

"西蜀丞相诸葛亮早就窥伺中原，所以当前边防最为紧要的不是东线，而是西线。魏、蜀两国边境，雍州和凉州乃是军事要地，如今缺人把守，无法抗拒西蜀。臣恳请亲自赶赴西凉等地把守，训练军兵，严防蜀军，诸葛亮定然不敢轻举妄动。"

曹叡以为司马懿表奏有理，立即准奏命令司马懿总督雍、凉等处兵马。

第三章

初战诸葛亮，棋逢对手智相博

身处纷争乱世，半生挥剑疆场。岁月如歌，残阳如血。

虽是能臣良将，然而数万将士生死系于一身，千里江山得失系于一身，面对长天，面对青山，面对厮杀战阵，不知果真有人能够始终轻松自若，胜似信步闲庭否？

“雄略内断，英猷外决”是他的气魄；“兵动若神，谋无再计”是他的才智；“生怯实而未前”是他的踌躇；“死疑虚而犹循”是他的谨慎……

新帝反间疑老臣

司马懿总督雍、凉二州兵马的消息被细作飞速报入成都，诸葛亮闻听十分惊慌，连忙聚集文武大臣商议对策。诸葛亮说道："曹丕已死，孺子曹叡即位，这些都不足令我辈忧虑。只是魏国骠骑大将军司马懿深有谋略，如今来到西川都督雍、凉兵马，其实是为抗御蜀国而来。一旦兵马训练娴熟，必为蜀中大患。不如我们先起兵伐之。"

丞相参军马谡站出来进言道："如今，丞相刚刚平定南蛮孟获，军马劳顿，此时正需要养精蓄锐，若再次远征，恐怕不利。某倒有一计，可使司马懿死于魏主曹叡之手，不知丞相尊意如何？"

诸葛亮道："既有如此妙计，当然很好。详细说来我听。"

马谡是马良之弟，马良是诸葛亮早年在隆中躬耕之时的朋友。诸葛亮一生都十分留恋那一段悠闲的田园生活，他们苦中求乐，意气风发，经常一起高谈阔论，憧憬未来，在情感深处，极为相融。

马谡此人也是熟读兵书，只是往往言过其实，自以为是，并非真正精于谋略，善于用兵。

刘备弥留之际，托孤于诸葛亮，唯一不放心马谡。刘备问道："丞相以为马谡之才怎样？”

诸葛亮道：“臣以为此人也是当代英才啊。”

刘备对诸葛亮之言从来无不赞赏，这次却摇了摇头，说道：“朕观此人，言过其实，若得大用，必然不利。还望丞相再作深察。”

然而，或许是感情上太难以割舍，所以刘备弥留之际这一意味深长的叮嘱，却未能引起诸葛亮的足够重视，以致才有了后来的痛失街亭和挥泪斩马谡。

不过，马谡献计，也有佳者。这次所献的反间之计，就差一点没有把司马懿置于死地。

马谡对诸葛亮说道：“司马懿虽然是魏国重臣，但是曹叡对他却一向心存疑忌。如今司马懿又主动请求来到边关，拥有重兵，一旦谋反，曹魏政权旦夕之间就能覆灭，可谓举足轻重，因此曹叡心中会更加不安。某以为可用反间之计，秘密派一些机灵的士兵化装成百姓到洛阳、邺郡、许昌等要害之地，散布流言，就说司马懿想乘曹丕新逝而谋反。同时假作《司马懿告示天下榜文》，令人四处遍贴。曹叡必然信以为真，一时怒起杀了此人。”

诸葛亮听了大喜，说道：“此计一旦能成，则解我心头大患矣。”

随即安排人员秘密依计行事。

此时的司马懿携妻将子，千里迢迢，匆匆赶到西部边陲，还没有来得及将家事安排妥当，即刻到军中察看，准备整肃军队，保家卫国，创建一番宏图伟业。

夜来，北风寒凉，他示意随从的两个兵丁回去休息，自己却独自行走在军帐之间察看军情。穹隆的夜空，月大如轮，银光如洗，但是清冷之中透着寒意。望着远处莽莽苍苍的戈壁荒漠，他的胸中涌荡着创业的激情。走着走着，司马懿忽然驻足停了下来。他倒背左手，右手按着佩剑昂首远望，忽然一种湿热的东西在心中轻轻流淌，他感到正有异样的诗情在胸中激荡。这久违了的诗情啊，带给他的是无声的叹息。这月亮，还有它那高傲冷峻的光芒，竟然给人那么强烈新奇的感受。这不似家乡的月亮，家乡的月亮比它多许多柔情。这也不像是京城的月亮，那儿的月亮透着独到的庄严与肃穆。这儿的月亮孤寂而悲壮，美丽而苍凉。他多么想快一点把这感受告诉妻儿，告诉家人。想着想着，脚下的步伐禁不住加快了。但是司马懿却怎么也不会想到，灾难正在悄悄地向他这个托孤重臣降临。

忽然一夜之间，许昌、邺郡、洛阳等城的各个城门之上，都贴满了一道道告示。人们争相围观，议论纷纷。告示上都是同样的内容，写道：

骠骑大将军总领雍、凉等处兵马事司马懿，谨以信义布告天下：昔太祖武皇帝创立基业，本欲立陈思王子建为社稷主，不幸奸谗交集，岁久潜龙。皇孙曹叡，素无德行，妄自居尊，有负太祖之遗意。今吾顺天应人，克日兴师，以慰万民之望。告示到日，各宜归命新君。如不顺者，当灭九族！先此告闻，想宜知悉。

这个耸人听闻的消息迅速被传开并报入朝廷。年幼的魏主曹叡慌慌张张，大惊失色，不知所措。他急忙召集群臣，询问对策。群臣之中，有的夸张怕事，有的早就对司马懿心怀嫉恨，更多的是随声附和，所以纷纷告知皇上，此事非同小可，当立即决断，剪除后患。

太尉华歆上奏道：“司马懿有谋反之心，为臣早已有所察觉。他此次上表，要求守备雍、凉二州，正是为了图谋篡逆啊。过去太祖武皇帝在时就说过：‘司马懿有狼顾之相，看人之时，其目犹若鹰眸，寒气逼人，孤每每见之，心中都感不适。所以绝不可付与兵权，不然必为国家之祸。’如今，不幸被太祖武皇帝言中，此贼反情既然已经透露，陛下必须火速兴兵讨伐，不然悔之晚矣。”

司徒王朗奏道：“司马懿此贼深明韬略，善于识破兵机，而且素有大志，原本不是可以久居人下者。如不及早剔除，则必然如太尉所言，早晚酿成大祸。”

曹叡怒气冲冲，不识真假，就要听从众人之言，御驾亲征。

大将军曹真一直十分信赖司马懿，他觉得事出蹊跷，慌忙站出来奏道：“陛下切不要急于出征。文皇帝托孤于臣曹真、陈群、司马懿等人，乃是深知司马懿绝无二心也。而今事情尚且不知真假，就加兵讨伐，岂不将人逼上绝路？到那时本无反心之人也会起兵谋反啊。”

曹叡说道：“司马懿既然没有反叛之心，这四处张贴的告示却又如何解释？”

曹真道：“或许是蜀、吴两国用反间之计陷害仲达，从而使我们君臣自乱，他们好乘虚而入也未可知，还望陛下悉心明察。”

曹叡问曹真道：“如果司马懿果真谋反，那么将如何处置？”

曹真道：“陛下如果心中还有疑虑，可以仿效汉高祖伪游云梦之计。陛下可以巡视边防为名，御驾亲幸大军直抵雍、凉二州东面的安邑小镇，则司马懿必然前来迎接，陛下可以观其动静，如果真有谋反之意，随即拿下，就地斩首也不为迟。”

曹叡只好依照其言，亲自率领御林军十万，浩浩荡荡直向安邑进发。

“汉高祖伪游云梦”乃是汉高祖刘邦为了杀掉韩信所用的计策。当年，高祖刘邦十分不信任韩信，恰好又有人上书报告韩信谋反，刘邦欲速兴兵讨伐，又有些犹豫，就征求陈平的意见。陈平就问刘邦：“陛下的兵比韩信的兵强吗？”刘邦如实答道：“不如韩信。”陈平又问：“您的将领中指挥作战有胜过韩信之人吗？”刘邦只好再次如实答道：“没有比得过韩信的。”陈平于是说道：“您的兵不如韩信精，将不如韩信强，可是还准备举兵讨伐韩信，这不是促使韩信叛乱吗？果然如此，您的处境就很让人忧虑啊。”一向沉着冷静的刘邦也有些焦急，连忙问计于陈平。陈平道：“古时候天子经常以外出巡猎为名，与诸侯相会。南方有一个云梦泽（今湖北沙市一带），您可以假装出游云梦泽，使各地诸侯大会于韩信封地西界的陈县，韩信知你是云游而来，必然不存戒心，要亲自到郊外迎接您。到那时，您只需一名武士，就把他捉拿到了。”刘邦于是依照陈平之计行事，果然轻易地捉到了韩信。

曹真曹子丹相比于其他文武，倒是有些见识，至少是出于公心。他力劝皇上没有杀掉司马懿，于国家来说，确属幸事，但是，曹真不会想到，不多年之后，就是这个司马懿却因权位之争，杀掉了自己的三个儿子及全家老小三百余口。那已经是曹真身后的事了。往事是无法逆转的，历史残酷得没遮没拦。

西部边陲的春天到来得迟缓。已是三月阳春时节，这里却依旧寒气袭人。莽莽荒原见不到一丝绿意。这天，司马懿起得特别早，连日来，他一直在率领将士排兵布阵，抵御蜀兵，昨夜读《周易》等书，又有新得，所以急急早起，试图改进阵法。正待出门，夫人忽然扯住了他的衣襟，缠绵说道：“夜来，有怪鸟在房前啼叫，久久不去，这恐怕是不祥之兆，仲达不如在家权且休息几日。”

司马懿一笑置之，说道：“这些无稽之谈，夫人怎么也相信起来了？”

夫人叮嘱再三，似乎还有话要说，看到司马懿执意要去，只好欲言又止。

可怜司马懿正在为魏国披肝沥胆，费尽心机，演练兵马，严阵以待，以防魏、蜀边疆之变。司马懿闻听使者报称皇上亲自率兵来边关巡视，内心十分激动，他为君主如此贤明而感到振奋，他虽然多谋善虑，却怎么也不会想到大军是前来讨伐忠勇之臣的。为了让陛下看到他在边疆治军的功劳，他全身披挂整齐，带领数万精兵径直到安邑接驾。

远远见到司马懿率兵扬尘遮道而来，曹叡心中十分惊慌。身边近臣慌忙奏道：“司马懿竟然率领精兵前来抗拒，其反叛之心已然明朗，陛下还不速下令杀之。”

曹叡急忙侧转身，命令曹休道：“将军还不快去迎敌！”

司马懿见皇上率领兵马来到，十分高兴，急忙下马跪倒在道旁准备接驾。

曹休赶到，立马怒喝道：“司马懿，你受先帝托孤之重，何故竟然谋反！而今皇上亲率十万大军前来征讨。反贼还不快快受降？！”

司马懿吃惊非小，忙问：“曹将军何出此言？”

曹休道：“中原地带已经尽人皆知，你亲自撰写榜文四处张贴，怎么此时倒装作糊涂起来了？”

寒风呼号，天地凛然。司马懿却从头到脚，燥热难耐，冷汗直冒。此时，他恐怕不会想起小时候“汗不敢出”的狡辩。

司马懿道：“曹将军，这必然是吴、蜀两国奸细所用反间之计，想要使得我君臣自相残害，他们好乘虚进犯中原。且让我近前，面见天子辩明是非。”

司马懿起身，教自家队伍都远远撤回，然后双膝跪地，往前趋步而行，直至来到皇上车马前面。司马懿俯伏在地，哭奏皇上，道："臣一向深感先帝知遇之恩，虽死百回不足以相报，又受先帝托孤之重，忠心耿耿对待陛下，一心为了国家安定，才来到这僻远的边地，怎能有丝毫二心？臣恳请陛下切不要中了吴、蜀奸计，臣之生死不足多虑，只是千万别坏了国家大事。陛下若不信任，我愿带领一旅之师，去攻克蜀、吴两国之兵，以报答先帝与陛下，以表明为臣忠贞之心！"

曹叡一时犹豫不决，问身边华歆当如何处置。华歆奏道："我们应当依照太祖武皇帝之言，绝对不可再次付之以兵权，不然一旦生变，悔之晚矣。"

曹叡于是下令罢免司马懿所有官职，即刻离开雍、凉二州，回家乡河内温县为民。命曹休总督雍、凉兵马。

司马懿谢过皇恩，痴痴望着曹叡率领大军愤然离去的方向参拜良久，而后久久伫立风中。万马奋蹄扬起的灰尘几乎弥漫了视线中的一切。司马懿的脑海中一片空白。

司马懿革职回乡的消息传到蜀中，诸葛亮大喜。参军马谡道："司马懿削职回乡，魏国再无善于用兵之人了。"

诸葛亮道："我早就想出兵伐魏，心中所忌者，正是有司马懿总督雍、凉兵马，其边关看得甚严。曹叡孺子不善识人，中了参军反间妙计。如今我发兵长驱直入，恢复中原，也没有什么忧虑了。"

马谡说道："一切还不都是仰仗丞相？"嘴里说着，脸上却掩饰不住得意之色。

是夜，窗外繁星明灭，远处犬吠如梦。诸葛亮思绪纷纷，辗转难眠，索性翻身下床，挑起孤灯，奋笔疾书，写成《出师表》一道，洋洋千言，字字珠玑，无处不透露出出兵伐魏、恢复中原的决心。

臣亮言：先帝创业未半，而中道崩殂；今天下三分，益州疲敝，此诚危急存亡之秋也。然侍卫之臣不懈于内，忠志之士忘身于外者，盖追先帝之殊遇，欲报之于陛下也。诚宜开张圣听，以光先帝遗德，恢弘志士之气，不宜妄自菲薄，引喻失义，以塞忠谏之路也。宫中府中，俱为一体，陟罚臧否，不宜异同。若有作奸犯科及为忠善者，宜付有司，论其刑赏，以昭陛下平明之治，不宜偏私，使内外异法也。侍中、侍郎郭攸之、费祎、董允等，此皆良实，志虑忠纯，是以先帝简拔以遗陛下。愚以为宫中之事，事无大小，悉以咨之，然后施行，必得裨补阙漏，有所广益。将军向宠，性行淑均，晓畅军事，试用之于昔日，先帝称之曰“能”，是以众议举宠以为督。愚以为营中之事，事无大小，悉以咨之，必能使行阵和穆，优劣得所也。亲贤臣，远小人，此先汉所以兴隆也；亲小人，远贤臣，此后汉所以倾颓也。先帝在时，每与臣论此事，未尝不叹息痛恨于桓、灵也！侍中、尚书、长史、参军，此悉贞亮死节之臣也，愿陛下亲之信之，则汉室之隆，可计日而待也。

臣本布衣，躬耕南阳，苟全性命于乱世，不求闻达于诸侯。先帝不以臣卑鄙，猥自枉屈，三顾臣于草庐之中，谘臣以当世之事，由是感激，遂许先帝以驱驰。后值倾覆，受任于败军之际，奉命于危难之间，尔来二十有一年矣。先帝知臣谨慎，故临崩寄臣以大事也。受命以来，夙夜忧虑，恐付托不效，以伤先帝之明，故五月渡泸，深入不毛。今南方已定，甲兵已足，当奖帅三军，北定中原，庶竭驽钝，攘除奸凶，兴复汉室，还于旧都，此臣所以报先帝而忠陛下之职分也。至于斟酌损益，进尽忠言，则攸之、祎、允之任也。愿陛下托臣以讨贼兴复之效，不效则治臣之罪，以告先帝之灵；若无兴复之言，则责攸之、祎、允等之咎，以彰其慢。陛下亦宜自谋，以谘诹善道，察纳雅言，深追先帝遗诏。臣不胜受恩感激！今当远离，临表涕零，不知所云。

诸葛亮鞠躬尽瘁、死而后已的崇高精神品质，为后世历代所景仰，他的这篇《出师表》也因之成了千古绝唱。次日早朝之时，诸葛亮将此《出师表》呈给后主御览，后主临表涕零，泪湿竹简。由于诸葛亮北伐的意志之坚定，条件之完备成熟，也足可看出将来司马懿拒蜀之难也。

司马懿的事业正如日中天，却不想一时之间，竟被一贬到底。他虽然一向胸怀宽广，能够忍辱负重，但此时也难免心中感到失落。但是他却并没有一点怨怼皇上之意。宦海沉浮，本来就无法料想；两国交战，更要讲究斗智、斗勇、斗谋。他所怨恨的是：朝廷之中缺乏诤臣良将，所以才使主上蒙尘；他所忧虑的是敌国之计将要得逞，边关吃紧，国家临危。

回乡的漫漫长路之上，二子司马师、司马昭嘟嘟囔囔，怨声不绝："父亲不顾路途遥远，自己请求前来这荒僻的鬼地方戍边，却不想皇帝小儿昏庸，不识好歹，不辨真伪，害得我们也跟着长途跋涉，吃尽苦头。"

司马懿怒道："你们二人休得胡说。我无端遭受贬谪，是敌国用计毒辣，而绝非皇上不明。你二人今后要更加勤奋地阅读兵书，更加刻苦地练习武艺，将来也好对付强敌，报效国家。如果胆敢再有怨谤之语，我就要对你们施行家法。”

二人噤若寒蝉，一路之上再不说一句话。

回到家乡，司马懿得到了家乡父老的热情接待。他们跑前跑后，忙这问那，司马懿丝毫没有因为被贬还乡而遭受半点冷遇。司马懿被这浓浓的淳朴乡情深深感染了。最初听到被蒙以造反罪名的时候，他都没有欲哭的感觉，此时此刻，却再也禁不住流出了热泪。

离乡多年，一朝归来，又是在异常的情况之下，司马懿回想起了旧时的故乡，也认识到了一个崭新的故乡。这种故乡的温情使他忘记了冬的寒冷，也淡化了春的美丽，更淡化着他的痛苦与失落。

淳朴浓郁的故乡情，对受到伤害的司马懿不仅是一种安慰，更是一种激励。他白天督促二子批读史书，夜来就教习二子武艺。国家并不安定，忠勇之士难觅，他要让他们成为国家栋梁，继承父业，忠君报国，光宗耀祖。同时他自己也念念不忘有一天，皇帝会派遣使臣前来，宣读诏书，命令他官复原职，重返朝廷和战场，到那时，自己会竭尽全力，再立新功，以正名于天下。

几乎每天清晨或者黄昏，他都要牵着战马，一直走出村庄，走向荒滩，远远向着京城的方向久久瞭望。

两个儿子常常笑他心痴，他不以为意，反倒披挂整齐，跨马提剑，任战马往来飞跑，恣意奔腾，头盔上的红缨迎风摆舞，鲜艳夺目。良久，才提缰勒马，一番陶醉模样，笑对二子道：“为父并非老朽，自认为今后还必将大有用武之地！”

这时，忽有消息传来，说西蜀丞相诸葛亮率领三十万大军，出屯汉中，令老将赵云和谋士邓芝为前部先锋，引兵侵入中原。曹叡命夏侯楙为大都督，调关西诸路军马二十余万前去迎敌。

司马懿听后焦急万分，自言自语道：“诸葛亮足智多谋，深通韬略，此次又是有备而来，气势凶猛，大有不踏平中原，誓不罢休之意。夏侯楙从来不曾经历大战，又懦弱无谋，圣上却轻易付之以如此重任，哪里有不败的道理？”

司马师故意带着揶揄的口吻说道：“不在其位，不谋其政，父亲正是忠君为国，用心良苦，直至忘记了自己，方有此难，如今当幡然若悟，归园田居才是正理，还要考虑这些作甚？”

司马懿多么想像从前一样，赶快书写奏折，直接入宫呈给万岁，献上举足轻重的一计，或者亲率大军直接拒敌于边关之外。然而，此时却英雄无用武之地。这些也只能想想而已。

公元 228 年。正月，南郑（今陕西汉中）。

诸葛亮聚集文臣武将在议事大厅，众人里三层外三层，围观作战形势图，七嘴八舌，各抒己见，共同商讨进兵路线和策略。厅外寒雪连绵，厅内热火朝天。

司马懿遭贬，诸葛亮的心情轻松多了。他对此次出师北伐充满信心。

魏延道：“丞相，司马懿遭贬之后，魏国再无人矣。某愿率领五千精兵，取小路从褒中（今陕西褒城）杀出，一直沿着秦岭东侧，由子午谷向北，不出十日，就可以到达长安。夏侯楙懦弱无谋，如果知道某率兵突至，如同天降，定会弃城而逃。某却从东面掩杀过来，这时，丞相再引兵从斜谷长驱而入，两兵夹击，则长安以西，一举可以踏平。”

不知为什么，诸葛亮一向不喜魏延。或许是魏延的骨子里缺乏儒家精神与传统。他有勇有谋，在蜀军之中，不可或缺。但是他却不懂得谦虚谨慎，缺乏在人与人之间周旋的能力，非但不能左右逢源，反而经常遭人反感与嫉妒。军中能有魏延之勇者寥寥无几，诸葛亮不舍得不用其才，却又时常对他怀有提防之心。魏延的计策，在诸葛亮听来，是颇有些道理。但是在如此重大的问题上，他一方面不想对魏延予以首肯，从而更加膨胀他的骄情；另一方面也觉得孤军深入，虽能出奇制胜，但也确实有些弄险。

于是，诸葛亮平淡地笑笑，说道："关中陇右，地形复杂，易守难攻，自古以来就是用兵之地，倘若依你之计，尽走山间僻静之路，必然会遭到魏兵埋伏，怕是长安未到，先折损我军士气。我以为不如稳扎稳打，先攻取陇右，再向关中，依法进兵，则必然战无不克，胜券在握。"

魏延却坚信此计能成，他站起来，还想再分辩什么，诸葛亮一挥手，示意他不必再多说。魏延心中不服，愤然坐下，怏怏不乐。

诸葛亮随即分拨兵马，由赵云、邓芝率领一支兵马为疑兵，据箕谷（今陕西褒城北），摆出由斜谷（今陕西眉县西南）北攻郿城的架势，以吸引魏军注意力。诸葛亮自己则率领主力向西北出祁山，夺取陇右。

夏侯楙在长安集结诸路兵马，迎击西蜀先锋赵云、邓芝。

夏侯楙年轻无谋，根本不是对手，一经交战，魏军便损兵折将，溃不成军。在蜀军势力的威慑下，陇西的南安（今甘肃陇西东南）、天水、安定（今甘肃泾川北）三郡先后叛魏投蜀，顺应诸葛亮。魏国大将姜维也被诸葛亮招降。

诸葛亮连得三郡，威声大震，于是乘胜尽出汉中之兵，长驱直入魏境。蜀军所到之处，张榜安民，秋毫无犯。远近州郡，望风归降。

消息传到长安，魏主曹叡措手不及，大惊失色，急忙升殿设朝，商议对策。

曹叡道："夏侯楙迎击蜀军不利，已经连失三郡，逃亡羌中去了。如今蜀军主力已经兵到祁山，先锋已经临近渭水之滨。值此边关吃紧，国家临危之时，哪位爱卿可以率兵出战，为朕大破蜀兵？"

司徒王朗奏道："国难当头，为臣为将者义不容辞。臣以为大将军曹真久经沙场，每次出师必克，屡立战功。而今陛下可以拜他为大都督，定能击退蜀兵，得胜而还。"

曹真一则年事已高，二来也为蜀兵之气势所震慑，恐怕无功而还，有辱一世英名，所以不愿出征，推辞道："老臣才疏学浅，有勇无谋，况且年事已高，恐怕力不从心，不称其职。"

曹叡很不高兴，说道："卿乃是托孤重臣，如今蜀兵大肆入寇中原，欺我朝中无人，尔就忍心坐视不管吗？"

曹真面色羞红，欲言又止。

王朗又慨然说道："将军乃是社稷重臣，无奈逢国家危亡之际，将军安能三番推辞？老臣虽然驽钝，愿意拼老命随将军前往。"

曹真不再推托，请令与王朗调动关中各路军马屯守郿城，堵截蜀国先锋赵云、邓芝。老将抖擞精神，顿添几分豪气。

司马懿正自教习司马师、司马昭读解兵书，被他派出打探消息的家兵回来报告说："夏侯楙连连败绩，朝廷无奈，派老将军曹真出马，司徒王朗自己请命随军出征。"

司马懿心中十分不安，同时也为王朗耄耋之年出征抗敌感叹万分。他对二子说："当年太祖武皇帝曾有诗曰：'老骥伏枥，志在千里；烈士暮年，壮心不已。'王司徒已经七十六岁高龄，当国家需要之时，尚能挺身而出，奔赴疆场，这种精神值得尔等好好学习。人生在世，光是有才学、有策略是远远不够的，更重要的是要有爱国之心、报国之志和为民之情。”

二子也为王朗之举深深折服，又恨自己心虽有余，却如笼中之鸟，无计施展抱负，感事伤时，不觉泪水充满了双眼。

司马懿长叹道：“可惜我虽然有拒敌之才，却偏居一隅，不能为国分忧！”

如此闷闷不乐地过了数日，忽然家兵又前来报道：“司徒王朗在两军阵前，本欲舌战诸葛，却不想反遭诸葛亮痛骂，王老先生气愤不过，大叫一声，撞死于马下。曹真将军用计，想要偷劫诸葛亮营寨，反遭诸葛亮暗算，我军大败，正欲向羌兵求救。”

司马懿惊疑良久，忽然大笑起来：“想不到王朗老儿竟然如此无用，被诸葛亮寥寥数语就骂死马下。”

司马师对父亲此话极为不解，问道：“前两日，父亲还极力赞颂王司徒，而今王朗已经以身殉国，父亲何以倒嘲笑起他来了？”

司马懿说道：“此一时，彼一时也。我赞王朗不服年老，忠心报国，不知胜过朝野多少青壮之士。我笑王朗须发皆白，年逾古稀，却鼠肚鸡肠，竟然如此不经事。古人云：小不忍则乱大谋，夫为人之道，为官之道，都要胸襟宽广，能上能下，能屈能伸，见机而行，相时而动，才能够天宽地阔，成就一番大事。为父倘若也因遭贬谪，而气满胸膛，一病不起，丧命黄泉，那么将来还会有谁来为万岁击退蜀兵啊？王朗之死，徒增人间笑料而已矣！”

司马师、司马昭二人恍然大悟。

司马懿心中忧烦，他穿戴整齐，对二子说：“不日，将有使臣飞马自洛阳而来，你们且随我前去迎候。”说着，打马向村外疾驰而去。

日在中天。干冷的空气中传来几声鸟啼。

复出斩孟达

魏主曹叡日日设朝商讨前方战事。

这天，近臣又奏道："大都督曹真屡屡败阵于诸葛亮，前来援助的羌兵也损失无数，形势十分危急。"

曹叡焦急地问道："众位爱卿，谁有退兵良策，速速讲来，也好让朕心安。"

华歆出班奏道："陛下，如今蜀兵气盛，朝中再无大将可以御敌。以臣之见，必须御驾亲征，大会各路军马，共同抗敌，方才有望获胜。"

太傅钟繇奏道："臣以为太尉华歆之计不足取。夫制胜之道，在于智过于人。蜀军之所以长驱直入，所向披靡，不过是有赖于一个诸葛亮罢了。孙子说：'知己知彼，百战不殆。'曹真将军虽然久经沙场，屡立战功，然而斗智勇、斗谋略却绝不是诸葛亮的对手。臣以为我国之中，能抵诸葛亮退蜀兵者，仅此一人，不知陛下能否用之？"

曹叡眼前一亮，急忙问道："既有此人，焉有不用之理？不知是哪位贤人隐士，还望您这元老之臣，火速将他招来为朕分忧。"

钟繇说道："诸葛亮欲兴兵伐魏久矣，之所以一直不肯加兵来犯，所担心的就是我国有智谋之臣司马懿。所以他们才用反间之计，到处张贴告示散布流言说司马懿意欲谋反，欲借陛下之刀杀了他。而今陛下果真将司马懿削职还乡，诸葛亮才无所顾忌，率领大军长驱直入，致使国家遭遇此难。”

曹叡道：“太傅言之有理，可惜如今司马懿已经被削职为民，这倒如何是好？”

钟繇道：“司马懿现在正在家乡闲居，陛下可立刻降旨，将他官复原职。司马懿乃朝中托孤重臣，心中常怀报国之心，必然不计前嫌，不辱使命，大退蜀兵。”

曹叡叹道：“近日，朕也常常念及仲达的诸般好处，觉得有些错怪他了。请速传朕的旨意，恢复司马懿官职，并加封平西都督，都督荆、豫二州军事，屯兵宛城，堵御东、西。大将军曹真都督关右军事，专拒蜀兵。”

这天，司马懿正在院中闲步，忽然几只喜鹊飞至，在树隙之间“喳喳”翻飞，挥之不去。司马懿笑对家人说道：“使臣宣我复职来也。”

果然，话音未落，家兵就急忙来报天子使臣到了。司马懿连忙整整衣冠，带领全家跪地接旨，谢过浩荡皇恩。

使臣刚刚出门，司马懿立即收拾起程，昼夜驰马，飞至宛城。他调集诸路军马，连夜聚集帐中，商议军事。司马懿正在帐中议事，忽然报称金城太守申仪家人有机密事求见大将军。司马懿于是把他叫入密室。

那人说道：“某乃申仪将军家人，奉申将军之命前来向都督报告新城太守孟达谋反的消息。近日新城太守孟达请上庸太守申耽和我家主人商议机密。孟达说：‘我等都是蜀国之人，原来都是形势所逼，不得已而降魏。而今诸葛丞相兵至祁山，所到之处势如破竹，杀得魏兵亡魂丧胆，长安不日即可拿下，我等再积极响应，突袭洛阳，大魏千里江山岂不尽归蜀国？’申耽、申仪勉强答应。此时，三城正各自修补城池，聚集兵马，早晚必反……”

司马懿未等听完，禁不住倒吸一口凉气。他暗自为国家庆幸。心中说道：“皇上真是有齐天洪福啊！如今诸葛亮兵在祁山，杀得内外无不丧胆，天子不得已而幸临长安。却不知又有孟达即将起兵反叛，如果再晚起用我几日，再无申仪家人走漏消息，一旦孟达举事成功，则两京不复存在，魏国休矣。”

孟达乃是蜀国大将，当年投降魏国。魏文帝曹丕深爱其才，对孟达极为看重，经常赐予他骏马金银，并且经常与他游处，同辇出入。后来甚至对他委以重任，封他为散骑常侍，领新城太守，镇守上庸、金城等处。当时，司马懿就曾多次对曹丕说：“我看孟达此人言语乖巧，缺乏诚意，乃是见风使舵之徒，绝对不可重用。”可惜曹丕一味强调孟达之才，并未对司马懿的话引起重视。曹丕死后，孟达没有了依傍，周围的环境再不如从前，于是才想到举兵叛魏归蜀。

西蜀自然不肯放过这绝好的机会。丞相诸葛亮担心孟达喜怒无常，于是使用计谋促使孟达早日反叛。他利用孟达与申仪的矛盾，派将军郭模到申仪军中诈降，并有意泄露孟达将要聚众谋反之事。

孟达听说事情已经泄露，准备马上起兵。

这时，司马懿复职的消息传到了祁山寨中。诸葛亮正踌躇满志，聚众议事，听后心凉了半截，说道：“此次进兵中原，我所担心的仅司马懿一人而已。如今司马懿复出，我辈须用心提防。只是孟达谋反之事，一旦被司马懿得知，必然失败，孟达一死，想要恢复中原谈何容易！”

马谡说道：“丞相可以给孟达写一封书信，令人火速送往新城，叮嘱他加倍小心司马懿，准备尽早起兵。”

诸葛亮道：“也只有如此了。”便立即修书孟达，派心腹日夜兼程送到孟达手中。信中写道：

> 近得书，足知公忠义之心，不忘故旧，吾甚喜慰。若成大事，则公汉朝中兴第一功臣也。然极宜谨慎，不可轻易托人。慎之！戒之！近闻曹叡复诏司马懿起宛、洛之兵，若闻公举事，必先至矣。须万全提备，勿视为等闲也。

孟达看毕书信，禁不住笑了。孟达笑对身边人说：“素知丞相乃是非凡人物，怎么如今变得琐碎、糊涂起来了？岂不想司马懿屯兵宛城，离洛阳足有八百多里，至新城须有一千二百里，即使司马懿知道了我要举事，也须奏明圣上而后率兵前来，往复就需要一个月的时间，到那时，兴许洛阳、长安早就属于蜀国了。”说完，又一阵长笑。左右附和，笑成一团。

孟达笑过之后，提笔草草写了几句话，回复诸葛亮。诸葛亮看后，不迭声地长叹：“可怜孟达休矣！”

众人忙问其中缘故。诸葛亮把孟达所修书信递给大家传看，说道：“司马懿一旦知道孟达谋反，哪里还用奏明圣上，必然率兵日夜兼程，杀往新城，等十日之内，大兵到时，孟达定然还毫无准备，又焉有不败之理？！”

诸葛亮再次修书，再三叮嘱，命人赶奔新城。可他心里清楚，这已经于事无补了。

一切确实正如诸葛亮所料。司马懿探得孟达谋反的消息准确，即刻传令校点兵马，立即起程，昼夜行军，讨伐叛贼。

长子司马师对他说："父亲，儿以为还是急写表章申奏天子再用兵才好。"

司马懿道："兵法云：'攻其不备，出其不意。'又说：'兵贵神速。'如果写表奏明天子，待得到圣上准奏再起兵，往返足有一月时间，一切岂不都晚了？敌兵如果把住险要之地，我们即使拥有百万雄兵也难破敌啊，到那时，或许国已不国也未可知。"

司马师又说道："皇上原本对父亲存有疑心，才贬您还乡。如今不奏而战，倘若皇上又要怪罪，岂不冤屈得很？"

司马懿厉声说道："而今国难当头，一切应当以国事为重，其他诸事容不得多想，即使蒙冤受罚也在所不惜。更何况，天子与民众必有公论。"

父亲对国家、对朝廷的忠心，令司马师、司马昭兄弟大为感动。

司马懿传令下去，各路兵马都要一日行两日的路程，倘若谁敢怠慢，贻误军机者，就地斩首。

司马懿考虑事情极为周密。行军途中，他担心大兵压境，会使孟达突然发难，便马上修书孟达，令参军梁畿携书星夜赶往新城，命令孟达做好准备，迎击蜀军，假装并不知道孟达谋反的消息。

信中说：自文帝曹丕至明帝曹叡，都极为赏识孟达之才，所以对他一片真诚。如今，蜀国丞相诸葛亮率领大军进犯魏国边境，形势十分危急，所以魏主特委孟达以疆场之任，托以图蜀之事。所以，请孟达整肃兵马，随时准备讨伐蜀寇。

信中还说：自孟达叛蜀投魏以来，颇得魏主青睐，所以蜀国之人，无论智愚也无论老幼，都恨孟达深入骨髓。诸葛亮早就算计孟达，只是苦于没有机会，此次他命令郭模诈降申仪，其用心可想而知。

参军梁畿驱驰骏马，只六天时间就赶到了新城。孟达只好亲自迎出城门，并设宴款待。

孟达读罢司马懿来信，心中暗喜："我准备结兵起事，司马懿尚且不知，却还要让我备兵伐蜀，真是可笑之至。近日之内，我叛魏归蜀，岂不是已如探囊取物？"

席间，孟达想套梁畿些消息。梁畿于是将计就计。

孟达问道："诸葛亮率领西蜀大军，进犯中原，一连打下多座城池。如今司马将军复出，不知有何惊人之举挽回败局？"

梁畿说道："我离开宛城之时，司马都督正奉天子诏书，准备集结诸路兵马前去抵御蜀兵。"

孟达忙问："也不知都督此时兵到何方？"

梁畿假装掐指算计了一下时日，说道："大概今日离开宛城，往长安去了。"

孟达大喜，送梁畿出城之时，得意之色、轻狂之态，已经全然写在了脸上。梁畿一语双关，笑道："孟将军还须谨慎从事，严防蜀军哦！"

孟达也一语双关，说道："参军放心，我定会严阵以待，只等蜀军来也。"

梁畿拱手飞马离去。孟达随即邀约申耽、申仪兄弟前来，和他们共同商议举兵叛乱之事。

孟达说道："司马懿如今率领诸路大军往长安去了，等他知道我们大起威武之师的时候，洛阳早就属于蜀国了。诸葛丞相也已兵至长安，司马懿应付不迭，定会与主子曹叡一齐死无葬身之地。”

申耽、申仪假意奉承一番，却又都面露难色，说道：“我俩也恨不得今日就举事，一鼓作气，直抵京都。可惜军器、粮草尚未准备充分，反正早晚必胜，且待我们再调练几日兵马。”

孟达对此深信不疑。其实，申耽、申仪兄弟是有意掩延时日，只等司马懿大军来到，内外夹击、里应外合，将叛军一举歼灭。

仅仅隔了一天，司马懿已经兵临新城脚下。孟达闻报还不肯相信，于是自己登上城门观望。但见旌旗遮天，烟尘滚滚，无数兵马里三层外三层，已经将城池围得水泄不通。孟达心中惊疑不已，问左右道：“何来天兵天将也？！”身边人道：“哪里有什么天兵天将，是司马都督的大军到了。”孟达连忙定睛看时，果然军中面面大旗都是“魏”字和“司马”旗号。孟达心慌意乱，惊魂未定，只有仰天长叹：“果然不出诸葛丞相所料，悔不听丞相忠告，我胸有成竹之事必将败于今日。”

次日清晨，孟达又登上城头，观看敌情。忽然眼前一亮，远远看见两支兵马从敌人后方一左一右掩杀过来，定睛一看，正是“申耽、申仪”两人旗号，禁不住大喜过望。急忙令人大开城门，一边喊道“援军来也，待我前去接应”，亲自率领大军杀出城去。

哪知两军之中，都在高声大喊：“孟达反贼休走，快快下马受死。”孟达此时才知二人已经倒戈向魏，慌乱之中，急忙回马向城中退却。好不容易退至城下，却见城门紧闭，城头之上乱箭“簌簌”射下。孟达抬头看时，却是自己“心腹”之人李辅、邓贤，二人早已对他心怀怨恨，此时正好乘着大兵压境，占了城池。

孟达走投无路，只好再次拨马而回，想夺路逃走。正被掩杀过来的申耽碰个对面，只好挺枪应付，可惜心慌意乱，仅仅两个回合，就措手不及，被一枪刺死于马下。主帅一死，众将士纷纷缴械投降。李辅、邓贤大开城门迎接司马懿入城。

孟达反叛，危急之时，是那样的危急，然而有司马懿“雄略内断，英猷外决”“兵动若神，谋无再计”（唐太宗御批《晋书·宣帝纪》语），孟达却又仿佛是那么不堪一击。

司马懿命人速去长安奏明圣上。

曹叡高兴万分，盛赞司马懿才德，传旨犒赏三军，加封申耽、申仪官职，继续随同司马懿出征，命令李辅、邓贤坚守新城、上庸。司马懿引领大军直至长安城外下寨，自己进城拜见圣上。闲居日久，一朝上朝，面见天子，司马懿此时心潮翻滚，悲喜交集。

“司马懿叩见吾皇万岁，万岁，万万岁！”

魏主曹叡起身说道：“爱卿快快请起。都怪朕一时糊涂，误中敌国反间之计，如今悔之不及。仲达不在身边的日子，朕总是若有所失。您回到了朕的身边，从此朕就心安无忧了。”

司马懿虽然老成持重，工于算计，却也十分易于感动。此时，他百感交集，泪水盈满了眼眶。他近前一步说道：“申仪派人向我秘密报告孟达要反叛朝廷，臣本想表奏陛下，又恐怕往复耽搁，误了大事，所以才未等圣旨，日夜兼程赶奔新城，这才没中诸葛亮之计，把孟达打了个措手不及。”

说着，从长袖中取出诸葛亮回复孟达的密书呈给皇上。

原来，司马懿在行军途中，前军哨马正好捉住了诸葛亮派往新城的信使，截获了书信。信中对司马懿日夜驰军，十日之内到达新城征讨孟达的行动早已料明。司马懿看后，惊叹道：“世间智者所见都是一样。诸葛亮确非常人啊。”

曹叡仔细看了诸葛亮密书，不禁后怕起来，说道：“如若不是卿有过人的胆识，又有拳拳为国之心，则如今洛阳、长安两京恐怕已经不复属于魏国了。朕赠您金斧钺一对，以后如果再有什么紧急大事，不必奏报于朕，卿自己行事即可。”

司马懿叩谢皇恩，并请求立即出兵抵御敌兵。

司马懿道：“蜀兵屡犯我境，气焰嚣张，臣出兵拒敌，无功不返。”

曹叡道:“朕即命您率兵出关破蜀,另派大将张郃为先锋,随同前往,不知卿意下如何？”

张郃，河间郑人，字儁乂，作战十分勇猛，现为右将军。

司马懿欣然说道：“臣也正想用右将军张郃为先锋。”

大军出征，曹叡亲自率领百官送出城外。

马谡小儿失街亭

司马懿与诸葛亮对垒，是当时天下的两位雄才之战，再没有别人堪与匹敌。二人虽然未曾谋面，彼此却了如指掌。而且，谁都心里清楚，这仗不会打得轻松。

司马懿深通谋略，所以在他的头脑中，始终有非战思想：他总是希望能够借助智力因素，以静制动，不战而胜。而蜀兵侵犯魏境，利于战；魏国出兵抵御，则利在不战。对于这，司马懿的心中十分清楚，夏侯楙、曹真都是因战而败，所以他希望以守为攻，不战而胜。

魏主曹叡驾居长安，命令辛毗、孙礼二人率兵五万，前往援助曹真。

司马懿率领二十万大军，出了秦关，刚刚安营扎寨，即刻请先锋张郃到帐下议事。

他说道："如果我用兵，必然先从子午谷径直驱兵直抵长安，旦夕之间，长安可破。但是诸葛亮平生用兵极为谨慎，必然不会冒险行事，所以，我以为他必会兵出斜谷，先取郿城。诸葛亮若取郿城，定会兵分两路，一路必然进军箕谷。所以我已经发送檄文，令曹真屯守郿城，但是只许守，不许战；令孙礼、辛毗截住箕谷道口，如有蜀兵通过，则出奇兵制敌。”

英雄所见略同。魏延所设计的进军路线，司马懿也已经想到，诸葛亮用兵谨慎，另有所谋，一切细节，司马懿也都历历在目，如亲眼见到，亲耳听到。张郃在一旁，不停地颔首赞许。

司马懿接着说道：“诸葛亮乃是当世英雄，用兵如神。却未必能够想到我已经在十余处地方布下兵马。这里道路无不险峻僻静，他却不熟悉地理地形，所以我们先占下地利之便。在秦岭以西有一条小道，地名叫作街亭，旁边有一个小城，唤作列柳城。地方虽小，却是通向汉中的咽喉要道，诸葛亮必然亲自率领大军由此经过。所以你与我径直去取街亭，绝其粮道。诸葛亮知道我兵要断其街亭要路，必然不敢再盘桓于陇西一带，必会连夜退兵奔回汉中。他若退兵，我则提兵在小路伏击，定获全胜；他若不退兵，我们就把各条小路统统封死，断其粮道，则不战而胜矣。”

张郃愈加心悦诚服，由衷地赞叹：“将军真是神算，用兵如此周详，诸葛亮还谈何不败？！”

司马懿叮嘱张郃道：“我一向知道将军忠勇，所以在天子面前保举您为先锋。前线战事复杂，将军绝不可轻易用兵，一定要传令各营将士，沿着山路，远远哨探而行，千万不能贸然前进，以防中了敌人的埋伏。”

“请将军放心。”张郃奉命领兵而去。

连连破城，志得意满的诸葛亮正一方面为意料中的孟达之败而惋惜，另一方面积极准备进攻陇西地区尚未降服的广魏、陇西二郡。同时集中一定兵力，准备迎击魏国援军。

诸葛亮正在祁山寨中与魏延、吴懿、马谡等人商议军情。这时探马来报，说：“司马懿率军，只用八天时间就从宛城赶至新城，孟达措手不及，被乱军所杀。如今司马懿以张郃为先锋，已经引兵出关，直奔我军而来。”

虽然一切尽在意料之中，但诸葛亮闻言还是大吃了一惊，他没有想到司马懿会如此迅捷、如此利落。他轻摇羽扇的手微微震了一下，暗自思忖道：“司马懿此人沉静多谋，乃当世之枭雄，此次复出来拒我师，定然立功心切，用兵必有良谋。”

良久，他抬眼四周扫视一遍，而后问道：“以我之见，此次司马懿出关，必然会夺取街亭，先断我咽喉之路。街亭虽小，却意义重大，不知哪位将军愿意引兵去守？”

司马懿的计谋，也早已在诸葛亮的算计之中。

魏延、吴懿、马谡等人都站起来请令，异口同声说道：“末将愿往。”

诸葛亮并不下令，依旧缓缓说道：“街亭小镇，既无城郭，又无险阻，守住极难。一旦街亭保不住，我蜀汉数十万军兵都将陷于绝境。”

参军马谡一心想要寻机立功，极力争取道：“某自幼熟读兵书，颇知兵法，每每献计，无不成功，可谓深通谋略，守一街亭有何难哉！”

魏延含怒说道：“司马懿绝非等闲之辈，先锋张郃也是魏国名将，参军此言是不是说得太轻巧了呢？！”

马谡道：“休道司马懿、张郃，就算是曹叡御驾亲征，马谡胜他，也成竹在胸！”

魏延、吴懿面面相觑，暗自发笑，索性不再言语。

诸葛亮也颇有些疑虑，他素知马谡有才，善于计谋，但他毕竟只是纸上谈兵，从来不曾亲自引兵打仗。

马谡见诸葛亮还在犹豫，连忙再次请求道：“丞相如不相信马谡，马谡愿立军令状，以全家性命担保。”

诸葛亮的思路稍稍有些模糊，马谡之兄马良的身影倏忽闪过，背后是隆中田园风光，无法抵御的一种田园诗情。他于是下令道：“我给你精兵两万五千人，再派一员上将，助你一臂之力。”

魏延与吴懿告辞退出帐外，心中都有些不平。

马谡领命去后，诸葛亮左思右想，忐忑不安。他召来将军王平吩咐道：“我知道你平生处事谨慎，所以今天才以重任相托。街亭小镇，举足轻重，你等一定要小心谨慎守卫，确保万无一失。记住，一定要选要冲之处安营扎寨，严防敌兵偷过。”

诸葛亮对王平反复叮嘱，王平走后，他仍然若有所失，心神不定。他展开地图，再次仔细观看，见街亭附近还有一个列柳城，可以屯兵，便传来了大将高翔，命令道：“街亭东北方向有一个小城，叫作列柳城，所通者尽是偏僻山间小路，今命你带领一万兵马，驻扎此城，一旦街亭危急，你就火速引兵来救，不得有误。”高翔领命而去。

诸葛亮又担心所派几员将领都不是魏军先锋张郃的对手，于是又唤来大将魏延，命他驻防于街亭之后，以防不测。魏延因为没有能够去守街亭，正自有些情绪。诸葛亮劝解他道：“去前锋破敌，乃是偏将、裨将所应该做的。你是大将，应该驻扎后方接应。我命你前去驻守阳平关，总守汉中咽喉要冲。你务必万分小心。”

做了如此安排，诸葛亮才稍稍心安。又忽然想到司马懿或许会派出一路兵马出箕谷，于是又命令赵云、邓芝各自率领一支兵马埋伏在箕谷一带，做疑兵之计。又特别嘱咐道：“司马懿老谋深算，他此次出兵，与以往他人大大不同，你二人千万不可大意。”

诸葛亮用兵一向谨慎，但却从来没有像今日一样反复衡量，周密布置。各路兵马安排停当，又以姜维为先锋，亲自率领大军，径直兵出斜谷，攻取郿城。他暗自想：一旦郿城攻下，那么夺取长安就不难了。

司马懿在城中，让次子司马昭去探路："昭儿，你前去街亭探路。如若有蜀兵把守，我军则暂且按兵不动。"

司马昭奉命前往哨探，禁不住倒吸一口凉气。这里高山险峻，地势奇伟，迎面一座大山兀立而起，山上树木参天，肃穆阴森。及至山上，就见远处山坡背面许多军帐就如一窝树下蘑菇，掩映于树隙之间，山上果然有蜀兵把守。远处一河如练，蜿蜒而过，河的对岸就是自家军帐和旌旗。这条河就是渭水。渭水这面是一片山间盆地，群峰之间，显得特别开阔平坦，平地之上，一条条道路纵横交织，却因久无人迹，掩映于荒草野树之中，消隐于峰壁之间。林鸟悠鸣，山峰寒凉，两军遥对，杀气弥天。司马昭探听仔细，急忙回来禀报父亲："诸葛亮沿河布阵，傍山为势，街亭守军与我军仅一渭水相隔，果然用兵如神。况且有高翔前后夹击，魏延又由安定郡南下，我军焉何能胜？！"

司马懿惊叹道："诸葛亮果然用兵如神，我望尘莫及啊，你且随我一同前往哨探。"

司马懿换上了兵卒军服，带领百余兵将，亲自骑马乘夜间进山察看军情。此夜又是天晴月朗，群山环绕，山风之中透着清凉，山间静寂如梦，溪涧山泉，叮咚悦耳。司马懿心中竟然生出些许闲情，若不是昭儿就在身侧，他或许会吟哦成句的。但这闲暇的诗情对他来说是那么短暂。他围着山脚细细巡视一周，看到当路要冲之处，并无半点寨栅，却见山顶之上有旗影招动。司马懿反复察看，确认并不是蜀军的疑兵之计，禁不住哑然失笑。这时却听到山上有人大声笑道："山下哨探的军兵，回去警告司马懿，倘若懂得些用兵之道，就不要前来围山，自取惨败！”

司马懿问司马昭：“是什么人在这里把守？”

司马昭回道：“哨马探知，乃是马良之弟马谡。”

司马懿笑道：“平日也听得些此人虚名，何以竟如此用兵？诸葛亮不识人善任，误用马谡，街亭又焉何能守？”说完，带领数十骑悠然回城。

马谡屯兵山上，曾经遭到了王平的极力反对。马谡一到街亭看了地势，就忍不住笑道：“丞相处事也太过谨慎。如此易守难攻之处，魏兵不来则罢，来必送死。”

王平建议道：“五条通往关中的道路都要由此经过，参军应该做好长久打算，令军士砍伐树木，修筑栅栏，就此要冲之处安营扎寨。”

马谡道：“当道岂是下寨之地？我看此地有一独立山峰，四面皆不相连，且树木繁茂，此乃天赐之险，可在山上屯兵。”

王平说道：“参军差矣。若当道屯兵，筑起城垣，纵是有千万贼兵，也不可能有一人飞过。如若放弃此等要路不守，反而屯兵山上，倘若魏兵骤然而至，四面团团围住，又将如何守住营寨？”

马谡大笑道：“你真是女人之见！兵法云：‘凭高视下，势如破竹。’如果魏兵敢来围山，我马谡定叫他片甲不回！”

王平说道：“我跟随丞相久经沙场，每到一处，丞相尽心指教。今观此山，乃绝地也。如果魏兵断我汲水之道，军士无水可饮，不需半日，必将不战自乱！”

马谡说道：“孙子云：‘置之死地而后生。’如果魏兵断我汲水之道，我军背水一战，定会勇武难敌，以一当百。我熟读兵书，丞相遇事还常常问计于我，你无须阻拦！”

王平说道：“如果参军非要在山上下寨，那么就分兵给我，我自己到西面山腰下一小寨，为掎角之势。等魏兵到时，也好与你互应。”

马谡不耐烦，急躁地说道：“就依你言，给你五千兵自去下寨。等我破了蜀兵，你且不可到丞相面前与我分功！”话未说完，甩袖离帐而去，一边还回头指责王平。

马谡不会想到司马懿真的就来围而攻山了。

乘着夜色，司马懿悄悄布置兵力。他派张郃领一支兵马前去阻住王平去路，又命申耽、申仪各引一路兵围山。次日一早，但见漫山遍野全是魏兵，里三层外三层，把山峰团团围住。马谡暗自发笑：“司马懿竟然派兵前来围山，必定又是一个不读兵书之人。”

申耽、申仪一到山下，就依照计策先封锁了山上蜀兵的汲水之道。山上蜀兵一见山下阵势，早已感觉身处绝境，心慌意乱，不想又断了水源，无水可饮、无饭可食，果真成了热锅上的蚂蚁，乱作一团。

马谡手中握着五色彩旗，作为军令，见事态不妙，他急忙以红旗为令，左右摇摆，命令兵将下山去冲击魏兵。兵丁本来已经闻风丧胆，你推我让，谁也不肯轻易下山。马谡见了大怒，传令不听指挥者立即斩首，他自己手起刀落，杀了两员偏将。众军兵没有办法，只得一哄而下，冲击魏军。魏军阵势严密，蜀兵无从着手攻击敌阵，反被砍杀大半，情急之中又纷纷退回山上。马谡此时已冷汗湿透了盔甲，他咬紧牙关，几次强令军兵下山猛冲，都大败而还。再也无计可施，马谡后悔没听王平劝阻，只好紧紧关闭营门，一心等待外来救应。

王平探知魏兵已经围住马谡营寨，忙引军冲杀过来，正被张郃大军截住。两军杀在一处，王平不是对手，没战几个回合，慌忙夺路而逃。

马谡军兵只等外援，一直等到深夜，却迟迟没有消息。魏军绝了山上敌兵的水，却又为他们添上了一把火。火势在夜风中越烧越旺，把山上、山下照得通亮。山上蜀兵情急之中四散奔逃，不少兵将投降魏军，又倒戈向山上杀来。马谡知道大势已去，再无“韬略”可用，街亭已经失守，只好带领残兵拼命杀出一条血路，仓皇逃走。背后却有张郃驱兵赶来。赶到三十里处，恰好遇上魏延伏兵。魏延纵马挥刀直取张郃，张郃挺枪相接，没战几个回合，露个破绽，佯装战败，一直向着都督司马懿伏兵方向退去。魏延复夺街亭心切，驱马就追。追到五十里处，只听炮声隆隆，喊杀声起，两边伏兵一齐杀出，左边司马师，右边司马昭，正好抄在魏延兵马后面，张郃闻声也回头杀来。魏延三面受敌，叫苦不迭，左冲右突，却见眼前除了高山险峰壁立如削，就是密密层层魏兵如网，一会儿工夫，损兵大半，正危急之间，只听敌后大乱，王平援军赶到，两兵内外夹击，勉强冲出敌阵，慌忙奔回营寨，却远远看到营寨上方高高飘扬起魏国旗号。魏延等人正自惊疑，营寨之中，申耽、申仪率领大军杀出。王平、魏延没有办法，只好来到列柳城投奔高翔。高翔与魏延、王平商议：“今街亭已失，我军惨败，无法回去面见丞相，不如今晚一同去劫魏寨，或许能够复夺街亭。”

老谋深算的司马懿早就猜到穷途末路的魏延等人会乘着夜黑前来劫营，所以早在营寨四周设下埋伏，一面又将计就计，亲自率领一支军队突袭列柳城。

天色已晚，魏延、王平、高翔兵分三路，径直前去偷袭魏国营寨。魏延说道：“几次战役，我们处处被动，司马懿确实了得。今晚我们要小心行事，以防中计。”于是吩咐王平率兵在营外接应，自己与高翔分兵插入敌营。二人来到营中，却见不到一个魏兵，正自疑惑，忽听一声炮响，火光冲天，鼓声震地，魏延道："不好，中了埋伏。"正待逃脱，却见四周已经全是魏兵，刀枪闪亮，喊声震天，将魏延、高翔团团围在中央。幸好王平领兵从后面往里杀入，救下了二人性命。三人急忙收拾残兵向列柳城逃去。

急急忙忙到了列柳城下，正要叫开城门，忽然城门开处，又有一支人马杀奔出来。三个人惊魂未定，还以为是撞着鬼了，只听城头之上，司马懿倚着护心栏杆高声笑道："列柳小城已经归我大魏了。你等可回去报告你们丞相诸葛亮，让他赶快束手投降，也免得再作争战，生灵涂炭，鸡犬不宁。"魏延等一边拼杀逃命，一边心中暗自称奇："司马懿用兵何以如此出没不定，每战必至要害，简直是神兵啊。"好不容易摆脱了追兵，左右看看，身边已不足百人了，疲惫不堪的他们心情沉重地向阳平关赶去。

与此同时，赵云、邓芝率领的先锋部队在箕谷，遭遇了曹真率领的大军，也被战败，连忙收拢部众坚守营寨，才没有遭受大的损失。当晚，赵云引领军兵徐徐撤回。

曹真闻报，说祁山一带，两军打得甚是热闹，也想参与一番，立些战功，便派大将郭淮带领兵马直向列柳城杀来。没想到此城刚刚被司马懿轻易拿下。

司马懿已经猜到郭淮是为夺功而来，他打开城门引郭淮入城，一面笑问道："郭将军怎么来迟了？"

郭淮面色羞红，没能答上话来。

司马懿狡黠而又自负地瞥了一眼郭淮，故意问道："不知曹真将军前方战事如何？"

郭淮依然没有答话，只是轻轻赞叹道："都督用兵出神入化，富有神机，我辈不能望其项背。”

司马懿有意要给郭淮留一个立功的机会，于是对郭淮说：“如今诸葛亮丢了街亭，其败军之势已经明显，你可以与子丹（曹真）连夜去追剿蜀兵。”郭淮领命而去。

当夜，司马懿将张郃等大将请到帐下，共同商议军情。张郃说道：“都督神机妙算，用兵神出鬼没，才使得敌兵落花流水，闻风丧胆。”

司马懿连忙自谦道：“诸葛亮误用参军马谡，才使得我们轻易拿下了街亭，至于其他各路军马，实在是有赖于众位将士齐心协力，奋勇拼杀。我已料定战败逃走的魏延、王平、马谡、高翔等辈，必然先去据守阳平关，如果我们前往夺取此关，诸葛亮必会选派重兵从后面掩杀。兵法中说道：‘归师勿掩，穷寇莫追。’我已经决定分三路运筹兵马。你可率一支军队从小路抄到箕谷附近屯兵，我自己率领一支队伍屯兵斜谷。如若敌兵败走，你切不可迎头与之拼杀，只须放过前锋，从中军插入，击破敌阵，截获辎重。”

张郃领命辞别而去。司马懿又具体分派各路兵马：“西城虽然只是一个不起眼的偏僻小县，但却是蜀兵屯粮之所，而且去南安、天水、安定三郡都要打这儿经过，所以，我们要兵发斜谷，再进军西城。各路兵马要迅速集结，火速出兵，不得有误！”

司马懿让申耽、申仪兄弟留守列柳城，天刚蒙蒙亮，便亲自率领大军往斜谷方向进发。

诸葛无奈使空城

马谡出守街亭之后，诸葛亮心中一直十分不安，虽然已经采取了一系列补救措施，但他依然心神不宁、食不甘味。

诸葛亮用兵从来不曾像这次一样缺乏自信，他暗暗告诫自己，一定要不动声色，以防扰乱军心。自从司马懿复出以来，一向理智、冷静的诸葛亮总是心烦意乱、躁动不安，他也说不清楚，自己为什么会从内心里忌惮司马懿这个并非久经大战、屡立功勋的魏国谋士。或许作为对手，相互之间有一种无法言喻的敏感。他认定了司马懿会是他的天敌，是唯一一个将要成功地阻止他完成毕生宏愿和大志的人。司马懿中反间之计而被削职的日子里，是诸葛亮心情最为轻松也最为昂扬的时日，屡下城池、战果辉煌，他甚至高兴地以为自己的宏图不日就要顺利实现了。但是，司马懿的再现，为他的心头罩上了抹不去的黑影。一切也都随之发生着质的转变。他精心策划的每一步棋，无不被司马懿猜中，他所用的每一支兵马无一以全胜而告终。诸葛亮心里知道，与其说是棋逢对手，倒不如说是司马懿要技高一筹。他已经从内心里感到疲惫，感到有些力不从心。只是他不能够承认这些，不能够认可这些，他不能忘记先帝遗志，不能放弃兴复汉室，恢复中原，他要鞠躬尽瘁，死而后已，用毕生的精力来完成自己的宏图大业，他要雁过留声、人过留名，只待芳菲传后世。所以，在劲敌面前，思维缜密的诸葛亮更为谨慎小心了，无论是前锋冲击的地点、驰援将领的选拔，还是危急之中撤退的方向，他都反复加以论证，唯恐有半点闪失。

灯烛灰黄。诸葛亮正手把羽扇，斜倚竹椅，双眼有些机械地紧盯着铺在几案上的街亭形势图，此图是王平派人草制并火速送到丞相帐前的。他已断定街亭必然失守，但是他仍然坚持等待着，在他的脑海里已经连续几次预演了探马来报前方消息的场景：探马报称，街亭易守难攻，魏兵无法进入，已经知难而返。自己无声地笑了，笑得那么轻松甚至自负。

不过诸葛亮心里清楚，这是主观臆想，是异想天开，顶多是侥幸。但他依然坚持这样想，坚持这样等待着。

长史杨仪看出了丞相的心思，于是对诸葛亮说道：“丞相日夜担心马谡难守街亭，我愿意前往街亭换下马谡，不知丞相以为如何？”

诸葛亮说道：“长史之心，我自然明白。不过马谡如若疏忽，此时街亭必然已经失守，长史前往还有何意义？”

这时候，传来急报：“街亭已经失守，列柳城等也均被魏兵击破。”

诸葛亮惊怒交加，猛地站起身来，羽扇从他手中无声地滑落地上。默然良久，他长叹一声：“马谡匹夫，果真坏我大事。诸葛亮啊，你也知道，司马懿岂是等闲之人，你竟误用言过其实、纸上谈兵的马谡，酿成如此不可饶恕的大错，正是天意难违啊！”

街亭失守，只有退兵，司马懿必然率领大军前来追杀，来则必经武功山。为了防止军中混乱，他严密保守着退兵的消息。

诸葛亮愁眉不展，往来踱步，他设想由剑阁退兵，途中设置埋伏，另外分派兵马去牵制魏国追兵。于是传令关兴、张苞进帐，吩咐道："你们二人各自引兵三千，沿武功山小路而行，倘若遭遇魏兵，千万不可和他们正面交锋，只可虚张声势，作疑兵之计。"二将领命刚走，他又传令张翼带兵去守备剑阁，并秘密传下号令，教大军暗暗收拾行装，随时准备起程。他自己率领五千军马退到西城搬运粮草。

一切似乎安排得滴水不漏。

然而，正在西城搬运粮草的诸葛亮怎么也没想到，司马懿率领十五万大军已经向这里赶来。

远远地见到两路大军扬起的尘灰就如同天上的黑云一般向着小城倾压下来，城头上守备的军卒惊吓得几乎跌倒在地。有人火速报知诸葛亮，诸葛亮也不禁大惊失色。他前思后虑，却不明白司马懿何以会亲率大军杀奔西城。难道他已探知我仅领着数千兵马来此小城搬运粮草？冷汗很快浸湿了诸葛亮头上的纶巾，他甚至开始在心中长叹："昔日隆中对策、少时南阳的理想、先帝的遗志，都将付之东流了。"

万般无奈之际，诸葛亮忽然灵机一动，想到：如若关城抵御，须臾之间，必然全军覆没，倒不如将错就错，索性利用司马懿谨慎多疑的性格，用"空城计"迷惑敌兵。城中表面上不留一兵一卒，看去就像一座空城，司马懿必然逆向思维，以为我看似毫无戒备，事实上却要诱敌深入，最后不敢入城，退去大军。

为了烘托安闲自得、故意引诱敌军的气氛，诸葛亮吩咐大开四门，并亲自登上城楼焚香操琴。

顷刻，司马懿军兵已经奔至城下，前军哨马见此情景，颇感奇怪，连忙回马询问司马懿。司马懿并不相信，自己催马到军前观望。狼烟蔽日，人马杂沓。然而却隐约见到诸葛亮身披鹤氅，头戴纶巾，一派闲情，仿佛正独自沉醉于美妙的乐音之中。透过干燥的空气，侧耳听去，果真有古朴的琴音飘飘袅袅。城垣之上见不到一个守军，只有两个小童子分别侍立于古琴左右，另有几名老军远远近近，在城门内外洒扫街道。

看到这完全出乎意料的一派景象，司马懿大为惊疑。

其实，诸葛亮一向喜欢讲求形式。他总希望在形式的笼罩之下，使自己在别人看来更加神秘莫测，或者更加德隆望尊。他把这些频繁地用于军事谋略，也用于人际和政事，他借助形式塑造着自己的良好形象，也借助形式更好地完成着实绩，他因此成了一尊完美的神。司马懿却恰恰相反。他思想解放，只重结果，不重形式，他迁就随和，勇于自嘲，从来不受形式的羁绊。他也正是凭借这些才在激烈的人际竞争中游刃有余，步步走向了显要。

此时的诸葛亮就做了一个极好的形式。司马懿既然多谋，就不能简单地去理解这一形式，于是他反向求解，认定了诸葛亮是在用疑兵之计。为防止大军措手不及，司马懿急忙下令：“传令中军，后队变前队，前队变后队，火速向北山方向退兵。”

次子司马昭有些不解，说道：“父亲何故就要退兵？儿看诸葛亮是在故意作态，或许西城就是一座空城，并无多少兵马。”

司马懿说道：“为父知道诸葛亮一向用兵谨慎，今日却大开城门，如若并无埋伏，他何故要做出这番姿态呢？我若引大军进城，正中他奸计，岂不是以几十万大军的性命去弄险？”

司马昭嘟嘟哝哝说道：“父亲也太过谨慎了。”

另有几员大将不服，非要领兵进城，被司马懿呵斥住了。

诸葛亮低头弄琴，用眼睛的余光终于见到司马懿大军急急退去，他自己简直都难以置信。一块石头落地，诸葛亮举手抹去脸上的汗水，心里却没有感到丝毫的轻松，来不及后怕，他立即召集兵马出城往汉中退去。

司马懿率领大军从西城沿武功山小路退回，正好遭遇张苞、关兴兵马。但闻山谷之中蜀军喊杀连天，鼓声震地。司马懿对左右说道："果然不出所料，我们如不退兵，必然已中诸葛亮埋伏。"大军一路匆匆回到街亭。

诸葛亮撤军之后，赵云、邓芝也接到命令，且战且退，兵回汉中。曹真派兵追杀，却屡屡遭遇断后的伏兵，只好作罢。

两日之后，司马懿得知那日西城果然是一座空城，心里懊恼不已，没有想到大好机遇就在自己手边溜走了。他独自走出了帐外，边走边想着此次领兵出战的种种得失。击斩孟达、用兵街亭，应该是成功之战，得意之作。遇一空城，返兵而逃，是一败笔，致使错失了千载良机。他这样想着，渐渐地出了神。司马师、司马昭兄弟来帐中找他，唤了多次，他竟然都没能听到。

他挺身立在山坡之上。如轮的夕阳通红似火，灿烂的余晖中，晚春的鲜花依然烂漫在山野的角角落落，嘈杂的喊杀声和难闻的血腥气息都远远退却了，迎面吹来的是一阵阵清凉的和风。

司马懿压抑的心头忽然感觉轻松多了。

劝课农桑，引军伐吴

司马懿大败蜀军之后，依照皇帝旨意，班师回到宛城驻扎，总领两京及山东、山西、河南、河北、陇右各处兵马。

回兵途中，司马懿得报，说：“诸葛亮为严明军纪，挥泪斩了马谡，并且上书后主刘禅，请求朝廷将自己降职贬损，惩罚过失。”

司马懿听后，颇为感慨，他从内心敬佩诸葛亮此举。他专门把司马师、司马昭二人叫到自己身边来，以此教育他俩，并且轻声叹道：“诸葛亮治军严明，用兵如神；为国为民，鞠躬尽瘁，为父我恐怕比不上他啊。”

司马懿克敌制胜，使国家迅速转危为安，诸葛亮大军入侵造成的紧张局势，终于得到缓解，朝野之中，无不对他刮目相看。属下各郡郡守个个心悦诚服，纷纷派人前来表示祝贺。司马府中，日日宾客充盈，热闹非凡，恭贺奉迎之声不绝于耳。司马懿也感觉有些志得意满。通过战争，他进一步验证了自己的军事才能，增强了倾尽才智保家卫国的信心和决心，同时也要以自己的实绩，对朝廷之上诬陷自己谋反，欲置自己于死地的人，给以有力的反击。

弟弟司马孚也派来了信使，一方面向哥哥表示问候和祝贺；另一方面详细介绍了朝廷中新近发生的事儿，并且传来喜讯，自己也得到皇帝重用，升任为度支尚书，专门掌管军国费用支出。

原来，曹叡此时视司马懿功德卓著，念念不忘。忽一日，朝议国事，见到司马孚立在殿前，形神气质几乎与哥哥毫厘不差，便有重用之意。于是，问左右道："司马孚有没有其兄仲达的风采啊？"

左右大臣不敢低估司马兄弟如今在朝中的地位，慌忙奏道："司马孚温厚廉让，博涉经史，无论才德，尽如其兄骠骑大将军司马懿。"

曹叡闻言大喜，当着众臣禁不住喜形于色，说道："朕得司马懿、司马孚兄弟二人，还有什么忧虑呢？！"

司马懿读罢信函，也十分高兴，即刻修书一封，差人送往京都司马孚手中。他早就料到，蜀军退兵不过是暂时之举，不久定会卷土重来。所以他在信中反复叮嘱：国家上下一定要做好备战，随时准备拒敌于边境之外。所以作为掌管军国支计的度支尚书，千万不可懈怠。

司马懿又上书皇上，分析了边境形势，并且希望全国上下提倡节俭，禁止浮华浪费。他自己几乎没有几天是沉浸在喜悦之中的，他处事一向恭谨，更何况而今身居高位，于国家安危举足轻重。所以他常常思索如何发展经济、增强国力，也时时与门吏、两个儿子以及其他属官共同探讨用兵御敌之法。他还下令在南方各郡奖劝农桑，兴修水利，改造良田，使得人丁兴旺，物产丰饶，民众安居乐业。汉末军阀混战时的荒凉局面已经渐渐不复存在。

司马孚回书司马懿：

弟孚也以为擒敌制胜，宜有准备。每次诸葛亮入寇关中，边兵不能制敌，就调中军奔赴，往往不及事机，所以弟已经预选马步兵两万人，以为二部，作为讨贼之备。又因为关中连遭贼寇，粮食布帛不足，所以遣送冀州农丁五千人屯于上邽，秋冬习战阵，春夏修田桑。这样关中军国有余，待贼有备矣。

司马懿读着来信，心中由衷地感到高兴。另外五个弟弟也都不断得到升迁，各自有信写来。他为弟弟的勤政多才而欣慰。更让他感到高兴的是两个儿子也都机警多谋，心怀大志，还有自己的侄子司马望、自己的堂兄司马芝。一个一个在当时都如耀眼的晨星，让天下赞叹羡慕不已。司马懿为司马家族的荣显而感到骄傲。同时也觉得终于没有辜负父亲司马防和长兄司马朗的教诲，总有一日可以拿出更大的成就，更好地告慰他们的在天之灵。

如此心飞神驰，想得很远。这时，探马来报："申仪久在魏兴郡，专威擅权，擅自借皇帝名义刻制印信，随便授予属下，在当地影响恶劣。"

小小申仪在司马懿面前，就像是一碟小菜。但是申仪拥有重军，如若起兵征讨，他势必要抗拒，造成兵变，害多利少。司马懿略一思索，就有了一计。他随即派遣了一个使者前往魏兴郡。

使者来到魏兴郡见到申仪说道："骠骑大将军得知申将军治军有方，辛苦劳顿，特派某前来慰问将军和众位将士。"

申仪只好设宴款待来使。席间使者屡屡提及将军司马懿如何善于用兵，出师大捷，力克蜀军，又反复强调司马将军屯居宛城后，各城郡守纷纷奉礼前往表示祝贺。申仪听出了使者话中有话，只得告诉使者:“还望您回去后，在司马将军面前多多美言几句。并请您转告将军，我申仪不日就将到司马府中拜访。”

申仪听出的弦外之音，乃是司马懿与使者故意为之，是要赚取申仪只身到宛城。申仪害怕司马懿怪罪，不几日，果然携带礼品前来府中拜望，却万万没有想到，刚一进门，就被家兵捆绑得结结实实。

司马懿对申仪说：“你专威弄权，擅自刻制皇帝印信，已经犯下欺君之罪。我不愿劳军兴师，才用计赚你前来。今日，就将你送往京师，任凭皇上处置。”

申仪才知中计，后悔不迭。

不日，皇上诏司马懿进京商议国事。司马懿日夜兼程，直抵洛阳。

宫中回廊亭榭，名木繁花；馨香缭绕，佳丽缤纷；弦乐袅袅，幽远浪漫。曹叡见司马懿来宫，兴致盎然，他索性斥退宫女、太监，走出殿外，沿着花蹊小径悠然漫步。司马懿紧紧跟在身侧。

曹叡说道：“仲达不在身边，朕总觉若有所失。今日见到爱卿，朕心中甚感安慰。”

司马懿忙道：“臣屯守宛城，也无时不在思念陛下。”

曹叡道:“朕接到奏折说,有不少边疆郡县户口不实。朕欲增收赋税，加强国力，所以想要核查边疆人口，可是朝中大臣意见不一，朕只好问计于仲达，所以才下诏让你火速来京。”

司马懿道:“以前历代帝王总是想要密密张网约束下民，日子久了，黎民百姓开始离心离德，群起造反。汉末以来，人们背井离乡，四处逃遁，使得田地荒芜，四海萧条。而今战争相对减少，万民渴盼休养生息，所以陛下应该宽疏对待黎民百姓，切不可苛求赋税，加重民众负担。”

曹叡连连点头称是:“仲达之言,朕以为最为可信,此事就依卿之言。另外,朕欲继承先皇遗志,收复东吴和西蜀,一统华夏,仲达以为讨伐吴蜀,应该从何处下手?”

司马懿道:“吴人欺负我军不习水战,所以才敢散居东关。臣以为与敌作战,关键在于扼住他的咽喉而同时猛烈攻击他的心脏。夏口、东关就是东吴的咽喉所在。如果一面派陆军进攻皖城,吸引孙权东下,一面派水军挺进夏口,乘虚打击敌人,简直就如神兵从天而降,敌兵必然措手不及,顷刻可破。”

曹叡深以为然,又问道:“诸葛亮不知力量悬殊,在仲达手下惨遭兵败之后,仍不甘心,一心只想北伐。才刚有人报称,诸葛亮如今在汉中,惜军爱民,厉兵讲武,屯积粮草,置备攻城用的云梯、渡水用的船筏,随时准备入侵。”

司马懿讥笑道:“诸葛亮一心北伐,乃是自不量力,皇上不必忧虑。想我魏国势力庞大,如今统领冀、兖、青、并、徐、豫、雍、凉及司隶区九州,而蜀汉只统治一个益州,兵员数量不堪与我国匹敌。更何况,蜀汉军团之中,真正的忠臣良将已日益减少,原来所谓五虎上将,而今只剩下一个老朽的赵云。我看诸葛亮虽有雄才伟略,乃当世之真英雄,然而用人却凭其好恶,宁用奴才,不用人才,所荐举的多是荆楚旧部,而且用而不教,致使国家上下,再难有承继之人,再加上刘禅暗弱昏庸,因而蜀国终究难成大事。不过,要是蜀吴联合,共同入犯魏国,我们也绝对不能小觑。”

曹叡问道:“卿言甚是。既然如此,我们为何不立即大兴威武之师讨伐蜀兵,收取汉川?”

司马懿说道:“攻取西蜀,时机并未成熟。蜀道艰险,难于上天,何况南方山中天气炎热，军兵多数不能适应。如果我军深入蜀国腹地，敌军拒其险要，以一当十，我们必然会久攻不下，劳而无功，徒赚损耗。”

曹叡又问道：“倘若蜀兵再来入寇中原，您以为应该怎样抵御呢？”

司马懿说道：“往昔汉将韩信用兵，曾经明修栈道，暗度陈仓。为臣已经算定，诸葛亮再次兴师入寇中原，也难免仿效韩信暗度陈仓之计。陈仓古道深藏在莽莽秦岭山脉之中，三面高山耸立，地势险要，易守难攻。即使敌兵不用此计，避开陈仓，也会担心我军陈仓守备，不敢深入。所以如今我们只需要派一威武善谋之将带领精兵前往陈仓道口，筑城防御，可保万无一失。”

曹叡见说得如此轻松，心中高兴，忙问：“那么卿欲荐举何人前往？”

司马懿说道：“太原人郝昭，字伯道，此人有勇有谋，善于用兵，可以担此重任。”

曹叡随即颁布圣旨，命令加封郝昭为镇西将军，把守陈仓道口。

司马懿正准备辞谢皇上，赶回宛城驻守，恰在这时，宦官来报，说扬州司马大都督曹休上表。曹叡立刻将表奏展开，与司马懿共同观看。表奏中说：“东吴鄱阳太守周鲂秘密派人前来，说是要举兵起事，叛吴投魏。臣曹休请求陛下即刻发兵攻打吴国，与周鲂里应外合，则东吴必然灭亡。”

曹休是武帝曹操的侄子。早在曹操当年与董卓对抗之时，当时只有十多岁的曹休便集合百余名乡勇到谯县支援叔父曹操，作战英勇，曹操十分欣赏他的气魄，常对人说：“曹休是我们曹家的一匹千里马啊！”曹操视曹休犹如亲生儿子，并让他指挥自己的亲卫部队虎豹骑。汉中一役，曹休因为打败张飞而声名大噪。夏侯惇死后，曹休升任为镇南将军，成为京城防卫区最高指挥官。后来，孙权见魏国东线防守薄弱，派遣大将吕范屯兵历阳，屡屡入侵魏国边境。曹休亲自请战，大败吕范。因其功勋卓著，被曹叡封为扬州司马大都督，全面负责东线防御。

曹叡十分重视曹休的表奏，读完之后，略作思索，然后用征询的眼光望着司马懿。司马懿对周鲂是否诈降稍有疑虑，他担心周鲂在用诱兵之计，但是他觉得这是一个绝好的机会。倘若周鲂此降属实，那么平定江南，就不在话下，东吴一灭，蜀国还岂可道哉？果能如此，不但多年来的吴蜀外患可以解除，而且魏武帝、魏文帝的遗愿也能了结，上合乎天子，下合乎民意。周鲂是否诈降，难以明断，但是无论如何，机不可失。司马懿于是说道："皇上，此千载难逢之机也。臣愿意引一军前往助曹都督一臂之力。"

第二日曹叡设朝，与众臣商议进兵之事。忽然有一人出来劝阻。众人看时，却是建威将军贾逵。贾逵，字梁道，河东襄陵人，早年经常跟随武帝曹操南征北战，深通谋略。司马懿很想听听他的意见，于是问道："梁道知道东吴虚实吗？"

贾逵说道："我驻守边庭之时，东吴兵马时常入寇中原，常听说周鲂乃是智谋之士，必然不会无故请降，其中定有缘故。所以我以为周鲂是诈降无疑。"

司马懿说道："梁道之言不可不听，但是也绝对不能错失良机，充当历史的罪人。我以为你我可以各引一支兵马前去一同为曹休助阵。倘若周鲂真降，则我们大军直入，乘胜一直灭了东吴；倘若其中有诈，我等也可以将计就计，以谋略与兵力取胜。"

贾逵也觉得此言有理。曹叡于是命令曹休引大军进攻皖城，贾逵率领前将军满宠、东皖太守胡质进攻阳城，司马懿率领本部军马进攻江陵。

吴将周鲂确属诈降。他试图诱敌深入，然后围而攻之。孙权得知魏国果然兵分三路向吴国杀来，以为用计成功，大喜过望，封陆逊为辅国大将军、平北都元帅，统率御林军马，并授以白旄黄钺，命令文武百官都要听他的约束。陆逊出兵之时，孙权亲自给他执鞭牵马。陆逊命令奋威将军朱桓、绥南将军全琮为左右都督，分派三路军马迎击魏军。他知道司马懿不好对付，便派诸葛瑾等率领精兵拒守江陵，以防御司马懿。朱桓、全琮同在石亭夹击曹休。贾逵进军的濡须口便只剩下了羸弱老残之兵。

曹休志得意满，趾高气扬。这次他轻信了周鲂，怎么也不能听进贾逵等人的劝阻。他信心十足地率领十万马、步兵浩浩荡荡南下，准备前往接应"叛吴投魏"的周鲂，然后一举渡江直捣东吴都城建业，立一大功。等他到达了皖郡，却迟迟不见周鲂队伍前来接应，反而不断受到朱桓、全琮部队的袭击，曹休才知道中了敌人奸计。但他并不畏惧，准备依仗自己声势浩大的十万精兵与敌人决一死战。石亭之地，道路艰险，两侧群山壁立，群山之阳是大片的深潭湖泊，湖水四周，山上山下，到处树木参天，十步之内，密不见人。陆逊早已在这里设下了伏兵，布起了阵脚。

曹休一到石亭，见到地形如此险峻，顿时不再张狂。他暗暗告诫自己一定要谨慎从事。他精心谋划，设置了两路奇兵分别埋伏在石亭南北。曹休万万没有料到黄昏时分，陆逊已经派遣朱桓、全琮两路兵马绕到了魏国两路伏兵的背后。当听到东吴兵马忽然在自己身后喊声震天时，魏国十万精兵顿时慌作一团，顷刻间，丢盔弃甲，死伤无数，被杀得大败。曹休顺着山间碎石小道仓皇逃奔，后边吴军紧紧相追。

正在危急之时，贾逵援军赶到。他一面护卫曹休撤退，一面命令士兵在沿途树木茂盛处，遍插旌旗，设置疑兵，方才使吴军怯惧，不再追杀。

曹休面对贾逵羞愧不已，不久便身染重病，不治而亡。

司马懿此时正在反复运筹用兵良谋，准备各路兵马各自获胜，而后合兵一处，共图建业。忽然探马报称曹休中计兵败，司马懿闻言大惊，急忙下令军马火速撤退。众将士都以为他临阵逃脱，不少人当面讥讽司马懿："曹都督兵败，难道不是您的原因吗？将军您又为何如此慌张退兵？"又有人问道："是害怕东吴小将陆逊吧？"

对于这些，司马懿都不放在心上。为何匆忙退兵，他的心中明朗如镜。他是一个重实绩、不事喧哗的人。他不在意别人对他的评价。他也来不及解释，或许解释了也不起作用。那些庸常之辈是不会轻易理解他的意图和苦心的。他生命的经验已经不止一次为他证明了这一点。就像这次，他又回答了，回答得轻描淡写。他说："诸葛亮时时刻刻窥伺中原，如今我国东线曹休兵败，我已经料定诸葛亮定然乘机来夺取长安。一旦陇西紧急，谁人能够去救？所以我才慌忙退兵。"哪知别人听了这话，更以为他是寻找托词，一个个面露或揶揄或讥笑的表情，让人哭笑不得。

司马懿的超人之处就在这里。什么时候，置身于任意一个群体之中，都不会让人觉得突兀。在一般人看来，他始终是那么普通的一员。他的言行中始终表露出一种天生的平民意识，虽然他一定要坚持达到那么高的理想。他一直在寻找最佳的途径来做自己想做的事情。他要达到自己的目的，绝不会苛求于方式方法，更不会拘泥于无聊而又欺人的形式。他绝对不会循规蹈矩，不去讲空泛的理论和教条。他只注重现实。他看上去温厚儒雅，虽然形貌伟岸，却随和谦让易于接近。他的性格里面没有曹操那种无毒不丈夫，也不像诸葛亮那样克己成君子。他不去追求在别人心目中留下光辉形象，所以他在时人以至于后人的心目中不会那样神圣，也因此永远不会留下神圣破灭后的失落感。在他心中不会，在后人心中不会，在历史上也不会。他曾经是世界上极其普通的一员。但他因普通而又极不普通，他有他自己成功的一种独到的方式，他是——世之枭雄！

关键时刻，司马懿仿佛隐匿了自己的形迹，忽略了自己的存在。他想到的是朝廷，是国家。在秋色渐浓的时节，司马懿率领大军日夜兼程，急忙赶回陇右，镇守西线魏蜀边境。

高手隔空对招

一切正在司马懿料想之中。

诸葛亮始终密切关注着吴、魏两国交战。忽然一天探马来报，说曹休军队大败在陆逊手下，曹休已经发病身死，魏国东线正陷于一片混乱之中。魏国正抽调内地军队东下拒吴，目前关中空虚。

诸葛亮得到消息，心中大喜，心想："这真是进攻魏国的绝好机会。"连忙召集众将，商议进行第二次北伐，并立即在散关（今陕西宝鸡西南）集结、分拨各路兵马。

大军尚未出征，噩耗已经传来。老将赵云赵子龙因病去世。至此，蜀国五虎上将，已经全部折损。这给了踌躇满志的诸葛亮以沉重的打击。蜀国上下同悲，三军将士无不痛哭。

诸葛亮含悲忍痛，再上《出师表》，向后主陈明北伐的决心。刘禅下令诸葛亮率领三十万大军起兵伐魏。

诸葛亮用魏延为先锋，直奔陈仓道口。

司马懿早就得到消息，立即派人奏明圣上。曹叡慌忙召集文武众臣商议军情，说道："前些日子，骠骑大将军司马懿已经派遣大将郝昭前往驻守陈仓，在那里筑城练兵，严防蜀兵。如今诸葛亮率三十万精兵以魏延为先锋进犯中原，果然直奔陈仓。蜀军来势凶猛，朕恐陈仓有失，想要进一步加强防御，不知诸位大臣有何良策？”

这时，大将曹真从班部中站出来说道：“诸葛亮上次进犯之时，臣驻守陇西，功微罪大，心中常常感到不安。这次愿意再次率领兵马前往对阵蜀寇，生擒诸葛亮。”

曹叡颔首称许。曹真又道：“臣愿保举一人为先锋。此人姓王名双，威猛异常，有万夫不当之勇。”

曹叡又得大将，自然十分高兴，忙让人宣王双觐见。

曹叡见王双身高九尺，使六十斤大刀，手中一副生铁铸成的弓箭，袖里还藏着三个流星锤，果然是一员难得的大将，越看越高兴，赏赐王双锦袍金甲，封他为虎威将军，前部大先锋。曹真率领十五万精兵，会合郭淮、张郃分道把守各个隘口。

司马懿推荐一大将郝昭，曹真便举荐一大将王双。二人虽然一直在暗中较量赌赛，却并非完全为了各自争功。两人都是忠诚之士，胸怀坦荡，无论对国家、对圣上，还是对身边文臣武将。他们彼此欣赏，却又都不愿落于人后。尤其是曹真，他是魏国功勋卓著的老将，如今依旧老骥伏枥，一心只想立功于沙场之上。司马懿对他一直十分敬重。

郝昭把守陈仓，筑起高墙，深挖沟壑，遍排鹿角，十分谨严。西蜀丞相诸葛亮派先锋魏延攻打陈仓，竟接连几日，毫无进展。诸葛亮十分气恼，暗自道：“司马懿确实相当了得，知我必从陈仓入境，竟然把门户看得如此严谨。”此时又听说王双率领十五万精兵前来接应，他更是心急如焚。有谋士劝道：“丞相不如放弃陈仓，从太白岭鸟道出祁山。”

“陈仓正北即是街亭，上次痛失街亭，此次也不能复得。只有夺得陈仓，方能得到用兵的主动权啊。”诸葛亮说着，转首问参军杨仪，“参军有无良策？”

杨仪向前一步说道：“现在确实没有什么好办法。不过倘若在王双大军到来之前，能够说服郝昭降蜀，那么一切问题就会迎刃而解。”

话音未落，就见一人出来说道：“某愿意前往陈仓城中说服郝昭。”

众人看时，却是偏将靳祥。靳祥说道：“某身为部曲，无甚才德，却得到丞相提携，今日正可报效丞相。郝昭与我是同乡好友，从小交往甚厚。后来我流落西川，才多年不得相见。臣愿去晓以利害，劝郝昭来降。”诸葛亮点头允诺。

郝昭接见了靳祥，等知道他是前来劝降时，勃然大怒，拍案而起，说道：“我得到司马大将军提携，才有今日。诸葛亮乃是我国仇敌，你在他帐下听令，我在魏国做事，虽然彼此是幼时好友，而今却是沙场敌人，我与你势不两立。请你立即出城，并告诉诸葛亮，有我郝昭在，就有陈仓在，叫他尽管前来攻城。”

诸葛亮听靳祥报告完毕，怒不可遏，问道：“陈仓城中有多少军马？”靳祥答道：“虽然不知道确数，但是我估计也就三千人左右。”诸葛亮给气乐了，他笑郝昭竟然如此自不量力，竟敢以区区三千兵马阻挡我数十万大军。他立即下令军兵乘着夜色快速逼近陈仓。

诸葛亮设置了云梯、冲车等多种攻城器械，准备攻城。冲车是一种专为攻破城门而设计的巨型战车，车前设有顶端极为尖锐的铁柱，冲车之上还准备了各种当时最先进的火药武器，有连珠炮、九霄炮、一窝蜂、大将军等，不一而足。云梯就是极长极高的梯子，攻城之时，多位士兵抬着直接搭放在城墙之上，然后顺着云梯爬上城去，为了防止刀枪穿过，诸葛亮还叫兵丁在云梯的上端裹上了牛皮，权当防御的盾牌。

蜀军乱哄哄忙碌了一夜。抬头往城头上望去，伴着暗淡星光，却只见三五个游动的哨兵在往来巡逻。诸葛亮还以为魏军毫无准备呢，其实郝昭早就在司马懿那里受命，为对付蜀军夜袭做好了各种细致的准备，只待敌人前来，打个痛快。

天刚蒙蒙亮，诸葛亮一声令下，千万大军一齐攻城，喊杀声震彻天地，在四围的山峰间回响不绝。谁知城中并不慌张，他们以逸待劳，众士兵藏在掩体当中，一齐发射火箭、火球等物，焚烧蜀军的云梯，云梯上被火烧着的士兵接连掉落地上，活活摔死。郝昭还让士兵运来石头，在上面凿眼并穿上葛索，两人各执绳索一端，将石头远远飞打出去，把蜀军的冲车砸得粉碎。诸葛亮无奈至极，命三千士兵用铁锹乘夜间挖掘地道，准备暗入城中。郝昭探到动静，叫人在城内环城挖了一道横沟，又轻易地破了诸葛亮的计策。

转眼二十多天过去了，攻打陈仓的计划丝毫没有进展，这大大出乎诸葛亮的意料，没有想到自己雄心勃勃进行北伐，竟被司马懿安排的数千人马长时间阻截在祁山之内，想想叫人汗颜。他有些气急败坏了，但是陈仓古道易守难攻，自己现在又确实无计可施。

正在这时，魏国援军赶到。王双率领十五万威武之师浩浩荡荡杀奔前来。诸葛亮远远望着来军扬起的烟尘，一种阴沉失落的情绪在他心头滑过。他一边慌忙下令守住阵脚，一边消极地想到此次出师又必然无功而返了。

王双与蜀军对阵，接连斩了蜀国谢雄、龚起两员大将。王双军队有如巨浪一般直向诸葛亮寨中压来。诸葛亮只好全军撤退二十里安营扎寨，并命廖化、王平、张嶷三人一同前往抵挡王双。诸葛亮心中焦躁不已，在帐内来回踱着步子。此时，姜维进来说道："丞相，我看陈仓城池坚固，郝昭又顽固守御，难以攻取，更何况如今又来了一个猛将王双。我以为现在应该尽早放弃陈仓古道，另求别处出祁山……"

诸葛亮沉思道："不知伯约欲从何处进兵？"

姜维说道："我看北面那座山，森林茂密，水源充足，丞相可以派一员大将依山傍水下寨，守住要塞路口，严防街亭那边的攻击。您自己则领兵放心地去另辟祁山新道，进兵关内，直取长安。"

诸葛亮觉得姜维言之有理，决定放弃陈仓，另辟蹊径杀出祁山。他命令魏延引领一支军马紧紧看住陈仓口，王平、李恢守住街亭小路，然后以马岱为先锋，关兴、张苞为前后救应使，亲自率领大军沿着山间小径，蜿蜒前行，杀向祁山。

与此同时，姜维用诈降之计，骗取曹真草率出兵，迎战诸葛亮，结果大败而回，损兵折将，战场形势危急。

司马懿探得消息，急忙禀报圣上。他分析道："我看当前战场形势，蜀军劳师远伐，其利在于急战，所以我军利在不战，应该以守为攻。现在陛下须下令让曹真坚守关隘，切不可出战，直等蜀军疲敝撤退之时，率大军猛烈追击，必获全胜。"

曹叡问道："具体来说，仲达有何良谋啊？"

司马懿脸上禁不住表露出一些得意之色，说道："为臣曾经禀奏陛下，说诸葛亮进兵必走陈仓，所以才荐举大将郝昭前往坚守，如今果然不出我所料。蜀军若从陈仓入寇，则运粮极为方便，如若不是郝昭、王双在那里把守得力，恐怕此时形势对我方早已十分不利。蜀军历时二十余天却不能破陈仓，无奈之时，只好另寻小道。岂不知山间小路崎岖，运粮无比艰难。”司马懿说到这里，顿了一下，作沉思状，紧接着又说道，“臣早就算定诸葛亮此次进兵，本来计划月余时间挺进中原，随军粮草不超过一月所需，所以臣主张持久守御，不战而胜，重在牵制敌人。陛下可以降诏，命令曹真坚守各条小道的关隘，不要出战，用不了一个月时间，蜀军绝了粮草，自然败走，到时候乘虚击之，则会稳操胜券。”

曹叡闻言问道：“卿既然已经成竹在胸，何不引领一支兵马亲自前往作战？”

司马懿回道：“为臣本想亲往。可是又担心东线空虚，吴国进犯。”

曹叡于是命令太常卿韩暨奉诏前往告诫曹真：“切不可战，务必谨守；只待蜀军退去，方才追击。”

司马懿十分心细。他非常了解曹真，此公一心为国，却总是急于求功，所以运筹兵马往往凭借一时之勇，而不能存心静思，多用谋略。所以他并不十分放心，亲自将韩暨送出城外。两人骑马并辔而行，司马懿给他反复分析战场形势，一遍又一遍地叮嘱，唯恐韩暨不能说服曹真。他深知曹真有与自己比试争功之意，所以拱拳辞别之际，再次叮嘱道：“我有意将此功让给子丹将军。您到前方见了子丹，千万不要说是我在天子面前出的主意，倘若说是我的计策，曹真必然不会听从。您只说是天子降诏，教保守为上。还要反复叮嘱曹将军，诸葛亮善于用兵，当蜀兵退时，一定要挑选精细多谋之将前去追赶杀敌，严防中了敌兵诡计。”

初冬的风已经有些寒冷刺骨，胯下战马一声长长的嘶鸣，司马懿禁不住全身一阵震颤。他久久望着韩暨远去的背影，心中颇有惆怅之意。

当自己亲自前方督战，驰骋疆场的时候，是没有这种感觉的。唯独此时，既有前方之忧，又身处后方平静之地，心中难免多思多虑，也便平添了许多寂寥与怅惘，平添了一些忧虑与“闲愁”。初冬的太阳已经显得遥远了许多，全天带给人的都是夕阳西下的阴凉之感。司马懿回马缓缓而行，他望望寒凉的穹隆，望望远处简陋的村舍，还有行色匆匆的行人，一切都忽然有了一种恍如隔世之感。他忽然有些不明白自己整天苦思冥想，算尽兵机，究竟给这个世界带来了什么？是血肉模糊的尸体，是那些在痛苦中度过余生的残疾人？是恐怖，是灾难？一首古曲回荡在心胸之间，仿佛是《广陵散》，曲调时而哀婉，时而激越，时而迷惘，时而坚定，若有若无，荡气回肠。

轻轻的马蹄声孤单而又怅惘。

司马懿开始为自己的这些想法感到吃惊。

城门到了，两侧的兵丁身着盔甲，手持长矛，森严而立。司马懿抬头看到了厚重的城门，高耸的城墙，宽阔的护城河，尤其那高高矗立的城门楼，一切一切都在这冬日的风里，在一种静默的状态之下，透露出凛然不可侵犯的庄严与威武。经常出入城门，他还是第一次如此细致地观看、思索。从这里，他仿佛找到了答案，心中也感到轻松了许多，甚至某种自豪的情绪正在悄悄升腾。

司马懿对前方的担心并非多余，没有几日，就有飞马来到，说曹真与将军孙礼正准备利用敌人缺粮之机，用车马拉柴草经过，假扮为押运军粮，吸引蜀军前来劫粮，然后用火攻之法，烧其营寨。

司马懿大惊，连忙奏知圣上，并命张郃率军前往救援，反复嘱咐他道：“你去之后，与子丹同心协力，凡事要三思而后行。切记：此次交锋，若我军胜，蜀兵必然不会败走撤退；若我军败，则蜀兵必然会乘胜而退。这乃是兵家玄机，不可不察。”

张郃疑惑不解，问道：“您先把我说糊涂了。为什么蜀兵战败不撤，反倒要等战胜之时撤兵呢？”

司马懿一一解释清楚，张郃才恍然大悟，叹道：“将军简直是料敌如神啊！”

张郃紧赶慢赶，以最快的速度直奔祁山前线。路上就听说，曹真、孙礼的“妙计”已经被诸葛亮识破，并且蜀军将计就计，杀得魏军大败。

张郃知道不好，见到曹真，就急切地问道：“我奉圣旨，前来听候都督调遣。不知我军大战失利之后，都督是否曾经派人前往探听蜀兵的消息？”

曹真说道：“我兵败之后，一直以为蜀军会乘胜来战，谁知蜀军并未前来。我等却没有想到要去哨探敌军营寨。”

张郃说道：“果然不出司马将军所料，此时诸葛亮定是已经率大军撤退了。”

马上派人前往蜀营探听消息，不大会儿，探马来报：“蜀营已经空无一人，只插有十几支旗子，蜀国兵将早在两日前就全部撤回了。”

曹真懊悔不已，急问张郃：“仲达何以能够料敌如神，两军争战之事就像是他自己安排的一样？”

张郃说道：“我离开京城时，司马将军分析说：蜀军无粮，利在急战，我军坚守不出，敌人深感慌张，正在寻找机会撤兵。两军激战之后，倘若我军胜时，敌兵定会担心我们乘胜追击，所以倒要负隅顽抗，不敢仓皇退兵；倘若我军败时，诸葛亮必然以为我军新败，一心防御，无意再战，然后乘此机遇悄悄退兵。如今看来，将军言语既出，无不应验。”

曹真深感佩服，心里叹道：“用兵善谋，我确实不如仲达啊。”

蜀将魏延一直在陈仓对阵王双，得到丞相撤军的命令后，又担心王双追杀，所以巧设计谋将王双引入山谷之中，魏延挥刀，把他砍于马下。曹真折损大将，伤心不已，忧急成病，下令班师回京。留下郭淮、孙礼、张郃驻守各处通往长安的要道。

诸葛亮此次劳师北伐，取得的唯一成就便是魏延斩杀了魏国一员大将王双。

公元229年。初秋。

一天傍晚。在孙权驻地武昌东面山坳一带的空中，忽然有龙凤云飘浮于天空。映红了一江秋水，映红了半个天空。东吴众多将官极力劝谏孙权乘此祥瑞之象，了却登基为帝之事，然后联合西蜀兴兵伐魏。于是孙权便挑择吉日良辰在武昌南郊的山岭之上高筑土坛，祭祀天地祖先，登基皇位，大赦江东。谥父亲孙坚为武烈皇帝，母亲吴氏为武烈皇后，兄孙策为长沙桓王，立子孙登为皇太子。命诸葛瑾的长子诸葛恪、张昭的次子张休共同辅佐太子驻守武昌，孙权自己返回京都建业。同时派遣舌辩之士出使西川，与蜀结盟，共分天下。

孙权称帝，魏、蜀两国都有讨伐的意向。但是吴、蜀都是弱国，诸葛亮一直有意征服中原，孙权又把魏国视为强敌，所以两国之间，书来信往，很快便达成了利益的一致，结成了同盟。但是吴、蜀两国又各自打着自己的算盘，各自怀有自己的目的。

诸葛亮派遣信使前去吴国表示祝贺，并希望东吴大将陆逊兴师伐魏。他认为：“一旦陆逊出兵，魏国必然命司马懿率兵抵御。司马懿若真的用兵东部边境，那么中原守备空虚，我再率领威武之师兵出祁山，则长安可得，中原可图也。”

孙权一面设宴款待来使，一面私下里暗自合计：“诸葛亮一直想要入侵中原，但是心中又十分忌惮司马懿，所以才用此计谋，让我出战，牵制敌人。虽然对东吴来讲，得不偿失。但是既然已经同谋，也就不便推脱，不如先虚张声势，做做起兵伐魏的样子，与西蜀遥遥相应，等诸葛亮与司马懿征战犹酣之时，我再出兵也不迟啊。”

无论人间善战之人如何用尽计谋，无论战争是多么血腥残酷，春天却依然仿若一无所知，总是悄无声息，如约而至。在江东，江河湖泊、沟壑坑塘、溪涧泉潭，所有的水无不透露出春的鲜活与妩媚，空气中到处是清新的渗透着淡绿的气息。然而与这美好的一切相伴随的却是日夜不休的喊杀声。东吴兵马正在进行临战前的紧急训练。在西蜀，崇山峻岭之间，众多兵将搭建起了一个个营寨、帐篷，站在山巅向下望去，正如绿草丛中诸多肥美硕大的蘑菇。野花已经漫山遍野尽兴开放，五彩缤纷，绚丽夺目，馨香如雾般在山野间弥漫。但是，蜀军之中却没有谁能有闲暇俯下身来，掬一捧山泉，摘一朵野花。不远处的空地之上，五色旗帜正在轮番挥动，蜀军正你来我往，神出鬼没，变化多端，演练着阵法。

魏国朝野，官吏黎民，正在战争的间歇，尽情享受着短暂的和平时光。

司马府中，也同样是春意盎然，院前院后，名木奇花，争奇斗艳。然而司马懿徜徉其间，却似乎并无闲情雅致。他已经料到即将到来的又一系列战争。他甚至取花瓣为棋子，折枝条划地为棋盘，自己与自己胡乱在潮湿的花蹊间下起棋来。精美的花瓣在手指间有一种滑腻的感觉。司马懿长时间地捏弄着一片花瓣，口中自言自语：“诸葛亮绝非等闲之辈，不会轻易兵败而回。两次兵出祁山，进犯中原，都试图集中优势兵力，突然袭击，迅速击破我军要地。之所以无功而返，前一次是因为入境太深，战线拉得过长，加上误用马谡，街亭失守，造成后勤补给短缺，所以才紧急撤退以防被切断后路。后一次却是情报有误，本来准备用奇兵战术，却在一开始便被王双久久阻隔。”

司马师、司马昭兄弟相约，也来花园之中赏花，见父亲如此神情专注，禁不住上前询问。司马懿只好将自己的想法如实说了一遍，他有意要试探一下两个儿子的才能，便问道：“你们两个有何想法？”

司马师说道：“诸葛亮首次兵出祁山，是因为先帝病逝，他以为魏国遽变，内政必然不稳，所以才幻想乘虚而入。第二次是因为曹休在东线战场失利，染病身亡。两次进犯吾国，诸葛亮都有些急功近利，只想一举攻破长安，从而低估了我们的防御能力，所以屡遭失败。”

司马懿含笑点了点头，又回过头来望着司马昭。司马昭也不甘示弱，分析道：“诸葛亮虽然连连败绩，但并未善罢甘休，必然再聚精兵，三出祁山。而且，他会吸取前两次的教训，改变短打求胜的策略，稳扎稳打，步步紧逼。”

司马懿为二子的精辟分析深感满意，他站起身来，长长舒了一口气，顺手扔掉了手中萎蔫的花瓣。

恰在这时，又给蜀兵提供了进军的缝隙：陈仓守将郝昭忽然染病，且病势垂危。陈仓将士人人六神无主，惶惶不可终日。郝昭急忙派人火速赶往京师报告消息，可惜魏主曹叡尚未获得消息，探马已经报告了西蜀诸葛亮。

诸葛亮闻言大喜，拍案而起，说道：“此真天赐良机也。速传令让正在训练场演练人马的魏延、姜维二将停止训练，火速集结军马赶奔陈仓，天亮之前，务必赶到。要乘其不备，攻其不意，以火为号，竭力攻城，以最快速度拿下陈仓。”

魏延、姜维二人领命各自率领五千人马飞速赶往陈仓。与此同时，诸葛亮又秘密派一部分敢死军兵装扮成魏兵和老百姓，悄然混入陈仓城中。他自己又亲率一支兵马，以更快的速度赶奔陈仓，与混入城内的兵将里应外合，以迅雷不及掩耳之势攻取陈仓。

郝昭病情沉重，正在弥留之际，忽然闻听房外喊杀声大作，兵刃相击，叮当有声，知道敌人已经攻入城中，禁不住又惊又恨，他猛地站起身来，抽出墙上钢刀，往门外便冲，只觉得眼前眩晕，大叫一声，吐血倒地而亡。

诸葛亮十分钦佩郝昭乃忠义之士，命其妻小家眷将他装殓之后运回中原安葬。

待到魏延、姜维两位大将黎明前夕匆匆赶到之时，但见城楼之上火光冲天，但闻四野之内炮声震耳，不禁大惊失色，还以为被魏兵识破，派来了援军。正在不知所措，忽听有人在城楼上高声笑道：“二位将军来迟一步了。”

原来是丞相诸葛亮！二人又惊又喜，还有些羞愧和恼恨。二人慌忙登上城楼，当面盛赞丞相真是神机妙算，鬼神难测。诸葛亮说：“我之本意并非攻打陈仓。而是先取散关，再夺建威，然后直逼武都（今甘肃成县西北）、阴平（今甘肃文县西北）。此次快速拿下陈仓，不过是要鼓舞士气，以解前两次兵败之恨。现在命你二人直接去取散关，务必在魏国援军赶到之前，将它拿下！”

二人领命，迅速引领军兵赶到了散关。但见散关峰谷突兀，山势险绝，正所谓天然屏障。没想到，一阵冲杀之后，散关也被轻易拿下。

众将士正准备埋锅造饭，稍事休息，忽见山下尘土飞扬，马蹄声急。原来魏国大将张郃前来救援陈仓，得知陈仓失守，又急忙掉转马头来救散关。魏延、姜维二人下山一阵冲杀，把张郃杀得大败而回。

与此同时，诸葛亮也已经从陈仓杀出，一举夺得了建威。蜀军兵贵神速，短短几日之内，连续攻克数道关隘，使士气大振。后主刘禅闻报，喜出望外，急派大将陈式前往接应。诸葛亮命陈式出阳平关攻取了武都、阴平二郡，自己率大军继后策应。魏国雍州刺史郭淮企图夺回二郡，诸葛亮亲自率领一支兵马突然出现在建威，郭淮受惊而逃。

蜀军大获全胜。后主刘禅颁布诏书为前方将士庆功，并乘此机遇恢复了诸葛亮的职位。

后方尽知前线事

与蜀汉朝野欢庆胜利恰恰相反，魏国朝廷之上却是一派紧张气氛。东线、西线告急文书频频发至曹叡手中，曹叡惊慌失措，昼夜难安。

曹叡召集群臣商议退兵之策，说道:“东吴孙权僭越皇权，擅称帝号，不等我军讨伐，却先自与西蜀结成同盟。而今又派大将陆逊在武昌演练兵马，听候调遣，旦夕之间，必然与蜀军遥相呼应，入寇中原。况且，蜀军进犯，连连得利，陈仓如此险要之地如今已失，郝昭含恨而亡，诸葛亮兵出祁山，夺了散关，又接连攻取了武都、阴平，中原已经岌岌可危。众位大臣，有何退兵救国之策快快讲来。”

此时大将军曹真大病未愈，众位文武面面相觑，都把目光投向了司马懿，却没有一人答话。

司马懿深知自身肩头的重大责任，无法等待与推脱，于是站出来说道：“臣昼思夜想，以为东吴孙权必然不会擅自出兵。”

曹叡忙问：“卿此言怎讲？”

司马懿一边苦苦思索，一边字斟句酌，缓缓说道：“臣以为孙权擅自称帝，诸葛亮必然也会心怀忌恨，何况他还念念不忘虢亭之仇。

西蜀之所以结好东吴，并非不想吞并东吴，而是担心中原乘虚击之。陆逊不会不知诸葛亮此意，所以才故作兴兵之势，与西蜀遥遥相应，但只是坐观成败，伺机行事。所以当前至关紧要者是全力抵御西蜀，而不用在意东吴。”

司马懿如此分析，透彻入理，诸葛亮、陆逊之心猜得准确无误，就像是亲眼所见，正所谓英雄所见略同。在场君臣无不点头称是，心中都感到如释重负，豁然开朗。

曹叡喜道:“卿真是高见。今朕即命你为大都督，总领陇西诸路军马，征讨入侵蜀兵。”说着，就吩咐身边近臣到曹真府中去取总兵帅印。

司马懿连忙说道：“曹将军劳苦功高，又因卫国之战而病，臣自当前往拜望，也好与将军共商退兵之计。”

曹真秉性率直，处事多出于公心，而且颇享盛名于朝野。司马懿不愿由于皇上收回帅印而伤害了曹真，更不想因为自己领取了帅印而被曹真怨恨，另外工于世故的司马懿更想巧作姿态于世人，以表明自己处事之恭谨，对人之善良，为公之竭诚。

果然他的话音未落，就赢得了君臣一片赞许之声。曹叡说道：“仲达事情考虑得周全，就依照您的意思，自己去曹真府上领取帅印吧。”

司马懿心中十分高兴，当即辞别皇上出了朝廷，一直往曹府赶来。

须臾，到了曹府门口，却并不直接进门，而是让门客前去通报。

曹真闻听司马懿来访，连忙请入，并从病榻上爬了起来，准备出门相迎。司马懿见了曹真，慌忙拱手嘘寒问暖，详细询问病情，一副知已久别、不期而遇的架势。曹真也喜形于色，热情地往屋内邀请，一边又急切地问道：“仲达到我府上，莫非国家有难？”

司马懿说道：“东吴与西蜀联合进兵，犯我边境，来势凶猛，诸葛亮兵出祁山，数日之内，已经攻破陈仓、散关，夺取了建威、武都、阴平诸郡，长安危在旦夕啊。”

曹真十分惊讶：“我如今病重，不能上朝，家人又隐瞒着不让我知道。国家如此危急，皇上为何不拜仲达为都督，大退蜀兵呢？”

司马懿心中正等着曹真说出这话，他一方面感到高兴，另一方面又对曹真率直诚恳、一心为国、不计私利的品格而感到由衷的敬佩。但是，他仍然不说出此来的目的，而是不断地把话题扯开去，吸引曹真把话说得更加明了。司马懿谦虚道：“某才薄智浅，哪里堪任都督之职啊？”

曹真心直口快，又为国家命运深感焦虑，来不及想得更多，急忙吩咐左右道：“快把我的帅印拿来，我要亲手把他交给仲达！”

此时，司马懿仍在故作谦辞。心中其实想要，口中却再三推辞，这是司马懿为人处世的一贯作风。曹丕初登皇位之时，司马懿就曾力劝他三辞诏书。每次朝廷为他加官晋爵，他也都屡屡推辞谦让。尽管如此，应该得到的他一样也没少，而且有时或许比实际所得还要多得多。几乎人人都知道司马懿虚伪奸猾，却又没有谁能够确切列数他的不好，反而都愿意与他一起交游相处。这正是司马懿的精明之处。

司马懿说道：“都督不要忧虑。国难当头，仲达当竭尽全力协助都督共同抗敌。只是绝不敢接受此印。”

司马懿越是推辞，曹真越是认真。焦躁爽直的他再也不能安然就坐，起身将帅印硬要塞到司马懿怀中，脸上沁满了汗珠，几乎要强迫他接受此印了，说道：“如果仲达不能领受此任，那么中原必然危急。你我同受先帝托孤之重，焉能踌躇于个人得失，坐而不问？我要抱病参见皇上竭尽全力保举你！”

司马懿深知曹真脾性，略施小计，把曹公逼到了这个份儿上，他的心里才觉得踏实，动情地说道：“天子已经传达圣命，只是仲达深知才德功勋均不及将军，所以实在不敢接受。”

曹真却异常兴奋：“天子既然已有圣命，仲达就不能再作推让。有仲达都督各路兵马齐心抗敌，不会不胜。某也就心安了。”

司马懿备受感动，深施一礼，又转身对着帅印一拜再拜，然后对曹真说道：“将军爱国之情，令仲达感动不已，我也绝不辜负将军一片赤诚之心。”

司马懿手捧帅印从曹府出来，胸中被某种情绪激荡着。帅印十分沉重，它代表着权力和地位，象征着义务和责任，意味着机遇和功勋，同时也提供了一片空间，一片能够充分展示自己军事谋略和才干的空间。他抬起头来，向空中望去。树枝交叉，蓝色的天空被绿色的线条切割成网状。司马懿笑了，在他的心中，已经穿越了这道美丽的网，正展示出一片更为广阔、更为蔚蓝的天空。

诸葛亮吸取前两次的教训，已经做好了打持久战的准备。他把军队分成三处，在祁山各处安营扎寨。

司马懿辞别曹叡，飞马直奔长安，会同诸路大军迎战诸葛亮。

这才到了司马懿与诸葛亮斗智斗勇，面对面争战的时刻。

司马懿召集众位大将详细询问前方军情，商议进兵策略。司马懿说道：“蜀军跋涉千里而来，利在速战；如今来此不战，必然另有阴谋。”

他命郭淮、孙礼两位将军领兵把守雍、郿二城，只许严守，不许出战。又对张郃、戴凌说道：“如今诸葛亮夺得了武都、阴平，必然忙于安抚百姓，交好羌、氐等各个民族，而不在军营之中，你们二人可以各自率领一万兵马，乘着夜色偷偷抄到蜀兵营寨后面，趁敌营空虚，奋勇冲杀一气；我则另外带领一支兵马在蜀营前面布阵，等到营中敌兵大乱之时，再率兵长驱直入，两军夹攻，蜀营焉有不得之理？如若我军攻下敌营，就可占领有利地形，定会转败为胜。”

诸葛亮与司马懿二人对阵，是两个军事大家的较量。两人都善于用兵，深通谋略。彼此能够猜测对方机谋。我用一计，一定想到对方定然知晓我用此计，而且将计就计，以新的策略破我计谋，所以我最终要针对他的这一策略运筹军事。对方或许又想到了这一层，又以新的计谋对付我方。如此循环往复，犹如一个迷宫，说不准谁的哪一次转弯更高明一些，或者说更幸运一些。对于高手的较量，普通人根本无法知道其中奥妙，所以双方大将都曾因为不能理解并遵守将军的用兵之法而导致惨败。

这一次，诸葛亮早就算定司马懿会以为自己安抚民众，不在营中，所以会突然前来劫营。于是他早早就设下了埋伏，做好了准备。张郃、戴凌恰好撞入了蜀军的包围圈中。尽管两位大将仰仗英勇，终于杀出了重围，但是丢盔弃甲，损兵折将，损失惨重。

两人引败兵退回，正好遇上在营前排兵布阵的司马懿。司马懿听说二人中计大败而回，十分惊异，倒吸一口凉气，心中暗自叹道：“诸葛亮确实不凡啊！我军必须扬利除弊，以己之长击敌之短，要设法把劳师远征的敌人拖得疲惫不堪，打持久之战，然后方可得到胜利。”于是传令大军退回本寨，坚守不出。

诸葛亮见魏军高挂免战牌，拒不出战，他正想借机鼓舞一下士气，于是命令将士天天轮番骂阵，昼夜不歇。百余名士兵在魏军营前一字排开，或坐或站，从帝王到将相，从司马懿到家中老小，大骂不止。

他却没有想到司马懿可是最不怕骂的，这人一心只是等待自己的机会来临，伺机而动，至于寨外如此聒噪，骂些什么，根本就是充耳不闻。

连日叫阵不应，诸葛亮渐渐猜出了司马懿的计谋，心中不免有些焦虑。他苦思冥想，终于又得一计。这天他忽然下令骂阵的军兵撤回，随同三军拔寨撤退。

司马懿得知消息，暗自道："诸葛亮岂是真要退兵，无非是想用此雕虫小技引诱我军出战。"他派遣探马尾随哨探，大军依旧按兵不动。

哨马来报："蜀军后退仅三十里就安营扎寨了，似乎没有退回汉中的迹象。"司马懿自负地笑了，命令哨马继续哨探。

诸葛亮见魏兵仍然毫无动静，只好又向后撤退三十里。

司马懿依旧心神安定，不动声色。但是却有人再也无法忍耐。大将张郃径直来到司马懿帐前，请求出战追击蜀兵。司马懿耐心劝道："将军不知，这乃是诸葛亮诱兵之计也。试想蜀军此次远伐屡屡得力，到这里忽然被我军阻住，叫阵不应，欲打不能，所以才回头假退，而今又半道扎营，不是计谋又是什么？"

张郃急道："必然是蜀军粮草已经用尽，才不得不退兵。我们如若不奋力追杀，必然错失良机，贻误大事。"

司马懿说道："不对，蜀兵粮草之事我已细细算过。西蜀上年大获丰收，粮草丰足，虽然运输艰难，却不会就此无功而返。"

这样一耽搁便有十几日倏忽而过。探马来报，说蜀军又拔寨往汉中方向退去。司马懿也多少有些分辨不清蜀军退兵到底是真是假了。为了弄清真相，他干脆叫手下拿来一身士兵的服装，匆匆换上，亲自策马到蜀兵安营的地方观望。仔细看罢，他几乎仅仅凭借着一种直觉就断定诸葛亮确实是为计谋而假作撤退。

司马懿回到营中对张郃说：“这果然是诸葛亮之计，我若派兵追赶，必然吃亏。”

诸葛亮此计用得极为谨慎，生怕走漏消息，变得被动。蜀军之中，也只有他一人心中最为清楚，所以张郃根本无法理解司马懿的决断。他斜睨着司马懿，情绪十分激动，眼中夹杂着恼恨与轻蔑的目光，“哼”了一声讽刺道：“都督也太抬举诸葛亮了。我张郃杀敌卫国，不惧生死，哪能像某些人一样一直龟缩在这里，眼睁睁看着蜀军撤走，岂不让天下英雄耻笑。”

司马懿看着张郃激动的神情，知道此人再无法劝阻，只好决定起兵追击。司马懿知道蜀兵必然有阴谋，所以他再三考虑如何运筹兵马，极为周详细致。为了防止诸葛亮埋伏，他采用首尾相应之计，把大军分为两支，由张郃率领三万精兵在前追赶，戴凌与其他偏将十余人带兵随行，他自己则亲自率领五千精兵在后面接应。另外还留下许多精兵把守营寨，又再三吩咐，再三叮嘱，要大家一定谨慎从事。他对张郃说道：“务必要在半路安营扎寨，让兵马休息充足，绝不能疲敝作战。”

春末夏初，天气已经没有了春的妩媚与舒适，变得异常炎热，行军十分艰苦。司马懿的心中并不轻松，他知道诸葛亮必有准备，此战之吉凶难以预料。

诸葛亮心中清楚张郃被拖住这么多天，如今猛追过来，其势头必然异常凶猛，所以安排异常周密。他命令姜维、廖化各自引领三千军马，悄悄埋伏在树林子里，命令关兴率领五千精兵埋伏在山谷之中，又吩咐吴班、吴懿、马忠、张嶷四员大将避开张郃之勇，不要与张郃正面交锋，要且退且战，诱敌深入，使远路追来的张郃身心俱疲，而后回头猛击，大破敌兵。

张郃性急，又求胜心切，率兵一直追出九十多里，看看蜀兵就在眼前，而且正在仓皇“逃奔”，若即若离，追赶得更加忘形，却不知已经中了诸葛亮之计。

山势突兀险峻，道路蜿蜒崎岖，天气干燥炎热，每前进一步都感到艰难，被激怒的张郃率领三万兵马又追出近二十里山路。士兵渐渐精疲力竭。有的干脆躺倒在地，任凭鞭打脚踢就是不起来。张郃非常气恼，但是他求胜心切，而且怒火充塞胸中，早就失去了理智。

正行之间，忽然前面炮声大作，蜀军后队变前队，四员大将回头掩杀过来。埋伏在山谷之中的关兴也冲杀而出，直指魏军先头部队，张郃知道中计，但依仗其勇武，并不怯惧。一时间，在空旷的山野间，千军万马厮杀在了一起。刀劈剑闪，血肉横飞，凄惨雄壮，直杀得红花溅血，飞鸟远走，野兽逃遁。

正自酣战，魏兵队尾忽然大乱。原来是蜀将王平从后面掩杀过来。张郃不敢怠慢，连忙对戴凌命令道：“你与诸位副将在前面拒敌，我去后面迎击敌将！”

张郃作战确实勇猛，他手提大刀，一阵冲杀，敌兵迅即一片片倒地。但是毕竟人少势寡，张郃渐渐感到力不从心，情绪愈加焦躁。他开始后悔没有听从都督的劝阻，误中了敌兵奸计。正在危急关头，忽然敌兵之中大乱，张郃知道都督司马懿率领援兵来到，精神为之一振。

两军昏天黑地杀在了一处，几乎不分胜负。但是司马懿此时却心存疑虑，他担心诸葛亮是用调虎离山之计，派兵直接去夺取自己的大寨，所以一路之上，他继续布置了一道又一道岗哨。

这仗确实打得非同凡响。蜀兵假退，魏兵追赶蜀兵，有蜀兵袭于其后；蜀兵袭击魏兵，又有魏兵袭于其后；正在这时又有蜀兵乘隙袭击了魏兵的大本营；魏兵又已经料到敌人此着……一百多里的战线上，已经热闹非凡，足可见棋逢对手，两人军事才能不同凡响。

此战中，最终还是诸葛亮略胜一筹，司马懿兵败。激战之中，忽然哨探飞马来报："蜀将姜维和廖化各引一支兵马，两路大军以迅雷之势直杀向我军大寨去了。"

司马懿闻言叫道："果然未出某之所料。左右火速传令三军撤退回营！"

好在魏兵势强，司马懿率兵一阵厮杀，终于冲出了重围。张郃与戴凌却因为势力渐孤，损伤无数，杀向一条小道仓皇逃回，与司马懿会合到了一处。等他们赶奔大寨时，姜维、廖化兵马早已撤走。原来，二人只是用的围魏救赵之法，意在牵引敌人兵力，使得前方夺胜。

在这次战斗中，司马懿始终处于被动地位，像是让诸葛亮牵住了牛鼻子。

姜维、廖化引领兵马从容退去，望着那些高高昂首的旗帜和扬起的灰尘，司马懿非常气恼。他抽出腰间佩剑，狠劲往身旁一棵碗口粗的松树砍去。随着"咔嚓"一声怪响，松树断为两截。司马懿又用寒光闪闪的佩剑直指众将，吼道："血气之勇！匹夫之勇！"众将满脸羞惭，他们从未见过司马懿跟谁发过这么大的火，一个个低眉顺眼，不敢吭声。

最觉不自在的是大将张郃，他现在才体会到将帅是有区别的，自己不过是一员猛将而已，都督司马懿和西蜀丞相诸葛亮才是真正的统帅。所以他现在心悦诚服，甘愿受罚。

司马懿语气渐渐缓和下来。他心里知道自己也有责任，不该不坚持己见。他把佩剑慢慢插回腰间剑鞘内，挥挥右手说："我们要同仇敌忾，雪兵败之辱，以血肉之躯，报答皇上圣恩！”

众将士纷纷举矛挥盾高声宣誓。千万个声音汇在了一处，震惊峰谷，撼动天地。司马懿见士气依然高涨，心中稍感安慰。但是他胸中的复仇之火，却在猛烈地燃烧着，他绝非是凭一时之勇的人，所以这种复仇的激情，只有等到一切成功之时，才能渐渐熄灭。烈日顶头照着，一番激战之后，焦渴的众将士身体疲惫不堪，但是每个人的心中都燃起了决战的勇气与激情。

第四章

最后的较量，沙场争高下

诸葛亮比自己还年轻两岁。司马懿从内心里钦服他的才干和为人，虽然两人的性格相去甚远。假如没有战争，他们或许会隐居偏僻之乡，作为隐士相互倾慕；或许还会同朝为官，虽然会有矛盾和争执，但是目标却是一样的，都希望国家昌盛，民众安居乐业。但是，现在却是作为争战双方，是各为其主，是你死我活，是胜利与失败的较量，是两国存亡的选择。

输者着女装粉面

一年多的时间倏忽闪过，司马懿一直忙于休整军马，演练阵法。报仇雪耻的欲望在他的心中没有丝毫的削减，反而越来越强烈。他还亲往荆襄之地巡查，做好周密的安排部署，力求稳定东线局势，为进攻西蜀做好准备。

荆襄之地巡查回来之后，司马懿立即奏明圣上，请求起兵南征。他的心中十分清楚，蜀国有山川之险，易守难攻，又兼诸葛亮善于用兵，欲取此胜绝不轻松。但是诸葛亮屡屡犯境，若不剿除，也必为大患。况且，自己身为大都督，在陈仓战场之上，大败于诸葛亮之手，此仇不报，终生难以心安。

时在公元230年初秋。朔风渐起，绿叶变枯，天地之间，正生出苍凉的肃杀之气。此时，大将军曹真疾病痊愈，曹叡召他与司马懿共同上殿，详细商议进兵之策。

朝廷上下，群情振奋，达成共识，起兵伐蜀。乃拜曹真为大司马、征西大都督，司马懿为大将军、征西副都督，刘晔为军师，即日起，分率四十万大军，浩浩荡荡直向西蜀进发。司马懿率东路大军，由西城开辟道路水陆并进，沿着沔水逆流而上，直达朐朋，攻克新丰县；曹真引中路军，由京城至长安，直至陈仓，与司马懿会合。另外，郭淮、孙礼等率领西路五万精兵，从祁山的东南面横着杀出，攻击武都、建威，与司马懿互为犄角，和曹真三面相互呼应。其声势之浩大，大有不踏平西蜀的河流山川，绝不罢休之势。

蜀汉朝野无不惊慌失措。

只有诸葛亮神态安然，丝毫也不惧怕，甚至根本就没有安排三军迎敌。

魏军企图一举灭蜀，司马懿也雪耻心切，一心要大败诸葛亮，然而天公并不作美。诸葛亮早已算定了今秋必有连阴之雨，他对手下众将说道："我昨夜仰观天文，见毕星躔于太阴之分，月内必有淋漓大雨，到时山间道路泥泞难行，魏军劳师远伐，又不熟悉地形，虽有四十万大军，又何足惧哉？"

司马懿与曹真会师于陈仓，却已经寻找不到一间房屋，蜀军退兵之时，都已将其悉数烧毁。这时司马懿也算到了天将阴雨，但为时已晚。他连忙吩咐众人道："我夜观天文，见毕星躔于太阴之分，旬日内必有大雨。大军应抓紧砍伐树木，选择高阜之处，搭建帐篷窝铺，以防阴雨。"

诸葛亮此时心无忧虑，他只想以逸待劳，坐等天气之变。司马懿此次为报仇雪耻而来，可惜不占天时，心中未免焦躁，但他并没有因此错误冒进。曹真劝他进兵，司马懿说道："若深入蜀军重地，倘若每战必胜还可以，一旦遭遇不测，退兵又难，则后果不堪设想。"

不几日，大雨就开始淋漓而下。空山新雨，最初带给军兵的是一种美妙的感觉，烂漫的秋叶，被迷蒙的烟雨笼罩着，险峻的群山陡然间增添了许多妩媚，充满杀气的军营中有了些许浪漫的阴柔气息。只有司马懿心急如焚，他知道这连绵的秋雨可能给军兵带来的可怕后果。

这是多年未遇的连阴天气。雨时紧时慢，下个不停，天空阴沉，山间晦暗，没几日，将士们就无不感到苦闷和压抑。平地之上已经水深三尺，大家开始苦于找不到造饭用的干柴，身上的衣服潮湿难耐，在这艰苦的环境中，马匹显得弥足珍贵。士兵们无事可做，只好望着黑洞洞的天空抱怨，谁也不明白，那里为什么会有这么多倾倒不尽的雨水。

这雨一下就是三十多天，到处是积水，到处是泥泞，崎岖的山路愈加险滑难行，加上烟雨与浓雾弥漫，出去探路的兵丁多半没有生还。雨中的秋风开始变得越来越寒冷，疾病像瘟疫一样袭来。有的马匹死亡了，接着又有士兵难耐这艰苦的环境，猝然死去。魏营之中，已经变得阴森可怖，兵丁们在漫天的雨雾中近乎绝望地挨着时日。此时大将张郃正引领另一支军队，被没日没夜的雨阻隔在斜谷，寸步难行。

司马懿心急如焚。他每日冒雨在各个帐篷间穿梭往来，去看望得病的士兵，给他们带去勇气和安慰。有时，他怔怔地望着天空和山影，望着洒落的雨滴或者飘浮的雨丝，甚至开始怀疑冥冥之中或许真的有一种神秘力量，在悄悄地司掌着生死，支配着成败。人在自然之中的力量是何其渺小，何其微不足道，即使你是熟读兵书的，即使你是善于智谋的，在这烟雨的笼罩之中，在这天空与山峦的压抑与包围之中，谁又能超越出去呢？看来是天不该绝蜀，此次南征必将注定要无功而返。

在司马懿默默祈祷的同时，魏主曹叡也在京城洛阳率领百官设坛祭天，祈望云开天晴，可是老天依然面色阴沉，细雨连绵。三军被雨水围困已经一个多月了。朝中王肃、杨阜、华歆等官员纷纷启奏天子，要他颁诏撤兵。陈群奏道："当年太祖（曹操）攻打张鲁，专门要等到秋收的时候，是考虑到秋收时节，便于征收粮秣。但是战争过程当中，依然粮草短缺。现如今三十万大军远行南征，秋粮未熟，粮草补给难以保证。更何况斜谷地带高山险阻，补给运输异常艰难，又逢连日大雨，除了退兵，再无良策，不然损失将更加惨重。"

杨阜上疏奏道："而今大军被雨水困于山谷之间，进无策略，退又不能，岂不是自取败亡！"

王肃说道："夫兴兵远伐，必须顺天知时，通于权变。我军深入险阻，行动艰难，又加上大雨不歇，山坡峻滑，粮远难继，此乃行军之大忌也。而今诸葛亮以逸待劳，于我军大不利啊。所以此时还是退兵为上策。"

前方困顿，后面众说纷纭，不过是一群事后诸葛。

曹叡于是不再犹豫，即刻颁布诏书，宣曹真、司马懿火速退兵。

接到诏书之前，司马懿已经与曹真商议撤军。

大帐之内，两人默然无语，各自把脸转向帐外，无奈地观望着依旧"沙沙"不停的秋雨，守卫在门口的兵丁也都是一脸的愁容，无法掩饰思乡的情绪。远山迷蒙着，像梦魇一样让人感到压抑与恐怖。似乎已经分不清白天与黑夜，大家就在这没有阳光的日子里苦苦地挨着日子。天地山野之间静极了。帐檐上的雨滴"啪啪"打落在帐外的铁盆上，声音愁苦而单调。偶尔传来一阵压抑的哭泣声，大家心里清楚，又有人没能挨过这艰苦的日子，匆匆去见死神了。

一种无法排遣的寂寞侵扰着每个人的心灵。

曹真回头望望司马懿，禁不住轻轻叹了一口气。

司马懿兀自坐着，不动声色。

曹真幽幽地说道："到今天，阴雨连绵已长达三十多日，粮草不足，军无战心，人人都有思归之意。一旦军心涣散，各自行动，后果将不堪设想。"

司马懿沉吟良久，有些不情愿地说道："想想也只好退兵了。"

曹真问道："我军退时，诸葛亮必然率领大军来追，不知您可有退兵之计？"

司马懿答道："要提前埋伏两路大军断后，方可慢慢而退。"

于是，暗暗传令各营人马秘密收拾行装，前队改作后队，后队改作前队，准备撤退。正在这时，魏主命令二人率兵撤退的诏书也已传到，要他们火速撤兵，再作良图。

司马懿因为久雨无奈，回兵之心太过急切，所以未免又有失误。

此时，西战线的郭淮大军，在费曜的配合之下，正在武都、阴平两地打得蜀兵闻风丧胆。诸葛亮闻报，心中也渐渐开始感到焦急。天气渐渐变寒，天气转晴已经为时不远，司马懿忽略了形势正在向着有利于魏兵的方向发展。诸葛亮探听到魏兵撤退的消息，心中十分高兴，他立即下令各路军马不要追袭魏国撤军，却安排魏延、吴懿领兵切入西羌，直至郭淮军的背后切断魏军军需，郭淮、费曜只得从武都、阴平分散兵力来战魏延、吴懿，最后兵败撤回长安，准备与曹真、司马懿在那里会合。

司马懿与曹真仍然兵分两路，火速撤军。曹真军沿着陈仓古道，向西来到斜谷口；司马懿则顺着汉水洪峰而下，向着祁山的东面连日紧急行军，七八天之后，两军在箕谷与斜谷口交叉的山坳会合了。一路之上，司马懿随处布置伏兵断后，严防蜀兵来追。

行军途中，隐藏了一个月的太阳终于又露出了它的脸面。它四射的光芒透过树叶的缝隙，透过晶莹的雨露，七彩斑斓，绚丽夺目，照射在泥泞的古道之上，照射在每一个人的身上、脸上、心上，是那么新鲜、那么温暖。重见天日，让人们感到了生的幸福与欢乐，士兵们不敢欢呼雀跃，他们却悄悄地用目光、用微笑相互表达着这一难以压抑的畅快感觉。

后面埋伏的各位将领先后回来，说一路之上竟然没有一点儿西蜀追兵的消息。

司马懿说道："蜀军必然随后就到。"

曹真笑道："仲达此言是开玩笑吧？大军撤退，敌兵必然追杀，连傻子也会如此用兵。如今之所以不见诸葛亮追兵，是因为连绵秋雨，栈道断绝，消息梗阻，他并不知道我军撤退也。"

司马懿争辩道："我数十万大军撤退，敌方岂有不知之理？！诸葛亮是担心我们会有伏兵，所以暂且放纵我们远去，他却想等我兵过尽，却乘机兵进祁山。"

诸葛亮与司马懿二人高手相争，彼此都能猜透对方心思。诸葛亮的确正在布置兵力，筹划兵出斜谷，攻取祁山。他以为祁山乃是长安之首，是陇西各路兵马必经之路。更何况祁山前临渭滨，后靠斜谷，左出右入，易于伏兵，是个用武的好地方。诸葛亮以为不去追击撤退大军，径直兵至斜谷，必然可以出其不意，攻其不备。

但是诸葛亮想错了。司马懿毕竟是司马懿，而不是曹真。曹真到现在依然含笑摇头，好像司马懿所言是天方夜谭。二人面上虽然彼此敬重，心中却互不服气，所以这次竟然争执不下。司马懿此时忽然又有了幽默感，他已经成竹在胸，知道这次已经料敌制胜，所以心里感觉还算轻松，见曹真坚持不信自己的分析判断，忽然想到要与曹真打赌比赛，既可抒发胸中怨气，也能强调是非，让曹真领略一下自己的才智，更重要的是，在两人意见难以统一的情况下，用这种方式既能实现自己的用兵意图，又避免了争执、矛盾与失败。这是司马懿的高招。赌赛过程，奇而又奇，在他看来是在戏谑与玩笑中完成的。

司马懿笑对曹真说道：“我料定诸葛亮必然兵分两路分别从斜谷与箕谷向祁山杀来。子丹既然不信，可与我各自引军守住两个谷口，以十日为限。如果蜀军不来，就是你胜我负，你雄我雌，我仲达就穿上女人的衣服，脸上涂上红粉，亲自到你营中请罪。”

愚执的曹真有些懊恼，正色道：“既然仲达坚持以为蜀兵会来，那么，如见一个蜀兵来到两谷，我愿将天子赐予我的一条玉带和胯下御马输给你。”

与曹真相比，司马懿明显表现出了睿智、狡黠与大度。他见曹真脸上果真掩饰不住怒意，禁不住暗自发笑，他伸出手来，与曹真击掌明誓：“君子一言，驷马难追！”

曹真面色憋得紫红，也高声说道：“君子一言，驷马难追！”

打赌归打赌，拒敌归拒敌。二人当即兵分两路，各自去守谷口。曹真领兵在祁山之西斜谷口下寨，司马懿则领兵屯于祁山之东箕谷口。此时司马懿却未敢大意，他并非为赌赛而战。司马懿先引一支兵马屯于山谷之中，让其余各路兵马各自守住要道，传令下去，一定要严加防守。为了防止疏漏，他又悄悄换上了兵卒的服装，独自走出大帐，行走在各营之间，秘密观望各营情形。

曹真一门心思认定了蜀军不会前来追击，所以草草下寨，只待十天度过，就等身形魁梧高大的司马仲达亲手换上鲜艳的女装，涂上红粉，一副怪模样来到自己寨中请罪，然后尽请朝野传得沸沸扬扬，贻笑天下。他甚至在考虑传令手下赶快制作这么一身奇装异服。

司马懿没有想到军中竟颇多怨声。见几个人聚在一起吃饭，其中一名偏将正大肆宣讲，便凑了过去。那人不曾料想大都督会这身装束来到跟前，毫无顾忌地说道："众兵将被大雨围困了一个多月，吃尽了苦头，如今退兵回长安，却又因为为帅的打什么鸟赌，又驻扎在这个鸟地方不走了，白白在这里受罪。这岂不是拿咱们官军开涮嘛！"

司马懿顿生怒火，立即回寨传令升帐，迅速集合众将到齐。司马懿"啪"地一拍几案，眼中仿佛喷射着怒火。"养兵千日，用在一时。而今，本帅料定蜀军必然乘虚来夺祁山，所以才在这里用兵拒敌。岂有为了赌赛的道理。汝等不解本帅用兵之法，却有人散布怨言，乱我军心，我今日定斩不饶！"

说着，径直走到那位偏将面前，把他揪了出来，命令左右推出斩首，那人还要出言狡辩，司马懿怒道："这都是我亲眼所见、亲耳所闻，安敢抵赖！"这时，证人也被带到了帐前，司马懿随即下令推出斩首。

众将起初都有些懈怠，以为两位主帅果真是赌赛取笑，并非为了拒敌，却不想忽然来了真格的，都面面相觑，谁也不敢吱声，眼看着那位偏将被推出大帐，须臾被取下了人头。

司马懿怒气依然未消，吼道："把这颗狗头挂于帐外旗杆之上，杀一儆百，严正军纪。"又转首对众将道："你等要小心提防，严防蜀兵，听我中军炮响，立即四面进军。倘有懈怠，定斩不赦！"

军中兵将无不怯惧，一时之间，上下整肃，纪律俨然，大家严阵以待，共御蜀兵。

此时，蜀兵已经行军在通往两个谷口的路上。诸葛亮派出的第一支军队，为首的是大将魏延、张嶷、陈式、杜琼，率领精兵两万，兵出箕谷；另有一支军队由马岱、王平、张翼、马忠等人率领，径出斜谷。两兵计划各出谷口后会于祁山。

分派完毕，诸葛亮心中却并未安稳。他又取出了山间地形分析图，铺在桌案上，看了又看，在屋内徘徊，反复揣摩对方可能采取的每一步运兵方法。与司马懿对兵，诸葛亮常常这样感觉有些力不从心。他深知此人城府极深，机警善变，狡诈多谋，但看去又轻松豁达，热情而有气度，简直是曹魏的天才人物，是为战争而生，为乱世而生。当年跟随曹操征战南北，屡献妙计，曹操多疑，不敢用之，却又不能不用之。更为可怕的是，自己的每一步用兵策略竟然都难逃他的算计。想到这儿，诸葛亮忽然有些担心起来，自己不追赶魏国撤兵，却兵分两路去取祁山，会不会被司马懿猜想清楚？如果那样，他必然已经布下伏兵，我军岂不中计？！

想到这里，已是满头冷汗。他急忙叫人把邓芝唤来，简单交代一番，命他飞马去向前方传令，叫魏延等四员大将兵出箕谷之时，一定要严防敌兵埋伏。邓芝随即快马加鞭，飞奔至前方，径直拦住了魏延等四将的马头，此时，他们率领精兵已经快到箕谷。

见邓芝匆忙而来，传达丞相命令，叫严防魏兵埋伏，陈式禁不住仰首大笑：“丞相何故如此多疑！想那魏兵久被大雨所困，死伤无数，而今衣甲尽毁，思归心切，哪里还有心恋战，在此处设置埋伏？只待我等掩杀过去，必然生擒曹真、司马懿！”魏延更不服气，不怀好意地在旁边窃自冷笑，煽风点火。

邓芝见丞相号令竟然不能畅通，心中十分焦急，他有意避开魏延，只是面向陈式正色说道："丞相一向用兵如神，计无不中，谋无不成，你竟然如此无礼，难道还敢违抗军令？"

哪知此言一出，魏延干脆不再掩饰，笑中含怒，揶揄道："丞相欲求兵败，失陷城池，才是计无不中，谋无不成！昔日，我军初出祁山之时，丞相若听魏延妙计，径直出兵子午谷，如今你我都在洛阳吃酒哩，哪里还用劳您尊驾来传什么计谋？"

陈式"哈哈"干笑几声，用手指着邓芝说："丞相用兵，如果真能如参军您所言，还会有街亭之失吗？你可以回去禀报丞相，有我与魏延将军在，区区祁山本来就不在话下，就叫丞相别再劳心了吧。"

邓芝大怒，吼道："你陈式还没有忘记马谡吧？我即回去禀报丞相，等你兵败而回时，丞相自有处置！"说完，拨马飞奔而回。

陈式望望邓芝的背影，脸上有些茫然。魏延说道："有魏延在此，陈将军何惧。"

陈式不再言语，与魏延率领兵马只管前进，渐渐走进了司马懿的包围圈。

司马懿正在山峰险峻之处，隐藏在灌木丛中，秘密监视，见蜀军大队人马果然中计，尽入箕谷之中，心中十分高兴，连忙示意身边偏将点炮出兵。这几声炮响在魏延、陈式听来，真是震撼天地，二人大惊，知道果真遭遇了敌方伏兵，悔之不迭，慌乱之中，往回撤退，却不想谷口已经塞满了魏兵。旌旗招展，万人攒动，魏兵如暴风骤雨突至，将蜀兵包围得水泄不通。四处喊杀声急，在山谷中回应混响。魏延与陈式拼死冲杀，方才带领几百残兵仓皇逃回本营，所带精兵器械折损殆尽。

诸葛亮用兵丝毫没出司马懿所料，他此时十分担心曹真大意，火速派人前往斜谷送信，报知曹真：蜀兵已来攻取箕谷，被我用计击破，歼敌四千余人，大获全胜。东路蜀兵，不日可到斜谷，将军一定要小心提防。司马懿还在信中嘱咐道：“你我只是同心报国，切莫以赌赛为念。”

果然，信使刚走，曹真那里也送了信来，写道：“司马都督，你我赌赛十日为期，而今七日已过，却并未寻见一个蜀兵。且不知仲达着女装何状？”

司马懿读罢来信，一笑置之。忽然又有些心疑，何故不见一个蜀兵？定是诸葛亮有大计谋。于是分兵留守箕谷，自己亲自率领大军往斜谷增援。

曹真正自为赌赛即将得胜而感到得意，他吩咐手下诸将：“尽管带兵各自休息，只等十日到时，且看我如何当面羞辱司马懿。”说完只命副将秦良率五千兵马到谷口哨探。不久接到探马来报：“谷口发现有小股蜀兵，已被我军轻易赶跑。”曹真便更加相信不会再有蜀兵前来了。

曹真何曾知道，前来报信的小卒乃是敌兵换了装束，假扮而成。秦良和他的五千兵丁早被吸引到敌人的包围之中，顷刻砍杀殆尽，无一生还。此时诸葛亮已经精心布置下了强大兵力：马岱、王平已经各引本部兵马夜行昼伏，悄然越过山岭，埋伏到了祁山之左；马忠、张翼也领兵从偏僻的山间小径，悄然转到了祁山之右；诸葛亮自己则率兵直出斜谷。三路军马举火为号，从三面来劫曹真营寨。

曹真正在帐中闲读兵书，有人报：“秦良将军引兵得胜而回。”

曹真十分高兴，亲自出帐迎接。几千兵丁已到帐前，忽然倒戈向着自己杀来，急忙回身退时，见大寨后面左右各有一把大火燃起，火势冲天，浓烟滚滚，才知中计，慌忙披挂上马，向外冲杀，须臾已被蜀兵团团围住，被打了个措手不及。关兴、廖化、吴班、吴懿四将，马岱、王平二将，马忠、张翼二将分别从不同方向杀来，魏军惊慌之中，无心作战，只作鸟兽散，四处乱撞，各自逃命。众将护卫着曹真向东奔逃，跑得正急，忽然前面又一声炮响，曹真惊得魂飞魄散。这时就听对面军中有人喊道："曹都督无恙乎？"原来是司马懿驱兵前来救援，曹真心中稍安，急忙又回马向敌兵冲杀过去，两兵合在一处，才渐渐将蜀兵杀退。

诸葛亮夺了祁山地势，立即屯重兵于各处险要地段。祁山终于落在了蜀兵的掌握之中。

司马懿与曹真只好退兵屯于渭滨。

曹真兵败之后，羞愧难当。他本来就是久病初愈，加之一月苦雨，又兼此一惊一吓一羞，顿时一病不起。司马懿到帐中病榻前来看望他，曹真紧紧握住司马懿的手说："可惜未听仲达之言，方有此败，我心中非常惭愧。倘有病好之日，我当大败诸葛亮以报此仇。"说着唤左右侍从去取玉带、牵御马来，握住司马懿的手说，"我已年迈，仲达用兵确实在我之上。此次赌赛我输得口服心服，也输得高兴。将来保卫家国，非仲达莫属。"

听着曹真诚恳的话语，司马懿颇受感动，他微微笑道："都督尽管安心养病。所谓赌赛，不过是玩笑之事，是为了便于用兵，共守祁山，都督哪能一直放在心上。兵书云：'欺敌者必亡。'所以仲达时时记得用兵谨慎，但凡有战，则必反复揣摩，亲往前线观敌料阵，从来不敢轻敌。"

曹真点头称是。司马懿与曹真告辞出帐，随即安排严密保守大都督病重的消息，谨慎撤回长安。

魏主曹叡闻知曹真病重，亲自前往长安探望。

此时，正值深秋，天高风寒，黄叶飘零。一代英豪曹真已经危在旦夕。他面容枯瘦，手脚不能举动，几乎说不出话来，只有无神的双眸还在游动，只有一丝呼吸还在咽喉间时断时续，再也寻找不到半点疆场之上的英姿豪气。曹叡在床前看着，禁不住扭过脸来拭了又拭滚涌而出的泪水。司马懿站在旁边，一股酸楚的热流在他胸中涌动，他勉强隐忍着泪水没有流出。曹真秉性率真，好强善战，公正耿直，为曹魏戍边保国，立下了汗马功劳。司马懿虽然与之性格并不相投，但是也从内心里佩服他、尊敬他。

正当曹叡、司马懿和身边众人陷于悲痛之中的时候，曹真似乎弥留之际还有话要说。曹叡连忙俯下身子，只听曹真断断续续说道："陛下，将来……可继大事者……仲达之外，再无他人……"模糊不清的声音终于消失了，永远消失了。曹叡和司马懿看到曹真枕前有一份没有写完的奏折，那是一份推荐司马懿为大都督的奏折。生命的最后一息，这个愚执忠勇的老将军想到的是国事，是他人。在场的每一个人都按捺不住，痛哭失声。

睿者间的博弈

祁山战后，诸葛亮又像当年斩马谡那样，砍掉了陈式的脑袋。不过这回他并没有挥泪。魏延却没有受到任何惩罚。陈式不过是个可怜的牺牲品，斩陈式是诸葛亮严明军纪的一个策略，他的真正目的是警醒大将魏延，也是有意要笼络魏延。大战在即，诸葛亮深感人才的匮乏，有魏延之勇武的大将再难寻觅，他虽然明知魏延生性骄横，难以驾驭，不够忠心，但是仍然想方设法利用他的勇武。左顾右盼的魏延虽然总被用得恰到好处，诸葛亮的内心却难免有些不安。

陈式有一子叫作陈寿，后来作史书《三国志》。《三国志》中没有查到陈式的传记。

曹真死后，诸葛亮以为进兵中原迎来了又一次大好机遇。他迅速集结兵马，四出祁山，大举进犯中原。

司马懿明了自己肩负的重担。曹真临终之言，仿佛正是他久已企及的，但是又仿佛根本不是。皇上曹叡已经颁布诏书，任命他为大都督，即日起率兵出征。他忽然感觉有些迷惘、有些怅然。那种获得重任，得以提升的最初的激动感觉已经荡然无存。

风声鹤唳。荒芜的土地之上，军兵开始打扫战场。遍地流淌的鲜血已然干枯、龟裂，司马懿此时显得有些忧郁，他在苦苦思索：他们去了哪里？那些在演兵场上生龙活虎的汉子，那些象征力量与胜利的汉子，在土地之上，来来往往一阵喧闹，就大片大片地倒下了，在黑红的幻影中一片一片地倒下了，就像秋天里成熟的高粱，像溪水漫过一片落叶，人的生命就迈过了生与死的界限，悄无声息，更没有光芒与色彩。但是凄厉的喊杀之声似乎依然响在耳畔，是那般悲壮有力，又是那般孱弱无助。

孤灯烛影，萧瑟秋风，他忽然感觉人生的苍凉与悲壮，感觉到征战的惨烈与无奈。赤裸裸而来，悲切切而去，生命的轮回是那么简单与直观。生当做人杰。男人应当有大丈夫作为。乱世之中应横扫内外，做世之枭雄。这一切的信念与追求，现在却仿佛都已变成了空洞无聊的概念和说教，回想起来，竟然毫无感觉、毫无意义。

像梦魇一样，司马懿在撕解不开的思绪中，度过了一个又一个时辰，清冷的曙光早已透过窗纸，淋漓床前，司马懿慌忙起身，他来到院子中，回想夜来所思，竟然什么都已经想不起来，只是感到头痛疲惫。

又有整齐的喊杀声传来，竟变得这般雄浑苍劲，富有生气，再不像昨夜梦中的光景。军兵正在不远处演练阵法。司马懿快步直奔营中而去。昂扬的士气无疑使他受到了鼓舞，他舒展一下身体，感觉精神倍增，下令集合兵马，不容迟疑迅即向前线进发，抵御蜀兵，为大都督曹真、为无数阵亡的军兵报仇雪耻。

司马懿率领大军在渭滨，距敌兵十里安营扎寨。他叫人先下战书给诸葛亮。

书中说道：

吾主效法尧舜，禅让皇位，已经相传二帝，坐镇中原，容汝蜀、吴二国者，乃是因为吾主宽慈仁厚，恐伤百姓也。汝蜀国君臣，不识天数，强要相侵，而不思各守疆界，以维持鼎足之势。免致生灵涂炭。如不听劝阻，就请即日起在两军阵前，决一雌雄。

诸葛亮接到战书，于次日清晨早早引大队兵马来到一片荒滩之上。连年征战，使得两国交界的地方几近荒芜。枯黄的野草披着淡白的晨霜，在微风之中抖动。高远的蓝天之上，还有三两颗残星。军兵、旌旗与矛盾都在清晨的暗影中凛然着，战场前面临河，水势湍急，若闻其声；后面崇山峻岭，峭拔险绝。天地之间，一种古朴、苍凉之感。

司马懿与诸葛亮虽然多次交锋，彼此以计谋算计对方，但是二人还从未谋面，所以既感觉相互了如指掌，又都显得神秘而陌生。

对于这一强敌，司马懿也难免心怀忌惮。一见诸葛亮，他禁不住由衷地赞叹。但见此人，相貌堂堂，飘洒俊逸，头戴纶巾，手摇羽扇，独坐四轮车中，由士兵徐徐从大军中推出，迎风招展的大旗之下，威武而沉静，自信而飘逸，有若一尊神像，让人顿生崇仰之心。

诸葛亮眼前的司马懿也全然不是他想象中的模样。他端坐马背，高大英武，面貌端正，一派正直昂然之气，与想象中的狡诈、多疑、猥琐、狠辣的模样大相径庭。

两人一见，就开始了攻心大战。

诸葛亮手拿羽扇，一指司马懿问道：“你司马懿祖祖辈辈都是汉朝臣子，享受刘家的俸禄，看你也像是一代英才，如今曹魏篡汉，你不思回报汉恩、诛灭汉贼，却忘恩负义，助纣为虐。诸葛亮此生以剿除汉贼为念，誓与汝等一决雌雄，我劝你还是弃暗投明，早早下马受降！”

司马懿微微一笑，反唇相讥道：“你诸葛亮也是天下名士，为何如此执拗，不识时务。试想天下从来就是姓刘吗？我主顺天应人，禅让天下，世人共知。何况自先帝曹丕即位至今，法令一新，朝野上下，莫不叹服，中原大地，国富民强。我只劝你莫要再来相扰，还是快快回去，安心治国安民，如若不听，必然有来无回。”

诸葛亮闻言大笑，他用羽扇指指身后严整的军队，问道：“那么你是想斗将呢，还是先斗兵？或者是斗阵法？”

司马懿说道：“自古争战，布阵为先。自然是要先斗阵法！”

诸葛亮眯起双眼，羽扇由右手交到左手，轻轻地摇着，唇角故意做出轻蔑的微笑。司马懿也不说话，径直领着数十名将领拍马回到军帐前，略事商议，即刻站在高处，手摇各色小旗，三军将士依照旗子色彩及摆动的方向，迅即有序地游动变换，顷刻布成一阵。忽然之间，阵中已经看不到司马懿指挥的身影，只是阵法频频变换，令人眼花缭乱。诸葛亮眼睁睁望着，禁不住由衷地惊叹司马懿排兵布阵，超乎寻常，蜀国上下除自己之外，再没有谁堪与之匹敌。

忽然，队形变换之处，有一彪人马如离弦之箭，直飞过来，领头大将正是司马懿。他打马来到诸葛亮面前，一脸的得意卖弄之色。手中枪直指诸葛亮道：“你认识这是什么阵吗？”

诸葛亮善于攻心，听见司马懿询问，只是呵呵冷笑不停。司马懿问道：“你笑什么？未必就能够说出！”

诸葛亮揶揄道：“不就是‘混元一气阵’嘛，何值一提。在我军中，就连运粮小卒也能布这个阵。”

司马懿怒火中烧，但表面十分冷静，说道：“诸葛亮休要不讲理，你也布个阵法让我们瞅瞅果真如何？”

诸葛亮驱车回帐，用手中羽扇指挥军兵。只见他只是轻描淡写地挥动扇子，将士就迅速准确及时地各到位置上，东来西往，忽方忽圆，变幻莫测。一时之间，两军阵前，已经是迷雾弥漫，杀气腾腾，让人不寒而栗。

司马懿也笑了，说道：“我以为你会有什么奇阵，却原来是妇孺皆知的‘八卦阵’呀。”

诸葛亮见轻易被对方识破，转念一想，问道：“你既然知道我的阵法，却不知你敢不敢前来攻阵。”

司马懿此时胸有成竹，高声说道：“看我现在就打！”说着，领了三员虎将，冲入阵中，一面嘱咐道：“今诸葛亮所布八卦阵法，有休、生、伤、杜、景、死、惊、开八门，其中生、景、开三门吉，休、伤、杜、死、惊五门凶。正东、西南、正北分别为生门、景门、开门，咱们分头去打。”

然而事实上却并不简单，诸葛亮所摆八卦阵，并不囿于形式，虽有八门，却变换交叠，忽东忽西，吉凶难辨。忽如方阵、忽如圆阵、忽如牡阵、忽如冲阵、忽如轮阵、忽如浮沮阵、忽如雁行阵，有天地风云之气势，有龙虎鸟蛇之威风。司马懿带领三员大将一入阵中，就感觉不妙。只见蜀兵像水一样自由流动，阵法变化丝毫不留痕迹。三员将领不知所措，穷于应付。只有司马懿还算清醒，他有条不紊地应付着一切，但也渐渐感到疲惫，看到三人不能支撑，急忙在阵中发布号令争取援军。阵外的魏军立即杀进阵中，“八卦阵”遭此猛击，即时混乱了。司马懿正在暗暗高兴，忽然听见从西南方向传来惊天动地的喊杀声，一支军队如天兵突降，从山谷里杀出，直接从后面冲入魏军队伍。待敌兵近前，司马懿细细一看，原来是蜀国大将姜维，才知又被诸葛亮赚了一计，心中慌张，连忙分兵对付姜维。此时魏军阵容禁不住大乱。司马懿只得极力稳住阵脚，且战且退。好不容易摆脱了姜维兵马，背后忽然杀声又起，关兴的伏兵直接杀进魏军中军，刚刚准备退去的姜维又领兵卷土重来，司马懿只好引军撤退，慌乱之中，军兵死伤无数，武器辎重损失惨重。

司马懿非常懊恼，与诸葛亮对兵，竟然接连受挫，心中深感惭愧。更何况诸葛亮在祁山已经占据了有利形势，自己如若不能取胜，就有可能造成大错，后果不堪设想。他率领军兵在渭滨南岸下寨，高高挂起免战牌，坚守不出。他在帐中日夜苦苦思索和诸葛亮对敌以来的每一点得失，直至想到了诸葛亮用反间之计害得自己解甲归田，心中越想越气，忽然退兵之计油然而生，何不也用反间之计促使诸葛亮退兵？

诸葛亮军中，恰有苟安押运粮草不利，遭到诸葛亮体罚。苟安怀恨在心，径直前来投奔司马懿，司马懿探得消息准确，不禁心中大喜，对苟安说道：“你前来投降，谁又能够确认不是诸葛亮奸计？是真是诈，就看你能否为我办一件大事，倘若事情办成，我就会在天子面前极力保荐，让你贵为上将。”苟安指天盟誓，表示万死不辞。

司马懿近前，悄然吩咐道：“你可以到成都广泛散布流言，就说诸葛亮在军中素来轻慢怨怼幼主，之所以要屡屡进犯中原，不过是想争功求名，好寻机夺位做皇帝。后主必须早日召他回都，若不如此，则一切晚矣。”

苟安说道：“刘禅暗弱，朝中宦官专权，对诸葛亮屡屡用兵大为不满，此计定然能成。”

司马懿说道：“宦官与刘禅相处密切，且又遇事不明，心胸狭窄，凡事夸大其词，对此事必能起到推波助澜的作用。”

两人秘密谋划。苟安连夜赶回成都，广泛散布谣言，并到宫中向宦官密告诸葛亮有反叛之心。

苟安从前线刚回，丞相心思，必然清楚。宫中宦官闻言无不大吃一惊，前后合计一番，诸葛亮军政大权在握，不图谋反叛倒令人不可思议了。于是赶紧一齐去见圣上，建议赶快将丞相召回。

诸葛亮接到诏书，远远望着青山，不禁悲从中来。他隐约知道自己的北伐战争不会有令人满意的结果。皇上不明，身边又有小人，怎么能够允许自己在外叱咤风云，以图大志呢？几次苦苦征战，如今好不容易夺下祁山，连得胜利，正好乘势直捣长安，却又无端遭受谗言，前功尽弃，怎能不让人痛心疾首？！

圣命不可违背。诸葛亮立即将姜维等大将召来，商议退兵之策。没等他说完，众将个个义愤填膺，拍案而起。诸葛亮叹息道：“凡事应以大局为重，皇上召我等回朝，其中必有缘故。”

姜维道：“我等在前线舍生忘死，奋力拼杀，方才夺得祁山，连获胜利。如今却无故撤退，众将不服，况且万一司马懿前来追杀，必然损失惨重。皇上昏庸，听信谗言，岂不坏了国家大事！”

诸葛亮道：“所以我军要精心谋划，用计退兵。司马懿熟读兵书，一应计策，无不通晓善用，我们可以反用前人妙计。当年孙膑撤军用减灶之法，虞诩退兵用增灶之法，我们可以反用前者，正用后者，司马懿平素多疑，害怕我军有埋伏，定然数灶，不敢来追。”

苟安已将成都消息报知司马懿。巧用反间之计，获得成功，司马懿大喜过望，他密切观望蜀兵动静，准备伺机而动，大获全胜。

密探来报，说已经有蜀兵开始拔营，悄然撤退。司马懿命令三军，准备追击。可转念一想，又不免有些踌躇：诸葛亮绝非寻常用兵之人，撤兵途中定会巧设伏兵。于是命令探马细细侦察，将详细情况快些禀报过来。

他一面吩咐，一面跨上战马，亲自前往察看，蜀军已是人去寨空。司马懿心中焦急，恨不得立即传令大军前去追杀，但他还是强压住怒火，叫军士细细数灶，然后带兵回去。次日，又吩咐兵丁前往蜀军营地数灶。不久兵丁来报："经细细查数，蜀军营寨之中，火灶之数比昨日增添了一半。"

司马懿倒吸一口凉气，暗自惊道："诸葛亮果然是用计假退，设下埋伏，我若追杀，必然不利。"想到这里，却不言语，仍然命令军兵前去探望，一边随时准备作战。

次日，兵丁仍然报称，蜀军营中火灶又增添了一半。司马懿急忙下令回军。诸葛亮用增灶之计，骗过司马懿数十万大军，顺利回兵成都。

诸葛亮面见后主刘禅，责问为何无故召回兵马。刘禅情知理亏，无言以对，只好支支吾吾说道："朕别无他事，只是日夜思念相父，不能忍受，所以才下诏将您召回。如今相父已归，朕再无忧矣。只望您辅朕共治朝廷，享受安乐荣华，不再兴兵动武，劳师远伐。"

诸葛亮已经猜到是中了司马懿的反间之计，懊恼不已。他当着皇上和众臣的面儿，捶胸顿足说道："自先帝托孤以来，臣日夜操劳，鞠躬尽瘁，一心想要辅佐陛下恢复中原，以完成先帝遗愿。却不想陛下竟然听信谗言，怀疑老臣会有二心，致使贻误战机，损毁了国家大事。此诚令人痛心疾首。"

刘禅闻言，知道错怪了相父，一时竟不知所措，说道：“相父既然愿战，那您就再带兵回祁山吧。”

诸葛亮心怀焦虑，正色道：“倘若陛下身边有奸佞之贼，臣在前方作战又怎能心安？曹魏兵马又如何能破？”他下令立即查明事情缘由，将一些昏庸的宦官、朝臣，一一惩处。即日起，重整兵马，准备再次大举兴兵进发中原。

参军杨仪说道：“此次远征，绝非朝夕之事。我以为可用轮流更替之法，设若有二十万军马，且叫十万出战，以三个月为期，叫另外十万将他们换回，使军兵不苦于远征。避免上回军力疲敝、粮草短缺之患。”

诸葛亮十分赞同此说，即时下令依照轮换之法将军兵分为两班，以百日为期，轮番去前线作战。违三日者，杖打五十；违五日者，杖打一百；违十日者，立即处死。

公元235年二月上旬，春寒料峭，诸葛亮辞别了刘禅，引十万大军再次出师北伐。刘禅执手相送，相互反复叮咛。

城中道路两旁桐花绽放，有如万里云霞，绚烂壮丽。杨柳的新绿，鲜嫩得直逼人的眼。春风得意马蹄轻，诸葛亮心中升腾着希望之火，胜利的幻影飘忽在眼前，他仿佛见到中原已经归属蜀汉，举国上下正为完成了这一重大历史使命而欢腾。

司马懿用计智退蜀军，虽然战果并不尽如人意，但毕竟有力地阻住了诸葛亮大军入侵，在许都、洛阳、长安等地，都把他率领的前线军队传为神兵。外患当前，司马懿的地位举足轻重。他被朝中君臣、四野百姓看作唯一能够保证中原安定的重臣。

这一年，司马懿五十六岁，到了知天命的年龄。显赫的高位，对愈加深沉与老练的他来说，亦重亦轻，他常常告诫自己要以平常心对待成败、对待生死。春天的来临，激活了他内心深处未泯的童心，他多么希望能够长期拥有一种和平的环境，能够在安定的环境中尽情享受生命的快乐。但他心中也十分清楚，那是不可能的。一切的美好都是在争斗中得来，没有了争斗，美好的一切都会在平淡之中丧失。他想到了诸葛亮，那个小他两岁的天才人物。他从内心里佩服他的谋略与才学，但也暗暗为他感到可悲与惋惜。司马懿已经感觉到终有一天，诸葛亮会心力交瘁，提前走完自己天才的人生之路，累死在疆场之上。

这时，门客来报："皇上传令叫您入宫议事。"司马懿知道必定又是杀伐大事，不敢怠慢，即刻换上朝服，往宫中赶来。

曹叡在议事殿中接见司马懿。曹叡说道："大将军曹真已经不在了。今后凡有边疆战事，都要由卿出马。国家大事，都托付给您了。"

司马懿连忙说道："臣愿竭尽全力，剿除贼寇，来报答陛下。"

曹叡说道："而今，诸葛亮又纠集大军，兵出祁山，进犯中原，卿已经屡次出关御敌，虽然退敌，却未剿灭，不知此次又将如何？"

司马懿说道："但请陛下放心，若不将贼寇剿除，臣誓不还京。"

曹叡甚感安慰，随即下令设宴款待司马懿。席间，他连连向司马懿进酒，说道："卿乃托孤重臣，朝廷内外诸多大事，都要仰仗爱卿。"言语之中，不知不觉已经把司马懿放在了天子之下，最最重要的位置。

司马懿心中十分清楚，自己在军国与朝廷之中，举足轻重。一边想着，便未免有一种微醺的感觉，顷刻之间，仿佛已被酒香熏染得微醉。但他却丝毫没敢暴露半点得意之色，脸上的表情更加诚恳可信，甚至有些诚惶诚恐。他举杯祝愿皇上与万里江山一道万寿无疆，一边表白自己鞠躬尽瘁、死而后已的忠心。

次日，司马懿率兵出征。魏主曹叡亲摆銮驾浩浩荡荡送出城外。朝中大臣紧紧相随，京城百姓远远观望。这稀世罕见的场面，引得四处议论纷纷。有人啧啧称羡，暗想：做人到这个份儿上，也不枉此生了。

有的现场教导自己的儿子：希望就在你的身上了，哪怕有司马大人一半威风，为父也知足了。

朝臣的议论却并不轻松，不知是谁悄然悲叹一声："此非又一曹孟德吗？！"人们顺着这一悲叹，不自觉地想起了当年曹操的威风。但是司马懿与曹操却截然不同，曹孟德显赫于外，司马懿却深藏于内，他仿佛看清了周围人们异样的眼光，听明白了别人的议论，所以他表面上看去，更加显得谦虚谨慎了。就像一个刚刚被重用选入朝廷的县令。

司马懿终于拜辞了皇上，打马直奔长安疾驰而去。在长安，司马懿大会各路兵马，校点整齐，分拨停当，拜大将张郃为先锋，军威浩荡，直奔陇西。

司马懿深通用将之道，他知道张郃乃忠勇之士，又恐他对自己不服，于是夜来单独将他请入帐内，向他表明自己忠君爱国之心。

昏黄的灯光烛影，渗透着春天里的阵阵暖意，也煽动着英雄之士拼杀疆场的信心与冲动。司马懿与张郃对面而跪，说道："方今，国家多劫，使得你我英雄之士每日里奔波沙场，也得以建功立业。当此西部边陲危急之时，皇上将一切尽皆托付给了我，我一向知道您忠勇，遍观军中诸将，没有人能够与您相提并论。我想倚赖张公同立大事，所以才委任您先锋官的重要职位。"

张郃十分感激，说道："我素怀忠义之心，想要尽心竭力报效国家，今日方遇知己。尽请都督放心，我张郃当万死不辞。"说着，起身站起，深施一礼。司马懿也连忙随之站起，拱手还礼。

司马懿又派遣大将郭淮督守雍、郿等陇西诸郡。

此时正值四月麦熟时节。陇西小麦大丰产。沿途之上，处处可见金黄色的麦浪随风翻滚。空气中到处弥漫着粮食的香味。司马懿严令军兵，对田中庄稼要秋毫无犯。他自己骑着战马，眼前的美景却忽然牵动了他的乡情。多么熟悉而又温馨的景色啊，他恨不得立即下马走到田垄上，用双手和脸颊亲近每一个泛着些微金黄的麦穗。事实上，这种气氛同样正在感染着每一位将士。一种无形的喜悦气氛连同新麦的香味混合在天地之间，几乎冲淡了两军对垒的紧张氛围。

司马懿忽然想到诸葛亮会在已熟的满地小麦上大做文章。他急忙吩咐先锋张郃道："诸葛亮长驱直入，必然担心军粮不足，时下小麦正熟，诸葛亮定会率领军兵抢收小麦，以资军粮。你可以引领兵马前往祁山坚守，我则率领大军直奔陇西，屯兵渭滨阻住敌兵，并与郭淮巡查天水等地。"

诸葛亮率领大军，以王平、张嶷为先锋，出陈仓，过剑阁，经散关，走斜谷，与司马懿几乎同时到达了陇西。蜀军屯驻在渭滨之南，魏军屯驻在渭滨之北。两军隔水相望，近在咫尺。

诸葛亮隔水望着对面魏寨中飘扬的旗帜，不禁心中暗暗慨叹："司马懿果然精明善谋，他必然已经猜到我要乘机夺粮，所以才在对面安排重兵阻我去路。"诸葛亮再细细望时，但见司马懿军寨驻扎井然有序，军威俨然，透着肃杀之气。军寨后面陇上一带，漫天的金黄让人惊羡不已。诸葛亮无奈地观望良久，心中却在苦苦思索应对之策。

不几日，诸葛亮轻易拿下了旁边的小城。司马懿听到消息，知道诸葛亮夺此小城，不过是为了晒粮打粮之用，如今陇上小麦不但长势好，而且已经成熟，他于是布置军兵，排兵陇上，严阵以待。果然诸葛亮亲自率领三军黑压压如浓云一般直向陇上弥漫过来。飘荡着麦香的土地，忽然间就充满了镰刀和铁枪的血腥之气。

蜀军就地扎营。司马懿正准备迎击敌兵，军兵来报：斜坡之上，忽然间烟雾升腾，阴风骤起。司马懿并不在意，笑道：“我素知诸葛亮善于装神弄鬼，不知又用什么鬼招数，试图迷惑我军，由此正可见他已黔驴技穷。”一面想，一面走出寨外，亲自察看。此时天已昏黄，百步之外，难辨人形。但见寨外不远处隐隐约约似有一队神兵飘然而至，最前一人仿佛传说中的天蓬元帅，威风凛凛，杀气腾腾。车上端坐一人，仔细看时，却正是诸葛亮，左右共有二十四个神兵模样的人推车，人人身着黑衣，光着脚板恣意舞蹈。司马懿看后，仰天长笑，大声说道：“诸葛元帅再无策略，竟然仿效孩童，行此把戏，难道不怕贻笑天下吗？”说着，回头吩咐道：“各位将官，谁去引兵追赶，夺此头功？”

大家见蜀兵人少，手到擒来，纷纷挺枪纵马，像离弦的箭一般直向诸葛亮的四轮车杀去。

诸葛亮见蜀军杀来，随即命令随从回头穿越树林，往蜀营方向退去。

树林之中，更为阴沉，露气凝结，南风拂吹，树叶“沙沙”作响，众军兵虽然置生死于不顾，却无法抑制自己的恐怖情绪，但见前面黑影模糊，忽隐忽现，若有若无，看时就在眼前，追时，却就是追不上，直觉得阴风习习，冷雾漫漫，一个个心中害怕，禁不住直打激灵。

魏兵追赶不上，只好停下歇息。这时，诸葛亮也在不远的前方停了下来。魏兵觉得不可思议，迅即又上马追赶。诸葛亮见魏兵又追，随即命人推车依旧缓缓而行。却始终与魏军保持一定的距离。魏兵径直追出二三十里山路，却一直只见诸葛亮就在眼前，伸手可及，却无论如何，就是不能真正近得身前，都惊得目瞪口呆，仿佛身处幻景之中，自己亲身演绎着神话故事。这时，司马懿亲自引一支兵马赶来，听军兵七嘴八舌地叙说当时情形，也大惊失色。连忙对手下说："常闻诸葛亮会'奇门遁甲'之术，能够呼风唤雨，驱赶六丁六甲之神，两袖清风便可退去乾坤。今日诸葛亮所用或许就是其中'缩地'之法，可使路途随意裁减，我等如何追赶得上。众军兵，不要再追，速回军坚守营寨！"

惊异中的魏兵闻听此言，乱作一团。但闻一阵笑声之中，诸葛亮的四轮车和二十几位黑衣军兵倏忽消隐在密林之中。司马懿依旧十分镇定，他前后指挥，调兵遣将，命令军兵前军作后卫，后卫作前锋，慢慢回军，严防蜀军伏兵。军队立即恢复了原来严整的秩序。

回军途中，果然炮声响处，一彪军马杀将出来。更令人惊奇的是，千军万马的簇拥之中，又有一人端坐四轮车上，纶巾鹤氅，飘然若仙，分明又是诸葛亮！后面也有二十四人，披着长发，手执长剑，拥护着车子。跟刚才所见竟然一模一样。司马懿正在惊奇诸葛亮何以能够这么快从山后转到了前面，谁知右边山坡上又一阵战鼓，霍然一彪人马杀出，又有二十四个黑衣人披头散发，手握宝剑，拥出了一辆四轮车，车上仍然端坐着一个诸葛亮。黑夜中看去，两边情形竟然毫无二致！

司马懿再也不能镇定自若。身下的坐骑也仰天长嘶，惊恐的声音冷箭一般划过山谷，引起无数回音与共鸣。魏军顿时再次陷入了混乱。

正在这时，一通锣鼓声响，又一支人马杀出，前面簇拥的仍然是一辆四轮车，车上端坐着另一个诸葛亮，后面是披发跣足，手执长剑的二十四位黑衣人。司马懿此时已经猜到四个诸葛亮当中，有三个乃是别人假扮而成，不必传若神话。但是，毋庸置疑，现在已经中了诸葛亮的诡计，陷入了蜀军的埋伏之中，而且，诸葛亮必是调虎离山，另外分派兵马前去夺麦。司马懿想到这里，懊悔不已，但他此时却又分辨不出到底哪一位是真正的诸葛亮，更不知道诸葛亮到底布下了什么阵法。于是急忙下令夺路退兵。冲杀过程中，军兵损失惨重。

原来四辆四轮车上端坐的四位诸葛亮，后面出现的三位都是军兵假扮而成。他们在与司马懿游戏一般作战的时候，早已分兵将麦子抢收进卤城之中了。

小纰漏终成致命伤

司马懿决心攻克卤城。

军兵哨探得到消息，屯守卤城的蜀国兵马并不很多。而且都在忙于晒麦打粮。郭淮对司马懿说道："我领一支人马从后面攻打卤城，您领一支人马从前面攻打，那么卤城没有不破之理。"司马懿听此言有理，便分拨兵马，依计行事。

魏兵赶到卤城时，早已经日落西山，天色昏暗。三两颗星星在天边明明灭灭。司马懿在马上四下观看，又抬头望望天空，心中十分高兴，觉得此战获胜大有希望。他吩咐身边众将道："我看卤城城墙低矮，护城壕沟也十分浅陋，你等且安排就地围绕城池安营扎寨。直等午夜时分，同时攻城，诸葛亮若无防备，顷刻之间，就会大败而降。"

于是在城外屯兵驻扎。挨到一更时分，郭淮也引大军来到。司马懿命他速去攻打后门，自己从前门发起攻击。炮声响处，无数军兵喊杀声大起，将卤城围得水泄不通。这时，城中忽然点亮了无数火把，映红了山野之间的整个天空，也将魏兵军中照得如同白昼。城上万弩齐发，矢石如雨。"诸葛亮原来早有戒备！"司马懿一边惊叹诸葛亮用兵细心谨慎，一边命令大军继续猛攻。就在这时，又有几声沉闷的炮声回荡在夜空之中，发出了进军的信号，喊杀声随之在漫山遍野中响起，四下麦田之中到处火光冲天。四扇城门同时大开，城中军兵一涌而出。司马懿知道中了蜀军的埋伏，急忙下令撤军。可惜为时已晚，诸葛亮在麦田之中，安排了四路伏兵，姜维在东南，魏延在西北，马岱在西南，马忠在东北，四位大将同时引军杀出，城中四门大开，无数军兵分头涌出。魏军战线拉得太长，此时聚合已经不可能，被蜀军分截团团围住，一阵冲杀，死伤过半。

司马懿在几位心腹将领的护卫之下，左冲右突，奋力拼杀，试图冲出重围，却如身陷沼泽地中，越是挣扎，陷得越深。幸亏郭淮引领兵马从外面杀了进来，两军合兵一处，往蜀兵薄弱处猛攻，终于冲出重围，远远见一座山峰高险峻耸，司马懿急忙下令依山结阵，占住山头，这才勉强阻住了蜀军的追袭。这时，孙礼闻讯也前来救护，司马懿便坚守山寨，拒不出兵。

撤退之时，司马懿见战火硝烟，你拼我杀，血流成河，惨不忍睹。司马懿虽然屡经战阵，却每每见此，无不潸然泪下。他有时也想，或许就是因为自己的某一次决策失误，就会有万千人头滚滚落地。山中的气温夜来更显阴凉，他在帐外独自巡查，伤员的哀号之声，有如芒刺一次次扎在他的心上。他忍不住走进了帐篷，去看望他们，安慰他们。伤兵之中，有的断臂，有的少腿，有的几乎已经面目全非，见到大都督亲自前来探望他们，个个都感动得热泪盈眶，非但没有怨言，还都表示为国杀敌，死而无憾。司马懿走出帐外，黑夜之中，泪水已经沾湿了衣襟。

回到帅帐之后，他立即召来各位大将，商议御敌之策。军中大将有主张猛攻的，有主张迂回的，意见不一。司马懿道：“我以为我们应当不战而战，以不变应万变。避免再次出现大的伤亡。”

众人不解，以疑惑的眼光望着司马懿。司马懿进一步说道：“兵法云：‘善战不如善守。’诸葛亮大军远伐，而今又虎口夺粮，其粮草定会有匮乏之日，等他粮绝人乏，无计退兵之日，我们却乘机掩杀，到时必然事半功倍，哪有不胜之理。”

郭淮说道：“我愿带领一支人马去袭击剑阁，断绝蜀军归路，截其粮道。”

司马懿点头称是。大家再无话说，司马懿挥了挥手，众人尽皆散去。

前方将士虽然心中都十分焦急，但是一个月的时间将过，大家回首想想，仍然觉得仿佛瞬息间的事。

这一天，哨马忽然来报张郃：发现蜀兵有退兵迹象。张郃命令继续探听，确认蜀军已经退兵，却又担心诸葛亮有什么计策，不敢即刻来追，于是火速来见司马懿。

这时，巡哨军兵也已经报知司马懿，说：“蜀军大队人马已经退兵，只是无法探知城中还有多少兵马。”

司马懿迅速上马，亲自前去探视。只见城上遍插旌旗，城中烟火弥漫。司马懿看着看着笑了，对左右说道：“蜀兵已经退尽，诸葛亮企图蒙蔽我等，才做此假象，此城已是一座空城。”

军兵入城去看，回来报道：“此城果然是一座空城。”

司马懿大喜，说道：“诸葛亮匆匆退兵，定是有东吴入侵的消息，回师抵御吴兵，这真是天赐良机。不知哪位将军领兵前去追击？”

张郃出来抱拳请令：“某愿往。”

司马懿略一踌躇，脸上露出为难之色，说道：“公生性急躁，性烈如火，我担心您会误中诸葛亮之计，所以不如另派他人前去。”

张郃急道：“出关之时，都督亲口所说，我们要一起努力，共图大事。今日，正是立功之际，为何却不用我？”

司马懿说道：“兵法云：‘归师莫掩，穷寇勿追。’如今蜀兵急急退去，诸葛亮又善于用兵，沿途险要之处必然设有埋伏。所以必须加倍小心谨慎，才可获得全胜。”

张郃急忙说道：“某久经沙场，这些已经知道，请都督不要多虑。”

司马懿再也无法阻止，只好对张郃说道：“公既然执意要去，那就领五千兵马先行，我另外安排贾嗣、魏平引两万马步兵紧跟而行，以防埋伏。我再领三千军马随后策应。”

诸葛亮匆匆退兵，的确是因为他突然接到了告急信函，信中称：近闻东吴令人入洛阳，与魏联合；魏令吴取蜀，幸吴未曾起兵。今严稍知消息，伏望丞相深谋远虑，早施良图，切勿怠忽！

不承想信中所言都是李严信口捏造的。原来他督运粮草不济，怕招致惩罚，才编造谎言，赚诸葛亮回师。倘若魏、吴果真联合，那么司马懿哪里还会聚兵不出？诸葛亮为了国家大计，不敢多想，何况李严又是国家重臣，也容不得怀疑，所以只得再次放弃良好的作战时机，回师京都。

诸葛亮退而不乱，就是在街亭惨败之后撤军，也未损毫发。这次为了严防司马懿追兵，他命令杨仪、马忠领一万名弓弩手埋伏在剑阁木门道两侧，备齐了炮火、木石，又令魏延、关兴引兵断后，两军都配备了刚刚改进的新式弓箭——损益连弩。

魏兵多日紧闭寨门，拒不出战，张郃早就怒火藏心，这次能够追杀敌兵，以逞勇武之志，心中十分畅快。他带领军兵飞马前行，一气追赶了三十里路程，一直追到剑阁地带。两侧群山壁立，险峻异常，只有中间一条窄窄的壕沟可以行军。猛然间，张郃记起了都督的叮嘱。

忽然背后喊杀声骤起，张郃回头看时，只见魏延横刀立马挡住退路，数千蜀兵占据险要，口中齐声高喊："贼将张郃哪里走？"

张郃大怒，举兵追杀，魏延没战几个回合，拨马往更窄的一条小道上逃去。张郃不知是计，盛怒之下，一味追杀，直追到一个树林茂密的山谷，倏忽一闪，不见了魏延的踪影。刚刚转过一个山坡，忽然一片喊杀声，又一支蜀兵直杀进中军，为首大将乃是关兴，张郃径直回身大战关兴，关兴没战几个回合，露出败势，回马便走。张郃情急之中，紧追不舍。

山谷中的黄昏比山外来得更早。追击之中，天色已经渐渐昏暗。张郃突然发现前面山势越来越险了，而且前面山谷塞满了柴木器物，堵住了去路。张郃知道中计，慌忙回马准备撤退，只听一声炮响，两侧山上火光冲天，大小石块，成捆的柴草滚落而下，张郃军兵前后刹那间堆满木石，两边又是峭壁，魏兵进退无路，困在当中手足无措。忽然又一声炮响，山顶陡然冒出无数蜀兵，刹那间，万弩齐发，张郃的骑兵队身陷绝地。张郃拼死挣扎，挥舞大刀，拨打箭矢，终于精疲力竭，死于乱箭之中。

司马懿赶到之时，一切已经无法挽回。他深为痛失大将而懊悔不已，仰天长叹："张将军之死，我之过也。"初出关时，他与张郃约定共成大事的一幕，透过模糊的双眼，仿佛又出现在眼前，他深深后悔自己没有坚持另派别的将领出兵追敌。如今只好传信京都，报告圣上，大将张郃阵亡。

朝中闻报，即时议论纷纷。有人哭奏皇上：“而今前方战事未息，张郃先亡，国家栋梁折矣。”

辛毗出班呵斥道：“方今国中文臣、武将灿如星辰，你等何出此言，丧我国威？”

司马孚也站出来说道：“昔建安年间，天下人都说：天下不能没有武祖也。等到武祖升天，传位给了文皇帝，当时又都传言：天下不可一日没有文皇帝。等到文皇帝晏驾，到如今陛下龙兴，朝中聚文敛武，能臣武将济济一堂，张郃之死，虽然令人痛心疾首，岂能像刚才所说，自此国无栋梁也？”

曹叡挥挥手，示意大家不要再为此而争执，他自己勉强忍住泪水，命人将张郃厚葬。

诸葛亮回到成都，弄清了告急文书乃是李严为逃避罪责所捏造的，气愤已极。最后碍于李严是朝中托孤重臣，只好饶恕其死罪，将他削职为民。

这是一场耐力战

连续五次出师北伐，均无功而返，诸葛亮却并不心甘。他已经五十四岁的年纪，过度的操劳，使他渐感心力交瘁，所以他愈加不敢耽搁，他知道自己之后，蜀国上下，恐怕更没有谁能够引兵出战，恢复中原，完成先帝遗愿，实现自己一生的梦想。换句话说，他宁愿战死疆场，也不愿意在三国鼎立、大业未成之时，安坐京都享受一天的安稳日子。

事实却让诸葛亮无比痛苦。他常常独自于静夜之中，仰观天象。他发觉西川之气暗弱，中原之气旺盛。天不该魏灭！但是他此时宁愿不相信天时，他在心中暗暗鼓舞自己，人的力量是可以改变一切的。

诸葛亮再整兵马，准备出师中原。

太史官谯周上朝，苦苦谏阻。谯周说道："臣如今执掌着天文台，近日观看天体运行，发现了祸福之事，不能不冒昧赶来禀报圣上。"

后主刘禅一脸狐疑，慢慢挥了挥手臂，说道："我正与百官商讨北伐之事。你有何事，尽管奏来。"

谯周说道："臣夜观天象，见那奎星躔于太白之分，彗星冲犯了太白，中原旺气正盛，如若现在伐魏，将大不利于西川。另外，近来黑鸟南飞，投湖而死，柏树夜哭，声音凄切，种种征兆都说明了伐魏不祥。”

皇上和众位文武官员闻言，无不动容。

诸葛亮在心中暗自想道：不能再等待，没有机会了。魏国人才杰出，又有一个司马懿，简直是老天为我派来的天敌。我诸葛亮五次兵出祁山，没有争得中原一寸土地，负罪非轻啊！他故作轻松地笑了笑，高声说道：“老臣也素知天文地理，可是哪能因为风云虚谬之兆，而放弃先帝宏愿呢。我意已决，即日起兵伐魏！”

诸葛亮吩咐众人设置太牢，祭祀先帝，而后于城外拜别后主。这真是生离死别。诸葛亮与后主各怀心事，相互放心不下，一遍又一遍叮咛，一次又一次相别又相送，执手相看，千言万语。天地阴沉，山川动情。

诸葛亮辞别后主之后，直奔汉中，集结众将，发兵前往祁山。

与此同时，魏国上下也正在分派兵马，准备赴前线御敌。司马懿拿出了与诸葛亮决战的架势，选派良将，集结大军，并向皇上举荐老将夏侯渊的四名虎子夏侯霸、夏侯威、夏侯惠、夏侯和随军。曹叡下令封司马懿为大都督，发布诏敕调遣两京以及山东、河南、河北、陇右各处兵马，皆听司马懿调派差遣。严冬天气，曹叡再次远送城外。临别，司马懿对曹叡说道：“皇上敬请放心，臣夜观天象，见利在中原，而弊在西川，诸葛亮逆天而行，自取败亡，我军不胜绝不返京。”一边说着，一边凑近皇上身边，悄然道：“臣分析形势，两军情形十分明了，待蜀军自灭，我军可以不战而胜。只是军中诸将大多生性急躁，恐怕有所闪失。”

曹叡一听，微微一笑，也悄声对司马懿说道：“卿之意图，朕已经明白。”于是即刻撰写手诏赐予司马懿。

司马懿接过来看，曹叡写道：

卿到渭滨，宜坚壁固守，勿与交锋。蜀兵不得志，必诈退诱敌，卿甚勿追。待彼粮尽，必将自走，然后乘虚攻之，则取胜不难，亦免军马疲劳之苦，计莫善于此也。

司马懿于是下马叩头接受诏书，口中大声谢过皇上手谕，又小声连连称谢：“知臣心机者，莫过于陛下。”曹叡走下龙辇，双手将他扶起。君臣相互信任、依依惜别之情状，令周围百官及众位将士，无不动容，既羡慕，又感动。司马懿辞别圣上，回身上马，率领三军扬尘遮道而去。干冷的天地之间，张扬出万千英雄豪气。

众臣以手遮目，翘首远望，好像即时就能等到三军凯旋的消息。

司马懿在长安，聚集各处军马四十多万人，一直来到渭滨安营扎寨。天气已经渐渐转暖，冰雪初融，河水潺潺流动，表现出最为鲜活的姿态，让人看着不免心动。远山之间，远远地有诱人的新绿，鲜亮逼人，赏心悦目。峭拔的山峰之间，有白云环绕，犹如团团白纱。司马懿跨马临水而立，这一片业已熟悉的山水，带给他的是百般复杂的感受。屡战于此，有胜有负，这里成就着他的事业，这里也深留着无数遗憾。他昂然而立，感受着征战杀伐的悲壮，同时也令他想起无数他喜欢的将士，他们把鲜血洒在了这片山水之间，有的已经长眠在这陌生的荒原边陲。战争的残酷让他更加坚定地认为，绝不作无谓的牺牲，要以逸待劳、以静制动，把损失降低到最低限度！

司马懿聚众商议，决定先分出五万军兵，横跨渭水搭起五座浮桥，命令先锋夏侯霸、夏侯威过渭水安营，又在大营之后的东原，筑起一座城池，以加强防固。另外命令郭淮、孙礼总督陇西兵马，依据北原安营扎寨，深沟高垒，按兵不动，做好严密防守之势，直等到蜀军粮草匮乏之时，再乘虚猛进。如此一一安排妥当，力求天衣无缝。

稍待几日，巡哨兵来帐中报告司马懿，说道："诸葛亮三军兵马，分为左、右、中、前、后五路，直至剑阁，分屯军马，以为长久用兵之计。再令魏延、马岱引兵渡渭水，远取北原，令吴班、吴懿引兵扎造木筏，悄悄顺水烧毁我军浮桥，同时，王平、张嶷为前队，姜维、马忠为中队，廖化、张翼为后队，三路大军直奔我渭水大营。"

司马懿笑道："诸葛亮如此布军，表面以取北原为名，却顺水烧浮桥，企图乱我后军，三军前来攻取我军本营才是诸葛亮真正意图。"随即命人传郭淮、张虎、乐綝入帐，细细吩咐，授以秘计，分头行动。

司马懿鼓舞众将道："如此布置兵力，你等只待诸葛亮来送死吧。"又派两个儿子司马师、司马昭，各自领兵前往救应前营，他自己也做好准备，亲往指挥。

将近黄昏，司马懿亲自率兵，与郭淮引领的另一支兵马分左右埋伏在北原山下。这时，见魏延、马岱果然各自领兵渐渐走入包围圈中，心中窃喜，看看时机已到，忙命令身边军兵发出信号。一时之间，炮声隆隆。魏延、马岱早就感觉气氛不对，正要回头撤军，可是为时已晚，万千火把映红了山谷，映红了谷上苍天，映红了一带水面。魏军士气高涨，喊声震天，蜀兵见状，无心对阵，纷纷仓皇逃窜，但是四周除去江水，就是绝壁和重重敌兵，根本无路可逃，魏延、马岱虽然用尽平生之勇，蜀兵仍然大半死于刀下，淹没水中。左冲右突，看看杀出包围已经无望，魏延长叹一声道："丞相不听我的劝阻，今天是把我们送上了绝路啊！”

马岱连忙说道：“将军此言千万不可与外人讲！”

魏延凄然说道：“都快要死的人了，哪里还顾忌人言？！”

二人正在无望之间，忽然前方一阵大乱，原来吴懿、吴班前来救应，二人大喜过望，精神猛振，会同吴懿、吴班向岸边冲去。吴班分一半兵力乘坐木筏去烧浮桥，却不知岸上早有张虎、乐綝埋伏，刚到桥边，忽然两边桥头之上，各涌出无数魏兵，手搭弓箭，一齐发射，顿时箭矢如雨，前面的蜀兵，一排排纷纷倒下，吴班也头部中箭落水而亡。

天至二更，北原蜀兵已经惨败得不可收拾。但是前队的王平、张嶷并没有得到丝毫消息，浩浩荡荡直向魏营而去。月明星稀，夜风料峭，只见魏营一片死寂，连虫声都听不到一点。竟然没有一个兵丁！二人情知中计，慌忙引兵出帐，这时只见月影之中，四处旌旗挥舞，嗖嗖作响，无数魏兵拖着阴影直向中间围拢过来。王平、张嶷率众突围，仓皇逃出之后，兵丁已经所剩无几。

诸葛亮所走的每一步棋子都被司马懿算定，并且一一用计破之，获得了全面的胜利。出师大捷，魏兵军威大振，司马懿下令犒赏三军。

蜀营之中，诸葛亮却忧心忡忡。司马懿超人的才智成了他心头的一块心病。他每夜都独自走出帐外，望着浩瀚的天穹发愣，甚至渐渐开始怀疑此次出兵是否是飞蛾扑火。天时不可违啊！何况军中大将魏延与参军杨仪不和，矛盾日益激化，魏延时常口出怨言，难以驾驭，这些都让他久久放心不下。所以军中之事，不分巨细，他只好一一亲自过问。过度的操劳使他日渐消瘦，身体每况愈下。他感到了强敌面前获胜的艰难。于是，他想到了连横之计，派遣费祎出使东吴。

相比之下，司马懿就轻松多了。他只是聚兵却不出战，一切正在按照他的计划向有利于自己的方向发展。耽搁的时间越长，自己越主动，相反诸葛亮兵马却正在由主动变被动，劳师远伐，军需渐渐匮乏，军兵都添忧虑，军威也就日渐淡弱。

费祎出使东吴，一切顺利。孙权答应即日起兵三十万，攻击曹魏东线的军事重镇合肥，同时令诸葛瑾与陆逊领兵进入江夏，出沔口，做出进军襄阳的架势，又令孙韶、张承领兵在广陵、淮阴一带排兵布阵。曹魏东西受敌，面临着空前的军事压力。

审视战局，曹叡为了不分散祁山方面的兵力，御驾亲征。孙权知道曹魏兵力强大，对取胜没有足够的信心，所以只是隔岸观火，并没有真正大举犯境。东线战场依然相对安稳。

司马懿没有寻到好的战机，于是高挂免战牌，拒不出战。诸葛亮心中急切，天天让军卒到阵前骂阵。无论言辞多么恶劣，魏营之中，就是毫无动静。诸葛亮知道司马懿是要等蜀军时间一长，自行涣散，想想日渐缺少的粮草，他禁不住忧心如焚。

一天，他去前方观察地形，忽然发现两山之间有一处状如葫芦，入口的地方最多能容纳千余人，两山夹峙，形成峡谷，可过往三五百人，背后两山环抱，只可以通过一人一骑。经询问得知此处名为上方谷，又称葫芦谷。诸葛亮久久凝望，忽然灵感涌动，为何不根据过去所学，研制“木牛”“流马”，从此处运粮？

没有多少时日，木牛流马相继制成。

诸葛亮知道司马懿平素多疑。所以他偏偏让运粮官在白天引领众兵士驾驭木牛流马辗转运粮。在司马懿的眼皮底下招摇而过。

探马迅速报知司马懿，说：“蜀兵用木牛流马运送粮草，人不劳顿，牛马不食。”

司马懿闻言甚为惊奇，他亲自带兵埋伏在山腰细细观看。“吱吱扭扭”的声音传来，顺着声响往前方看时，只见一队队稀奇之物正驮着粮草走过狭窄的山道，步态十分悠闲。司马懿几乎不敢相信自己的眼睛，他使劲揉了揉双眼，再细细远望，那叫作木牛流马的东西已经轻松走过自己眼前，那些木制玩偶稍稍借助人力就能够行走自如，粮草特有的香味在微风中传来，司马懿并不相信神力，但是此时，他却在内心里边表示怀疑。

这时身边将领劝他火速组织兵马截住敌兵“牛马”，下山抢粮。司马懿迟疑片刻，果决地摇了摇头，声音沉闷地说道：“速回营寨。”其实司马懿何尝不想阻止蜀军运粮，他之所以拒不出战，就是有意要等敌兵粮草断绝。但是他宁愿相信诸葛亮所用的乃是诱敌之计，不远处必然设有大队伏兵。所以他只能心怀绞痛，眼睁睁看着大批粮草运往诸葛亮营中。

回帐之后，众将脸上都有埋怨之色，只是没有谁敢言语，司马懿看在眼里，也觉得自己太过分了，不如干脆派一小队兵马前去劫粮。夜色深沉，一支魏军屏住呼吸，悄然埋伏在道口，等到木牛流马沉重的吱扭声近在身边时，他们急忙点炮出战，劫得蜀军不少粮车。运到营中看时，却不见一点粮草，装载之物，都是泥沙。

但是魏军却有一个收获，就是可以研究一下木牛流马到底是什么了。司马懿叫人请来了能工巧匠，小心翼翼地将木牛流马一一拆开，精心测算，几经琢磨，终于得出造木牛之法：

方腹曲头，一腹四足；头入领中，舌着于腹。载多而行少，独行者数十里，群行者三十里。曲者为牛头，双者为牛脚，横者为牛领，转者为牛足，覆者为牛背，方者为牛腹，垂者为牛舌，曲者为牛肋，刻者为牛齿，立者为牛角，细者为牛鞅，摄者为牛鞦轴。牛仰双辕，人行六尺，牛行四步，人不大劳，牛不饮食。

不长时间，工匠又得出造流马之法，列成清单，交给司马懿观看：

肋长三尺五寸，广三寸，厚二寸五分，左右同。前轴孔分墨去头四寸，径中二寸。前脚孔分墨去头四寸五分，长一寸五分，广一寸。前杠孔去前脚孔分墨二寸七分，孔长二寸，广一寸。后轴孔去前杠孔分墨一尺五寸，大小与前同。后杠孔去后脚孔分墨二寸二分，后杠孔分墨四寸五分。前杠长一尺八寸，广二寸，厚一寸五分，后杠与等。板方囊二枚，厚八分，长二尺七寸，高一尺六寸五分，广一尺六寸：每枚受米二斛三斗。从上杠孔去肋下七寸，前后同。上杠去下杠孔分墨一尺三寸，孔长一寸五分，广七分：八孔同。前后四脚广二寸，厚一寸五分，形制如象。靬长四寸，径面四寸三分。孔径中三脚杠，长二尺一寸，广一寸五分，厚一寸四分。

司马懿兴奋异常，忙吩咐左右：“快快将木牛流马拼装起来。”不一会儿，木牛流马就站立在眼前了。用人力稍加牵引，就能够行走自如。

众人惊呼木牛流马的奇妙，与司马懿一道，都为破译了诸葛亮的神话而高兴得鼓起掌来。正在高兴之际，忽然探马来报："都督，大事不好，诸葛亮率兵在北原地带劫取了我军粮草。"

司马懿闻听大怒，立即吩咐出兵，迎战诸葛亮。谁知兵马刚到北原山口，山峰两侧几乎同时飞出两彪人马，直取魏兵而来。司马懿盛怒之下，匆匆出兵，没有想到会遇到诸葛亮伏兵，措手不及，只能仓皇撤兵。

司马懿回军之后，依然坚持只守不战。众将被诸葛亮兵卒骂得心中火起，纷纷要求出战。司马懿心中忧闷，独自在帐中徘徊，盼望总有一天，能够率兵反击，尽情发泄胸中的闷气。

这时，长子司马师悄然走了进来，默然良久，试探着问道："蜀兵劫去我许多粮米，如今又与我国边民一齐屯田于渭滨，欲作长久之计，已成国家心腹大患，父亲为何不与诸葛亮约定时间，大战一场，决一雌雄？"

司马懿说道："为父并非不如诸葛亮，只是此时苦于没有良策。"

司马师冲动地说道："有智用智，无智使力，父亲统领百万之众，为何却偏偏害怕一个诸葛亮？！"

司马懿长叹一声，沉下脸来，幽幽地说道："为父几次教导你说，'小不忍则乱大谋'。此是圣人之言。我们应当以损少胜多为念，怎能凭一时之怒，而不顾大局呢？"

司马师见父亲心情十分不好，没敢再多言语，为父亲添了一杯热水，悄悄走出帐外。

这时，众将吵吵嚷嚷，一齐涌了进来，争先说道："都督，贼将魏延在帐外骂阵，我等身为大将，强烈要求出阵迎战敌兵。我们只愿为国捐躯，战死疆场，也绝不能在帐中受辱！"

司马懿轻轻挥了挥手，示意他们出去，随后又补上了一句：“本帅自有道理。”

众将却没有一个离开，他们面面相觑，又异口同声说道：“蜀将不仅辱骂我军鼠辈无能，还辱骂都督畏敌如虎，是个只能龟缩在炕头上的元帅。他们还用枪挑着都督上次撤军之时丢弃的帽盔叫骂！”

司马懿侧耳听着，却仿佛毫无怒意，说道：“本帅帐中有皇上的手谕，叫我等以坚守为主，且不可轻易出战，你我谁敢违抗圣命？你们尽管退下，不许多言。”

众将愤愤退出。司马懿展开地形图，反复测算。不知过了多长时间，他悄然走出帐外。天上下起了蒙蒙春雨，细如牛毛，若有若无，远处山峰的轮廓笼罩在雨雾之中，像宣纸上的水墨画一样，洇向天边，消融在天地之间。蜀兵的叫骂声仍然在雨雾之中弥漫着，如雨丝一般若有若无，却让司马懿感到心烦意乱。阴云仿若直接笼罩住他的心灵，抑郁憋闷，不得排解。他看看四下无人，用脚猛地踢起一块鸭蛋大小的石头。石头砸往远处，发出一声遥远的闷响，司马懿撇了撇嘴角，自嘲地笑了。他随即转身进帐，唤来两位棋手，开始雨中对弈，消磨难耐的时光。

诸葛亮见蜀兵坚守不出，日日观察地形，测算天象，深思熟虑，准备用计击杀司马懿。他早就看准了葫芦谷乃是用兵之所，盛夏来临，南风拂吹，天气干燥炎热，如果能把司马懿引入葫芦谷，用火攻之法，司马懿必然丧身火海。只是，怎样才能吸引生性谨慎的司马懿钻入虎口呢？思忖良久，诸葛亮的脸上终于露出了笑容。

司马懿久不下令出战，众将越发焦躁。忽然一天，兵丁来报，说：

“诸葛亮见我军坚守不出，于是想用长久之计。如今，诸葛亮只留少数军兵驻守观风，其余的都四散结营，垦田种地去了。”

夏侯霸、夏侯威兄弟闻言即刻就请求出战，直视司马懿道：“都督此时若再不发兵讨伐诸葛亮贼兵，必将成为国家的罪人。”

司马懿说道：“我并非不想出战，只是你等能相信诸葛亮千里远征，劳师北伐，会把主要兵力用于屯田，而不用来打仗吗？”

众将默然。恰在这时，军兵押解上来几个蜀兵，说是刚才在山野之间巡逻捉到的。司马懿叫人给俘虏松了绑绳，问道：“你可知道诸葛亮现在何处？”

蜀兵回答道：“我们依照命令，每天把粮草运往葫芦谷存放，只听说丞相现在不在祁山，早就搬到葫芦谷中安营了。”

司马懿心中暗喜，叫人押来另两个蜀兵，分别仔细审问，所言与前者一模一样。司马懿不再心疑，当下决定进军祁山。然而，他的本意并非攻取祁山，而是用调虎离山之计，赚取蜀国大军救援祁山，然后乘机征调主力，兵发葫芦谷。

司马懿没有想到，自己精心设计的妙计，所要走的每一步棋，都早已陷入了诸葛亮的圈套之中。

诸葛亮已经探听到司马懿与两个儿子司马师、司马昭共同率领精兵强将直取葫芦谷，另外几位将军声势浩大，兵发祁山。他担心司马懿会半路变卦回兵，特意安排魏延在中途等候。司马懿父子三人行军途中正好与魏延军相遇。司马懿一心想生擒魏延，双方立刻展开了战斗。只一刻工夫，魏延就佯装不敌，回马引领“败军”向葫芦谷方向逃去。司马懿没有疑心，反而更加认定诸葛亮就深藏在葫芦谷，所以丝毫没有顾得上司马师、司马昭兄弟的提醒，率领大军一直追去。

须臾，已到葫芦谷口，魏延忽然踪影不见，司马懿抬头见谷口甚小，未免心疑，连忙派人前往细细哨探，自己还亲自领兵上山巡视，远远见到山谷之上一片草屋相连，在夏日强烈阳光的照射下，闪烁着迷离的诱人的金色。司马懿的心中一阵胜利的冲动犹如水上微波漾过心间。这时，哨探回报："山上尽是茅草房屋，并未发现丝毫伏兵迹象。"司马懿闻言大喜，左右看看两位爱子，说道："这里一定就是诸葛亮屯粮之所，我等大事可成于今日，诸将请随我长驱直入！"

司马大军越过狭窄的谷口，成包围之势，迅速接近蜀寨。仔细看时，却发现草房内外并非粮草，却堆满了干柴。司马懿恍然大悟，惊呼道："我误中诸葛亮火攻之奸计也，天将丧余！"

二子大惊，急忙靠拢过来把父亲保卫在中心。这时，四面山头之上喊杀之声震耳欲聋，早就埋设好的地雷接连炸响，山头火把、火箭如急雨般纷纷射下，干柴噼啪声响，烈火含怒般疯狂喷发，葫芦谷口已经被牢牢封住。军兵欲喊无声，相顾无暇，烈日盛火之中，各自绝望地如无头苍蝇般来回乱撞。

司马懿贴身兵将为他扑打着烈火，向着葫芦谷口的方向挣扎前行。透过漫天的浓烟烈焰，他仿佛看见诸葛亮在山头之上，手摇羽扇，扭曲的脸上满是狰狞；穿过各种难以忍受的声响，还有蒸腾的热气，他又分明清晰地听到了山头之上无数蜀兵放肆的夸张的狂笑。这真令人头痛欲裂，生不如死。前面大火根本无法穿过，几次前冲，都不得已急忙退回，身上已被大火烧着，只好下马翻滚，压灭火苗。

司马懿彻底绝望了，他双手分别搂住两个儿子，老泪纵横："我们父子今日命丧此处，倒也罢了。只是无人抗拒诸葛亮，中原堪忧啊！"

二子也都跪在父亲面前痛哭失声。

忽然狂风大作，黑云漫天，只见天空正上方龙盘蛇舞一道闪电刺人眼目，随之一声炸雷在群山之间爆响，还没等司马父子回过神来，黑色的天幕之上就如裂开了口子，大雨倾盆而下。炙烤的空间顿时被一阵凉爽的气息侵袭。司马懿猛然推开两个儿子，匍匐在地，连连叩首，涕泪横流，泥水满面："苍天有眼啊，救仲达父子一命！苍天有眼……"

又一道闪电，斗折蛇行，再一声炸雷，震撼天地，仿佛与司马懿不知是悲是喜的嘶喊之声相呼应。大雨更加疯狂地浇灌下来，火势在明显减小。魏军兵将面对这突如其来的变化，一个个不知所措，见都督父子长跪于泥水之中，叩首不止，也都匍匐在地，叩谢苍天救命之恩。

滂沱大雨一直下了一个时辰，忽然天气响晴，长虹西挂。司马懿长揖之后，站起身来，匆忙一望，视野之内，除了灰黑的泥水，就连一点火星也寻觅不见。他振臂呼道："众位兵将，不乘此时杀出，还待何时？！"

话音未落，司马师、司马昭一齐挥刀奋起，率兵杀出。驻守谷口的马岱兵少，在这突然的变故之中，不敢贸然猛追，诸葛亮在山头之上，被突如其来的大雨浇泼得茫然失措，他无力地摇头叹息道："天不该灭司马，亦即不该灭魏，人力又复能如何？！"于是，不再派兵阻击、追杀。

其实，诸葛亮此次所用乃是连环之计，不仅要灭司马懿，还要乘机除掉魏延。大火焚烧之时，蜀国大将魏延也被困谷中。无奈天降大雨，魏延也得以生还。两张在握的胜券就这样丢失在一场暴雨之中，诸葛亮的心情由峰顶直坠入谷底，他的全身忽然感到从未有过的虚脱。四轮车缓缓地被推下山坡，大军退回到祁山一带寻找地方安下大寨。

笑纳女装，耗死诸葛

司马懿营帐之中的内室多了一个香炉，日日紫烟缭绕。他不能再模糊甚至否认上天的力量，冥冥之中，有神灵窥伺着人间，执掌着生灭兴衰。有一种规律是谁也无法僭越的。刚刚从死亡线上逃奔回来，他仿佛一夜之间彻悟了许多许多。这条老命是苍天给留下的，也是大魏江山给留下的。中原当兴，要留下我保家卫国啊。自己的生命已经不再仅仅属于个人，而应属于神圣的疆土，属于至上的皇权。

司马懿领兵撤到渭水北岸，与孙礼部众会合，烧掉了浮桥，依旧拒水依山，坚强守备，并且下令：谁若再要轻易引兵出战，必然斩首示众。

诸葛亮选定了五丈原屯驻兵马。司马懿闻报，长舒胸中之气，对身边大将说道："这真是我朝皇帝的福气啊！倘若诸葛亮兵出武功山，在东面依托山势，择地安营，与我军遥对，那么我们就陷入了危险的境地。如今诸葛亮却屯兵五丈原，日久定然自行生出变故。"

两军相持又是半月。伐魏信心受到严重折损的诸葛亮已经感觉自己身体日益虚脱。情绪也渐渐不稳定，往日的谨慎与冷静仿佛一去不返，自己越来越变得急切而烦躁，心中时常感到慌乱，吃饭无味，彻夜难眠，精神恍惚，四肢乏力，虽然心中明白如镜，但是却无法调节。有时夜中竟然做起噩梦，司马懿成了他的天敌，二人斗武、斗智、斗法，从人间直杀入天界，都难分胜负，几次遇险，惊醒过来，冷汗浸湿了被褥。他多次派大将到魏军营寨前挑战，司马懿都置若罔闻，拒不出兵。诸葛亮的心中更加焦急。远涉重山险水，出兵离开成都已经接近多半年，却天天这样相持，现在想起来真是进亦难，退亦难。

这天，诸葛亮决定用激将之法，尽可能用尽侮辱谩骂之能事，他让人拿来巾帼妇女之衣，差人送给司马懿，并且修书一封，信中说道：

> 汉丞相、武乡侯诸葛亮，尝闻管子有云："礼义廉耻，国之四维；四维不张，国乃灭亡！"窃唯司马仲达既为大将，统领中原之众，不思披坚执锐，以决雌雄，乃甘窟守土巢，而谨避刀箭，与妇人有何异哉！今遣人送巾帼素衣至；如不出战，可再拜而授之。倘耻心未泯，犹有男子胸襟，早与批回，依期赴敌。

"巾帼"，就是小女子未及笄时所戴的头冠，蜀地叫作昙笼。女子十五而笄，"未及笄"就是尚不满十五岁。诸葛亮把巾帼送给司马懿，是要讥笑他坚壁不出，好似闺阁中的女子一样。又送上素色女衣，是要说明雌雄已然分晓，辱骂司马懿乃是败军之将。

诸葛亮此计如果用在别人身上，没有不成之理，但是司马懿却生性大度能容，善于含垢忍辱，看到巾帼女衣以及书信等物，更加明白了诸葛亮急于求战的心态，反而更为坚定地认为：坚壁不出，利在自己，而弊在敌人。

所以司马懿在来使面前，非但没有表现出半点的怒意，相反还设宴款待，重赏使者。

席间，司马懿一身轻松地与来使“闲谈”。他早就注意到诸葛亮神形若即若离，仿佛大病之人，所以他要借机在使者口中了解一些情况。酒过三巡，司马懿含笑问道：“诸葛丞相乃是当世之英雄，在下虽然与之对阵沙场，却实在由衷地钦佩。”司马懿此言发自肺腑，所以一脸的诚意。

使者尚未摸着头脑，满面茫然。

司马懿紧接着问道：“不知诸葛丞相近来身体若何啊？”

使者不知何意，只好如实答道：“诸葛丞相一心为国，常常叮咛众人要鞠躬尽瘁，死而后已。所以他自己更是事必躬亲，日夜操劳。每天早起晚睡，二十杖以上刑罚都要亲自过问，军政之事处理不尽，身体越来越差了。”

司马懿心中窃喜。他知道诸葛亮倘若一直抑郁执着下去，又不注意休息，加上事情难以进展，时间不久，定会大病不起，甚至将不久于人世。于是他又故意问道：“不知诸葛丞相饮食可丰否？”

使者如实说道：“丞相饮食渐少，有时甚至接连几日不怎么吃饭。”

司马懿书写书信，假意叮嘱诸葛亮一定要以身体为念，实则讥讽他身体日益衰弱，战争的末日也就为时不远了。司马懿还让人特别制作了一只碗，表面上看去与正常的碗几乎毫无异样，只是十分沉重，容量几乎抵不过一只酒杯。

当蜀国使者离开魏军大营时，各位将领纷纷提起兵械，要将他碎尸万段，都被司马懿下令禁止了。众将不服，包括司马师、司马昭二人也不能理解。他们一齐涌进帅帐，质问司马懿："诸葛亮来使如此辱没都督，太不将我们放在眼里啦，都督如若再不出战踏平诸葛亮军营，就把大魏的脸面丢失殆尽了。"

司马懿大怒，用力一拍几案："皇上授予我都督将印，本帅自有道理，你等自管训练军兵，休得在此扰乱。"

众将依旧不服。司马懿只好摆出皇帝的旨意来，说道："天子诏令，叫我等坚守勿动。我难道甘心受辱吗？待我奏明圣上，准奏之后，我们同心杀敌，也不为晚。"

众将只好允诺。司马懿于是当着众人的面儿，当即书写表章：

> 臣司马懿谨表：臣才薄任重，伏蒙明旨，令臣坚守不战，以待蜀人之自敝。奈今诸葛亮遗臣以巾帼，待臣如妇人，耻辱至甚！臣谨先达圣聪，旦夕将效死一战，以报朝廷之恩，以雪三军之耻。臣不胜急切祈恳之至！

曹叡接到前线表章，急忙拆开来看，起初感觉有些不解，后来略一思忖，心想："将在外，君命有所不受。司马懿如此能臣良将怎会千里上表，请求出战呢？定然是战机不成熟，又恐怕众将难服，所以假意上表请战，实则要朕降旨不战啊。"于是颁布诏书：只可坚守，不准出战。命令辛毗持诏到前沿军中。

辛毗对众将宣读圣谕："军中一切悉听都督命令，倘若有擅自出战者，以违抗圣旨论处，立斩不赦！"至此，众将再无计策，军中安定。

诸葛亮听使者汇报完详细情形，心中更加抑郁，他没能想到司马懿竟然能够如此忍辱含垢。手里掂量着那个沉重的饭碗，他的心情却远远没有司马懿那么轻松，他心里明白自己精力日益不济，只感觉头昏脑涨，胸中憋闷。这时，忽然报称费祎到。诸葛亮慌忙将他请入大帐。

费祎急匆匆而来，没有注意到诸葛亮菜青色的脸和恍惚的表情。他向丞相问安过后，连忙说道：“费祎专程赶来报告东吴消息。”

诸葛亮强打精神，挥挥手臂，示意快快讲来。他此时已经极度虚弱，气若游丝。费祎说道：“魏主曹叡率领大军御驾亲征，大将满宠、田豫、刘昭分兵三路，尽焚东吴粮草、战具，吴兵大败而回……”

话未说完，诸葛亮忽然口吐黑血，栽倒在地。在场的将领尽皆大惊失色，手忙脚乱地将丞相扶起靠在床头。费祎慌忙唤军医前来诊治。诸葛亮勉强摆了摆手，示意大家出帐，却将姜维悄悄留下。

喘息良久，面色稍稍转为红润，诸葛亮双眼之中，情绪错综复杂，带着渴盼与期望，对姜维轻声说道：“我心神昏乱，旧病复发，恐怕命在旦夕之间。我把你留下，有要事交代。”

姜维痛哭失声，说道：“丞相何出此言？丞相不过是心力交瘁，事务繁杂，身体欠安，休息些时日，自会康复。”

诸葛亮长叹一声，说道：“富贵在天，生死有命。我本想竭尽全力兴复汉室，无奈天命已绝，再无挽回之望也。”

姜维跪在丞相病榻前，紧紧握住他的手臂。他不敢想象，一旦丞相大去，蜀国上下，还会有谁能够料理。

诸葛亮开始嘱托后事。他把自己平生论著二十四篇，其中有八务、七戒、六恐、五惧之法，悉数传给姜维，求他秘密保存，传诸后世。紧接着，又将军国之事，一一嘱咐明白。

是夜，诸葛亮病情加重，他留下姜维一人守在身边，几次昏迷不醒，咳血不止。姜维派人快马星夜赶程驰往成都，去报告后主刘禅。

蜀营上下，笼罩着阴沉的气息。

秋天提前来到了。一场连绵的小雨之后，天气骤然转凉。军兵在两军阵前相持了大半年的时间，秋风之中，他们聚拢落叶，燃起篝火。腾起的轻烟之中，泛着香味，有如故地炊烟，不免唤起了许多思乡的情愫，许多无法言说的人生况味，随之缥缥缈缈。

这天晚上，司马懿彻夜未眠。他料定诸葛亮必然已经体力不支。他等到午夜时分，抬头观看浩瀚的夜空，那里神秘而遥远，广博无垠。他仔细观察、揣摩，果然见将星失位，他心中一惊，说不出是什么感觉。他猜到诸葛亮已经卧病不起，不久就要离开人世。他曾经翘首等待这个日子，然而此时却有说不出的一种酸痛的感觉在心头滑过。

边塞的夜晚十分寂静。寨外有军兵巡逻。少数寝帐之中，还闪烁着些微灯光。疏星淡月，秋霜梧桐。司马懿独对夜空，他忽然就听到了一种落叶的声音。“噼啪，噼啪”，犹如小树枝摧折一般，在静夜中，这声音听起来尤为真切，也最为令人心惊。这是梧桐落叶声音。落下的是梧桐树那肥厚而宽大的叶子，从枝头跌落，砸在他的身上，砸在他的脚下。白天里还是那么葱绿，就因为夜来这一阵严霜的催逼，顷刻之间，就永远消逝，归藏于泥土之中……

诸葛亮比自己还年轻两岁。司马懿从内心里钦服他的才干和为人，虽然两人的性格相去甚远。假如没有战争，他们或许会隐居偏僻之乡，作为隐士相互倾慕；或许还会同朝为官，虽然会有矛盾和争执，但是共同的目标却是一样的，都希望国家昌盛，民众安居乐业。但是，现在却是作为争战双方，是各为其主，是你死我活，是胜利与失败的较量，是两国存亡的选择。一阵凉意透入肌骨，他忽然看到了一团火焰，伴着滚滚浓烟。那是葫芦谷的大火，那是差一丁点就夺去了他和两个爱子性命的大火！司马懿立即激动起来，他不再为那个鞠躬尽瘁、事必躬亲的诸葛亮的死感到惋惜，他只是自己的敌人，是你死我活的敌人。他的胸中荡漾着怒气，他要乘机剿灭一切敌对者，挽回那些本来就不应失去的！

司马懿回头往大帐中走去的时候，天已快亮了。启明星高高在东天闪亮。行军之计早就在他胸中形成。他即刻派人传夏侯霸入帐，命他率领一千人马前往五丈原哨探。吩咐道："你却引兵前去叫阵，如果诸葛亮病重，蜀兵定然不敢出来应战，到时我领大军奋然出兵，必然大获全胜。"夏侯霸领命，率领军兵直奔五丈原。

是日，天刚昏黑，司马懿又走出帐外，仰观天文。忽然见一赤色大星，自东北方流于西南方，坠落于蜀营之内，三落三起，隐隐有声。司马懿失声惊呼道："诸葛亮命归黄泉了。"

正在这时，夏侯霸赶回，报知司马懿："末将赶到五丈原时，不见一个蜀兵。几经打听才知道，川兵车仗都已经退却，姜维断后，魏延却领一部分人马往小路而去。"

司马懿急切道："诸葛亮真死了，而且军中无主，众将离心，赶快带领军马前去追杀！"

司马懿唤两个儿子一同前往，率领大军直向蜀军撤退的地方狂奔。赶到五丈原蜀军营寨时，果然见已经空无一人，司马懿心中急切，定要大获此胜，他让二子在后面催促军马，自己带领一支轻骑队伍，奋马扬蹄一直追去。此时诸葛亮确实已亡，蜀军奔丧回京，行动迟缓了许多，所以追到山脚下，远远看到了蜀军的影子。

秋风恼人，落叶如斜雨。自春日开战至深秋风寒，已经快一年的时光。如今，强敌已亡，大军正败，司马懿的心中十分振奋、激动。眼看蜀军就在眼前了，两军旌旗已经连成一片，司马懿纵身跃马，正欲挺剑砍杀，忽然耳畔一声炮响，震耳欲聋。司马懿急忙回身环顾四周，只见群山壁立，树木葱茏，一阵山风吹来，阴气森森，令人不寒而栗。司马懿大惊，心想自己只管撒马猛追，却没有注意到这里乃是埋伏军兵的好地方。再往前看时，蜀军之中，所有旌旗俱都回返，做出变退为进的架势，军中鼓声大震。

司马懿正在惊疑不定，蜀军之中，青烟缭绕，几十名上将，慢慢拥出一辆四轮车来，车上端坐一人，羽扇纶巾，皂绦鹤氅，面容整肃，分明就是诸葛亮。只听一人大叫："丞相妙计，我军假意退兵，轻易就将你等赚入了重地，而今你等恐怕插翅难逃。"话音未落，蜀军队伍里面，噪声大起，万人齐声高喊："活捉司马懿！"

司马懿回头见众军都大惊失色，自己心中也不免发虚，暗想："诸葛亮原来还没有死，我率领大军前来这个鬼地方，未免轻敌，险些中敌奸计。"急忙下令撤军。只听后面人声杂沓，鼓声震耳，乱作一团。大军自相践踏，死伤无数。

奔走了五十余里，终于出了山间险地，回头见并无蜀军来追，才知道是中了蜀军疑兵之计。看看落花流水一般的队伍，心中依然十分疑惑，也就无心再追，只派遣哨探四处打探消息。不久，得到消息，说："蜀军退入山谷中时，哀声震天，白旗高扬，诸葛亮确实已亡，只留下姜维率领一千兵马断后。"

司马懿惊疑地问道："昨日四轮车上所坐诸葛亮又是何人？"

探马说道："车上之诸葛亮，不过是个木头人。"

司马懿仍然疑问道："那么蜀兵之中，鼓声大震，一派进军的架势，又是怎么回事？”

回答道：“那是蜀兵为了蒙惑我军，才令军兵反举旌旗，擂鼓而退，看去是在进兵，实则退矣。”

司马懿方才恍然大悟，脸上火辣辣的有些发烧。他微微一笑想要掩饰尴尬，对左右轻叹道：“我能料其生，却不能料其死啊！”

众人只好点头称是，搪塞而过。司马懿又下令继续追击，无奈蜀兵已经过了赤岸坡，去得远了。

声势浩大的蜀军六次北伐终于在诸葛亮身死之后结束。

司马懿回军的路上，心情格外轻松，他禁不住仰天长叹：“诸葛亮一死，我司马懿还有何忧虑！”事实上，诸葛亮死后，司马懿的确再也没有遇到像他那样的军事对手。一路之上，司马懿细细研究诸葛亮安营扎寨之处，见前后左右，整整有法，又不觉回顾众将，轻声叹道：“诸葛亮真乃天下奇才啊！”

诸葛亮确乎是天下奇才。就在他弥留之际，依然将军国大事安排得十分周到。“死诸葛退兵活仲达”是其一，另外还留下妙计，令马岱、杨仪等除掉了不安分的大将魏延，遗言费祎接替自己为丞相。使得举国上下，井井有条，没有因为他的猝然长逝而发生争执混乱。他在最后的日子里，于卧榻之上手书遗表：

丞相、武乡侯臣诸葛亮稽首顿首谨表：伏闻生死有常，难逃定数；死之将至，愿尽愚忠。臣亮赋性愚拙，遭时艰难，分符拥节，专掌钧衡，兴师北伐，未获成功。何期病入膏肓，命垂旦夕，不及终事陛下，饮恨无穷！伏愿陛下：清心寡欲，约己爱民，达孝道于先皇，布仁恩于宇下。提拔幽隐，以进贤良；

屏斥奸邪，以厚风俗。臣家成都有桑八百株，薄田十五顷，子弟衣食，自有余饶。至于臣在外任，别无调度，随身衣食，悉仰于官，不别治生，以长尺寸。臣死之日，不使内有余帛，外有赢财，以负陛下也。臣亮临褚不胜涕泣，激切祈恳之至。

天地含悲，阴云惨淡。蜀国上下，莫不大痛。千百年来，诸葛亮以他近乎完美的人格力量，被无数后人所景仰。

消息传到魏军寨中，所有将士，也都议论纷纷，无不啧啧称颂。

司马懿安排妥当边防事宜，即日起兴师回京。虽然是胜利而返，但是他的心中却怅然若失。来时的激情与决心荡然无存，强敌不再，自己多年来，苦思冥想、小心提防，全力对抗的任务，倏忽而逝，自己胸中的块垒随之远走，骑着战马，引领军兵，在秋日的轻风与暖洋洋的日光中，一身慵懒与无奈，真不知道是轻松，还是惆怅。也就在这时候，他开始清醒地意识到自己的年龄，意识到自己的两个儿子，意识到今后在朝廷的地位和发展。

风依旧那么轻柔，但是却透着寒意；阳光依旧暖和地照着，却显得那么遥远，捉摸不定；天却清澄阔远，在秋天大地的枯黄中，愈加显得蔚蓝而神秘。

这恼人的秋！

胯下的马蹄声忽然急切了。

第五章

荒陵政变，司马氏权倾朝野

司马懿良久不语，往事犹如梦魇穿透时空来到面前：泥泞得难以抽腿、阴雨中兵丁的抱怨、可怕的沉寂与死亡、军帐前雨滴单调地落在铁桶中的声音……一切都清晰可见，朦朦胧胧如在眼前，惊悸与疲惫一齐袭来。

胸有成竹平辽乱

曹叡御驾亲征，大败东吴，而今司马懿又凯旋归朝，国威大振，全国上下，欢欣鼓舞。纷争了多年的三国终于安定了下来。

司马懿因为劳苦功高，军事才能又无人可以匹敌，所以他的声望日隆，加上他不善于在人前作态，随和谦让，节俭朴实，又性格开朗，喜欢调谑，所以人缘极好，备受皇上和众臣看重。民间，关于他的传说甚至传奇也渐渐多了起来。

公元235年，司马懿升任太尉，驻守洛阳，总督各路军马，镇守东、西边境。

诸葛亮已亡，又有司马懿保国，魏帝曹叡再无外患之忧。日子稍一闲适，骄奢淫逸的欲望就如春天的小草一样萌发，巨大的石头都压制不住。

曹叡博闻强识，性格刚毅，处事果断，很有君主的气概，但他如同他的祖父曹操一般好色，却又没能学到祖辈、父辈的简朴节约、志向远大、勤政爱民。这一年，他开始在许昌大兴土木。

他下诏说："除了先帝之外，朕最欣赏秦皇汉武任意而行，挥斥天下。

即日起，朕要尽选天下能工巧匠，在许昌、洛阳大兴土木，建造宫殿。”

当时有扶风（今陕西兴平县）人马钧，出身贫苦，却精于发明制造，被人们称为博士。曹叡封他为给事中，命令他监管重点在建工程。在许昌建九龙殿，殿高十丈，雕梁画栋，碧瓦金砖，殿前精心雕琢，神龙吐珠，蟾蜍合受，又引水穿过，旁边设置玉石栏杆，气势恢宏，堂皇富丽。

又在洛阳先后建造朝阳殿、太极殿、崇华殿、青霄阁、凤凰楼、总章观、九龙池……天下战乱日久，百废待兴，可是仅选用工匠就有三万多人，征调民夫三十多万，田地荒芜，赋税加重，民不聊生，怨声不绝。民夫不足之时，魏主竟然下令朝廷大臣、公卿大夫都到工地搬砖背土。

不仅如此，曹叡还下令四处选拔美女，送入宫中，恣意淫乐。他在九龙殿北面设立八坊，将美女分为贵人、夫人等不同级别，另有歌姬、舞女住在里边，日日笙歌，天天舞蹈。有识文断字的女子，就受封官职，作女尚书。皇上乘坐博士马钧发明的指南车，在宫内悠然行走，车停哪个宫女门前，就下车临幸。

春夏时节，又修建芳林园。园中栽植奇花异草，放置天下名石，中间挖土成湖，四周堆土成山。湖上纵横交错，架起木桥，桥上雕梁画舫；山间曲径通幽；花间有亭，林间有楼，水上有船；舫中、屋中、亭中、楼中尽是二六、二八美女，皇上走过，任性玩弄，顺手拈来。更有甚者，盛夏荷香时节，令宫女裸体在水中游泳嬉戏，自己乘坐小船，荡桨其间，或被宫女拉入水中，或将宫女拽到船上……

皇上连宵跨凤，累岁绝麟，司马懿看在眼里，急在心上。但是他心里清楚，曹叡这种果敢坚毅、刚愎自用的性格，直接劝谏是没有作用的，弄不好，反倒惹火烧身。他有好多次委婉地借古讽今，结果都没能奏效。连日来，司马懿甚至有些悲观地想：大魏江山不会存之久远。这不过是后汉乱世的延续，魏武帝一统华夏的豪情壮志和历史的使命感、责任感，曹丕没能全部继承下来，到了曹叡几乎已经丢失殆尽。纵观天下历史，他仿佛隐隐感到三国不久就会走向穷途末路，总会有谁出来一统天下的，不会是魏国，更不会是西蜀或者东吴。心中难免焦虑，但是他有时又不觉感觉释然，自己虽然是朝中重臣，但是也无回天之力，只有先保全性命，然后竭尽全力辅佐皇上处理好天下诸事。

毫无节制的淫荡生活，带给曹叡的是残酷的代价。他的身体越来越虚弱，甚至没能生养一个自己的孩子来承继万里江山，承继帝王伟业。眼看壮年已过，再没有希望，只好在宗族之中，收养两个小儿，一个叫作曹芳，一个叫作曹询。

有人不像司马懿，他们以飞蛾扑火的精神劝谏皇上。

司徒董寻上表谏阻，结果曹叡大怒，当即将他废为平民。

太子舍人张茂要以死谏阻皇上。他披头散发，脖颈上挂满了纸钱，等在通往芳林园的小路上。等曹叡乘坐龙辇经过时，他拦在当路，将千言表章呈给皇上。其中写道：

> 自汉末衰乱以来，四十五载，马不舍鞍，人不释甲，每一交战，血流遍野，创痍号哭之声，于今未已。犹有强寇在边，图危魏室。陛下不兢兢业业，念崇节约，而乃奢靡是务。惜乎！……

曹叡还没有看完便大发雷霆：“你一个小小的中书令，竟敢口出狂言辱骂于朕，左右武士，立即将他拉到一旁斩首！”

张茂破口大骂：“你个无道昏君，大好江山就要断送在你的手里，你早晚会死无葬身之地！”

片刻，张茂人头落地。曹叡胸中怒气并没有停息，立即传令铸造两口巨大的油鼎，日日烧火将里面的油烧得滚沸，有谁再敢写表上谏，立即投入油锅。

众位大臣再也没有谁敢言语，但又为国担忧，只好把希望都寄托到了司马懿的身上。他们相约来到司马懿府上，把各种事情细细描绘一番，请求司马懿讽谏天子，拯救万民。

司马懿听完，长长叹了一口气，说道：“你们所说的这些，我早就知道了，也曾多次对皇上提及，可惜都没能奏效。魏国正在走下坡路，你们没必要再劝谏了。”

见司马懿这样说，大家再也想不出更好的办法，只好垂头丧气地先后离去。

相对和平的日子，司马懿与其他众臣一道，发展农桑，训练军事，苦心经营，社会倒也获得了较大的发展。

公元237年，辽东太守公孙渊背叛魏国，自立为燕王，定都襄平（今辽宁辽阳）。

公孙渊的父亲公孙康在魏武帝曹操大战袁绍之时有功，被封为襄平侯。曹叡封公孙渊为大司马、乐浪公。公孙渊不满足，自号为燕王，并以大将卑衍为元帅，率领辽兵十五万，进犯中原。

曹叡仰仗司马懿，心中并不十分惊慌。

次年春天某日，司马懿接到圣旨，即刻备轿来到后宫。

新春时节，阳光明媚，皇宫之中更是关不住春色满园，杨柳依依，繁花似锦，笙歌抑扬顿挫，妙声悦耳；佳丽往来穿梭，美色夺目。循乐望美而去，魏主曹叡正就着春光畅饮美酒。司马懿慌忙跪地请安。曹叡示意左右停了笙歌弦舞，先与司马懿说了几句闲话，而后正色说道："朕近日接连得报，说辽东太守公孙渊背叛我朝，自立为燕王，朕经三思，欲派你亲自率兵前去剿除贼寇，不知卿意如何？"

司马懿坐在一侧，探身回道："臣只要一息尚在，就不忘为国尽忠，为陛下效劳。领兵除贼，臣在所不辞。"

曹叡道："爱卿乃国之重臣，区区叛贼，本不值得动用你去，但是朕想稳操胜券，降低国库消耗，减少兵丁征战之苦，所以才请你出兵。"

司马懿道："臣与两个犬子已经接连多日研究辽东地形，陛下不召臣来，臣也正欲请战呢。"

曹叡深为司马懿的忠心所感动。二人紧接着谈到辽东形势，曹叡问司马懿道："卿以为我大军前往剿贼，公孙渊会采取哪些策略对付你呢？"

司马懿略一思忖，说道："对公孙渊来说，他要抵御我数万远征大军，上策应是弃城退走；中策是依托辽河负隅顽抗；下策是固守襄平，坐以待毙。"

曹叡又问："你以为这三策当中，公孙渊会选用上策、中策还是下策呢？"

司马懿说道："只有特别有见识的人才能知己知彼，预先有所舍弃，这些，公孙渊定然不能做到。他见我孤军远征，必然以为我军不会持久，所以会采取中下之策，先在辽河依据其险奋力抵抗，等到兵力不济之时，退守襄平。"

曹叡点头表示称赞，问道："有卿出兵平寇，朕也就放心了。不知前后需要多长时间大军能够完成此次战役胜利班师？"

司马懿说道："臣只要四万兵马，去时一百天，作战一百天，回来一百天，中间休整六十天，有一年时间足够了。"

言语之间，足可见司马懿已经成竹在胸。曹叡十分高兴，随即命令设宴款待。席间，皇上亲自斟满一杯御酒，司马懿做出诚惶诚恐情状，双手接过，盛赞皇上英明，而后一饮而尽。在场的众位大臣见状，纷纷站起身来轮番给司马懿敬酒，祝他早日率兵高奏凯歌而还。司马懿虽然酒量了得，却从来不曾放纵自己过量饮酒，今日不知不觉间，已经带些酒意，言语也就有些放纵，显出许多从未表露过的豪情来，于是席间气氛更加浓烈，酒也显得分外的香了。司马懿感到人生近六十年，都是在压抑与隐藏之中度过的，从来不像今日这样痛快淋漓。

三月阳春天气，司马懿准备完毕，点齐四万人马，从京师出发，直指辽东。

这已经不似过去的任何一次出征。国力日渐强盛，普天之下几乎想象不到谁还堪与匹敌。所以出征的队伍，倒像是高奏凯歌而还一样。

司马懿选用大将胡遵为先锋，带领前部兵马先到辽东下寨，自己亲自率领大军，经孤竹，越碣石，初夏时分，终于如期到达辽河南岸。

雨季来临，辽东却久旱不雨，气候干燥。烈日之下，浑浊的河水倒映着阳光，模糊着人的眼睛。立马临河，搭眼远望，隐隐可见对岸辽东军马的营寨像白色的蘑菇破土而出，远远铺排开去。派出的几路探马很快探得消息，前来报称："叛贼公孙渊命令卑衍、杨祚分八万军兵屯驻辽隧，依水抵御。沿河筑造围堑二十余里，环绕营寨，密密麻麻设置围栅、鹿角，防守极为严密。"

司马懿闻言，禁不住放声大笑："我早就知道区区公孙渊不会想出什么好的计谋。他是想要运用我在祁山所用拒敌不战之法，与远征军马经久相持，我军如果在这里攻打敌军，必然劳而无功，正好中了贼人奸计。我必须声东击西，调虎离山，赚敌兵中计。"

于是立即吩咐哨马四处探询通往襄平的道路。次日清晨，天刚破晓，便引领众军从羊肠小路，直向襄平方向进发，并故意大张旗鼓，虚造声势。长长的队伍曲曲折折转过山脚，如蛇一般在山间盘桓而上，依着山势，时隐时现，森严、阴冷而神秘。

胯下灰黑的骏马仰天长嘶，司马懿远远望着自己斗折蛇行、训练有素的队伍，满脸是得意与自负的笑容。司马师、司马昭兄弟伴行左右，心中却并不十分明了父亲引兵背道而行的用意，又不敢唐突询问，疑问便写到了脸上，脚步也渐渐地有些慢了。司马懿忽然叫人把他们唤到跟前，问道："你二人知道为父何以不直接攻打敌人营垒，却挥师指向襄平吗？"

二人面面相觑，只好说道："我们不知，正要请教父亲。"

司马懿环视群山，略顿片刻，而后引经据典说道："古人云：'敌虽高垒，不得不与我战者，攻其所必救也。'如今公孙渊军马正是凭借坚营高垒，企图要拖垮我远征之师，如果我们果真进攻敌营，与之相持，则正中其计矣。"

司马师仿佛豁然开朗，紧接着说道："所以我们要出其不意，虚张声势，假意攻打敌人巢穴襄平，那里他们守备空虚，闻讯后定要慌忙派兵前来救援，那时我们立刻变被动为主动，大出奇兵，歼敌取胜。"

司马懿颔首称许："正如我儿所说。因而为将者不能无勇，为帅者不能无谋啊。夫领兵打仗，则必须善谋。"

辽东军中一切丝毫未出司马懿所料。辽东将领卑衍此时正与杨祚得意地商量："似我等坚营高垒，司马懿又如何能够攻打得破？！如若魏兵前来攻打，我们只不出战。他们劳师远伐，千里而来，粮草不继，定然难以持久。待他粮草用尽退兵之时，我们却乘机掩杀，焉有不胜之理？"

杨祚说道："司马懿与诸葛亮对阵之时，正是用的此计，结果大获全胜，不想今日却被我们'以其人之道还治其人之身'。且等着看司马懿如何遭遇惨败吧。"

二人正自得意，忽然军校慌忙进帐报称："魏兵昨夜驻军辽河对岸，今晨却匆匆拔营而走，队伍浩浩荡荡，抄山后小路径直往南去了。"

卑衍大惊失色，说道："他司马懿老奸巨猾，知道襄平军少，此去必然是袭击我军老营啊！"

杨祚也惊呼："万一襄平有失，那我们在这里坚守，还有何益？"

二人慌忙命令大军拔寨起程，去救襄平。这边司马懿得到消息，鼓掌笑道："竖子中了我计，正往圈套中钻呢。"于是，依托衍水和周围山峰丛林，精心布下埋伏。

等卑衍、杨祚二人率领大军赶到衍水之滨时，只听左右炮声相继炸响，夏侯霸、夏侯威各自领一支军马如天兵一般从山坡背后、乱树丛中杀出。卑衍、杨祚措手不及，带兵掉头就要逃走，不想前面又有司马懿父子带兵转身杀来。三路夹攻，辽兵惨败，死伤无数。卑衍被夏侯霸一刀斩于马下。

司马懿略施计谋，公孙渊倾其所能设置的阻敌关隘，如今已经不攻自破，只好退守襄平，拒不出战。司马懿兵马四面紧紧围住，风雨不透、水泄不通，鸟虫均被隔绝，襄平城已经成了一座死城。

为逞军威造京观

辽兵坚壁高垒，拒不出战；司马懿兵临城下，却也并不急于攻城，只待城中粮尽，自行残杀。

一日一日倏忽而过，转眼已经白露为霜，秋天到了。

可怕的阴雨随之而来。连绵秋雨，一月不止，秋风凛凛，寒彻肌骨。平地已然水深三尺，运粮小船从辽河口可以直接行到襄平城下。

司马懿未免感到心情焦躁。他想起与曹真将军共同抵御诸葛亮军兵时的凄惨场面。如今，捉公孙渊就在旦夕之间，天公却不作美。

烟雨蒙蒙，水色茫茫。围城魏兵大受雨水淋漓之苦。帐内帐外，到处是雨水，到处是泥泞，不但行走艰难，没有干柴为炊造饭，就连一件干爽的衣服、被褥也找寻不到，有的士兵、马匹因为长期遭受雨水浸泡，身体的一些部位早已腐烂，失去知觉，蛆虫乱爬，军兵苦不堪言，生不如死，心情恶劣到了极点。

左都督裴景见军兵实在无法忍受，只好冒着风险为士兵请命。他来到司马懿帐中，跪在地上恳求道："太尉，雨水不住，营中泥泞，军马实在无法驻留，恳请将军下令暂且移兵高处，等天气晴和了，再攻城不迟。”

司马懿心中也十分不好受，但是此时如若放弃围城，必然功亏一篑。他心中清楚军中必定有不少怨怼之言，正要杀一儆百，震慑军威，听到有人请求撤兵，拍案而起，在腰间抽出佩剑，直指裴景眉心：“我在皇上面前许诺此次出征，前后只需一年，除去往来时日，灭除叛贼只要百日，如今捉公孙渊只在旦夕，安能移营！你等不要惑乱军心，倘有再言撤兵移营的，立斩不赦。”

裴景刚走，右都督仇连又来恳请道：“军兵在水中浸泡多日，确实生不如死。太尉又不下令攻城，这其实是在做无谓的牺牲。还望太尉将营寨移往高处。”

司马懿大怒，拍案而起：“我刚刚颁布军令，你竟敢迎风而上，立刻推出斩首。”仇连还想辩解求饶，司马懿并不给半点机会。须臾人头落地，并高高悬挂在辕门之外。军心震慑，虽然怨恨于心，却都噤若寒蝉。

又过了几日，司马懿却忽然下令南寨人马退去二十余里。

消息传到城中，公孙渊猜到魏军必有计谋，但是城中军民久被围困，衣食都没有着落，生不如死，所以谁也不顾劝阻，纷纷出城打柴放马。但是魏营之中却有许多人无法理解，围城日久，又忽然放敌人出城；饱受淋漓之苦，却并不想立刻攻城，太尉之心，真是难以捉摸。

司马陈群忍不住来找司马懿，小心问道：“从前太尉起兵攻打上庸之时，兵分八路，八天行程千余里赶至城下，孟达措手不及，叛乱大军才瞬间平息。如今太尉率领四万精锐之师，数千里而来，久久围住城池，却不下令攻城，使军兵受够秋雨之苦，久居泥泞之中，如今又放敌人出城打柴放牧，我等实在不知太尉到底用的什么妙计？”

见陈群如此着急的样子，司马懿禁不住笑了起来，说道：“兵法云：‘兵者，诡道也；战者，逆德也。善因事变。’昔日孟达粮多兵少，我军总数却是他们的四倍，而粮草还不足一月。以一月之粮而敌一年之粮，怎么能够选择持久战呢？以四倍之兵而敌一倍之兵，又怎么能够不胜利呢？所以是利在速战，也不可不速战。”

陈群不住地点头称许，但是对当前的战事依然表现出困惑不解的神情。

司马懿于是接着说道：“当前，公孙渊粮草已尽，只不过凭借水势，不肯束手投降。我之所以要让南寨撤兵，是故意显出一天也不能再坚持，已经无能作战的架势，以此来稳定敌人。如若贪图小利，勉强猛攻，掠其牛马，抢其柴草，虽然可以获胜，但是敌人必然死战，我们就不容易全歼他们。我早就料到十日之内，天必转晴，到时候他们粮草断绝，我们全力攻城，定能生擒公孙渊。”

陈群这才觉得释然，说道：“太尉用兵，善于变化，许多闻所未闻之法，出乎想象，实在令人钦服。”

司马懿派人到京都洛阳催粮。魏主曹叡知道辽东又遇一月连绵秋雨，就前方战事专门设朝商议。

群臣多以为作战环境恶劣，不如权且罢兵而返。

曹叡却坚持道：“司马太尉善能用兵，临危制变，多有良谋，捉公孙渊指日可待。卿等不必多说，也不必忧虑。”于是迅速调遣粮草，派兵将昼夜兼程，火速送往阵前。曹叡还亲笔题写诏书慰问前方将士，叮嘱司马懿依计行事，大胜而回。司马懿接到皇上诏书，见军粮这么快就运抵营中，对圣上的信任深表感动。

没有几日，雨过天晴。当阴云消散，象征着生命的阳光透露出来的一刹那，无论是城里、城外，还是魏兵、辽兵，两处几乎同时爆发出动地惊天的欢呼声。太阳给人间带来了希望，带来了温暖。每一个人都走出了帐外，贪婪地享受着日光的照临，急切地欣赏着阳光中一切的美丽。战马也在接连嘶鸣，树木草虫都为之展现着崭新的美好的姿态。司马懿也尽情地感受着这一切，与军兵共同分享着这一人生的大快乐。但是对辽兵来说，这欢呼与庆幸是极为短暂的，看着城外密密麻麻的帐篷，他们的心头又感到了沉重，战争的阴云重又笼罩在他们自己的天空。

司马懿绝不会放过这一有力的战机。这天晚上，他走出帐篷，看着天上明亮的群星出神。久雨初晴，天空异样清明澄远。众星闪烁，映照着夜空。忽然一颗巨大的流星从首山东北划出，顷刻坠于襄平东南。骤然而起的刺目的弧光随之一闪即逝。司马懿大喜，随即传话各位将领："五日之后，在流星坠落之处，斩杀公孙渊。请各营连夜做好攻城准备，明日清晨，集中全力攻打襄平。"

此时，城中粮草已经断绝，魏军大举攻城。压抑已久的军心被透彻的日光和攻城的号令唤醒，军中士气高涨，军威俨然。众将率领所有军兵轮番作战。他们四面围合，筑造土山，挖掘地道，建立炮架，安装云梯，所有攻城手段一并用上。军兵爬上土山，炮火猛烈地轰击着城墙，无数箭矢犹如急雨一般射入城内。司马懿下令轮番作战，一刻也不停歇，直至辽兵开城投降为止。

猛烈的攻击终于使城内军兵陷入了绝望的境地，他们情绪消极，怨声不绝。大家人心惶惶，相互传言，昨日斗大的流星自城西南向东北划过，坠落在衍水附近，这正是预兆公孙渊必然灭亡的天象。不知是谁说了一句："与其在这里等死，还不如捉了公孙渊献城投降，兴许还有活路。”话一出口，竟然得到众人响应，军中到处都在传言不如杀了公孙渊，献城降魏。

消息传到公孙渊那里，公孙渊大惊失色，慌忙召来相国王建、御史大夫柳甫前来商议。王、柳二人均无计可施，说道：“看来再坚持无益，不如我们暂且请降，以为缓兵之计，安稳军心，成败再作打算。”

公孙渊说道：“当前不能再有一刻停缓，不然军中定会生乱，就有劳二位火速前往魏营。”

军兵找来两个大的筐篓，二人手摇白旗，分别坐在里面，然后城上士兵用绳索系住，顺墙慢慢放下。又用同样方法放下几名随从。二人步履蹒跚地径直来到司马懿帐中，跪倒请降，恳求道：“请太尉暂且退兵二十里外，我们君臣将束手出城投降。”

半年多劳师远征，加之天降阴雨，所有将士吃尽了非人间之苦，此时大举攻城，司马懿的胸中正涌荡着求胜的激情，无法抑制的怒火都撒在了眼前叛贼的身上。所有兵将也和他一样，完全将生死置之度外，仿若有说不尽的仇恨之火想要在这襄平小城上宣泄。

司马懿怒对来使，抽出身边长剑直指王、柳二人，喝道：“公孙渊为何自己不来？尔等还敢轻视我军！拉出帐外，砍了！”二人浑身颤抖，想要磕头告饶，话还没有说出口，两颗冒着鲜血的头颅已经滚落在泥泞的地上。司马懿叫随从的人将头颅带回，并且书写一道檄文，传送公孙渊。檄文中写道：

魏征西大都督、太尉司马公檄下公孙渊：窃谓楚、郑列国，而郑伯由肉袒牵羊迎之。孤乃天子上公，而建、甫等欲孤解围退而舍，岂得无礼耶！二人老耄，传言失指，已被吾斩之。

若意有未已，便可遣年少有明决者来。稍有稽迟，悉皆诛戮！

故檄。

公孙渊接到人头，读罢檄文，惊慌失措，来不及处理丧事，即刻召集文武商议对策。侍中卫演奏道："臣愿再次出使魏营。"

公孙渊大受感动，对卫演说："我辽东军兵都仰仗您了。如果魏兵能够撤兵，我公孙渊愿以世子为人质。"

卫演领命乘坐箩筐下来城墙，直向魏营中军帐走来。司马懿威风凛凛，召集众将列立两旁。卫演远远地跪在地上，用双膝爬行入帐，一边不停地叩着响头，鲜血顺着脸颊往下淌，至司马懿案前哀告道："愿太尉平息雷霆之怒，暂且退兵，我们愿以我朝世子公孙修作为人质，即日我们君臣两手反绑于背，前来归降，乞望太尉宽容，予以应允。"

司马懿禁不住冷笑数声，喝令卫演抬起头来，说道："军旅之事，离不开五条要旨：能战当战，不能战当守，不能守当走，不能走当降，不能降也就等死罢了。公孙渊既然不肯亲自束手出来投降，那也就不必再来送什么人质！"

卫演再无话说，只好匆匆而回，如实报告公孙渊。司马懿悄然对两个儿子说道："公孙渊绝望无计，今夜必然出城逃窜，你们两个且随我埋伏在襄平东南小路两旁等候。"另外又安排胡遵等带领兵马一同前往，分前后两处埋伏在山间窄道两旁。

是夜，残月如钩，星密天暗。寒凉的朔风之中，山丘淡淡的轮廓曲折无限，黑黢黢的树影微微抖动，仿若鬼影。所有埋伏的魏兵都密切注视着通往襄平的蜿蜒小路。半夜光景，伏在地上仔细一听，才听见数千人马轻轻的杂沓声，不多会儿，就见到前面小路上晃动的人影越来越近了。原来，一切正如司马懿所料，公孙渊听卫演回报，万般无奈，匆匆挑选本部军马一千人，在人马的脚上绑上棉花，悄然出城。可他万万没有想到司马懿早就率领兵马在此等候，随着一声炮响，一片火光冲上了寂静的夜空，公孙渊差点没有应声栽下马来。火光之中，司马懿肃然立于马上，左边是长子司马师，右边是次子司马昭。司马兄弟异口同声，喝道："反贼还往哪里走？！"

司马懿厉声道："公孙渊，像你这等反叛逆贼，我平生最为痛恨，如今我等数千里行军前来捉你，五日前，我观天象，见流星坠于此地，早就算到这里就是你的丧身之所！"

公孙渊浑身打战，急忙和儿子公孙修一道拨马往回便跑。行不多远，又听一声炮响，早就埋伏在此的胡遵忽然引兵从路旁闪出，火光之中，夏侯霸、夏侯威、张虎、乐綝四员大将前后层层堵住。公孙渊看看再也无路可逃，只好下马投降，公孙修紧跟着跌落马下。

司马懿高坐在马上，轻轻哼了一声，轻蔑地斜眼望望公孙渊父子，喝令左右道："我厌恶这副逆贼嘴脸，赶快将他们枭首示众！"

军兵扯过父子二人，让他们面面相对，眼睁睁看着夜色中透着寒光的钢刀架在亲人脖颈上。公孙渊心如刀绞，想要破口大骂，话未出口，两颗人头被甩出丈远，滚落在地。

军兵用枪高挑着公孙渊父子首级到襄平城下叫阵，城上官兵得知主帅私自弃城逃跑，而今又被魏兵斩杀，再也没有守城之心，纷纷丢弃兵械，大开城门举手投降。

司马懿率大军入城，城内百姓焚香叩头，跪在道路两旁迎接。军兵一边安抚百姓，一边清查叛贼同僚。

坐到襄平大衙之上，司马懿多日来难以忍受的苦痛仿佛忽然消逝。一股一展胜利者威风的念头不自觉地呈现心头。很快，各路军兵将公孙渊宗族及同僚一一抓获，带入大衙，听候发落。司马懿询问清楚，下令将他们全部推出斩首，无论老幼，一个不留。几乎没能听到一声哀号、一声反抗，七十多颗人头就像熟透的瓜果，噼里啪啦滚落地上，尸体随之扑倒，甩出一腔热血。往日的地位、威风、恐惧、谨慎、上进、屈辱、奉迎、得失、成败、功劳、罪恶……顷刻之间，随着魂魄烟消云散。

有贾范、伦直曾经苦谏公孙渊要忠于朝廷，万万不可谋反，结果都惨遭杀害。司马懿听说后，下令封其墓冢，并授予其子孙官职。

此时，夏侯霸进殿对司马懿说道："太尉率兵攻打公孙渊，而今大获全胜，弘扬了国威，振奋了军心，在下以为都督应该仿效古人，营造京观，也冲荡一下多年征战的晦气！"

京观是指古代战争中，得胜者为了炫耀武功，特意收集敌人的尸体，封土而成的高冢。司马懿迟疑了一下，问道："我杀人筑造京观，岂不让人耻笑我是杀人狂魔，而留臭名于天下。"

夏侯霸道："公孙渊乃是国之罪人，为了平灭贼寇，我军劳师远征，又逢连阴大雨，致使生灵涂炭，将士苦不堪言，公孙渊及其部卒死有余辜。"

司马懿良久不语，往事犹如梦魇穿透时空来到面前：泥泞得难以抽腿、阴雨中兵丁的抱怨、可怕的沉寂与死亡、军帐前雨滴单调地落在铁桶中的声音……一切都清晰可见，朦朦胧胧如在眼前，惊悸与疲惫一齐袭来。已经接连几夜没有合眼了，他向着夏侯霸点了点头，然后抬了抬手臂，示意左右兵将暂且退下。一阵扰攘之后，大殿之内死一般的寂静，远处街市上的声音已恍如隔世，纷乱的思绪中，司马懿斜仰在座椅靠背上，沉沉睡去。

醒来时已经舒适地躺在军中的床上，一个漆黑而静寂的夜晚在沉睡中悄然而过。阳光透过窗棂照射进来，形成许多明亮的光柱，无数尘埃在其中翻飞。一种和平的美好，让人怦然心动。司马懿起身来到书案前，身体更觉酸痛，但是努力回想起昨日的胜利之后，他的心里感到十分轻松与畅快。这时，夏侯霸进帐报道："末将已经连夜在东城门内筑起京观，以逞我军威于天下。"

司马懿颇为惊讶，但他还记得昨日谈论过此事，急忙问道："究竟杀死多少敌军将士？"

夏侯霸回答道："一共歼灭城中十五岁以上男子共七千多人。"

司马懿倒吸一口凉气，上马飞驰来到东城门，远远看见才刚堆起的土山横亘面前，司马懿跳下马来，缓缓向着京观走去。京观高约数十尺，这是一座人体垒叠而成的高山！抔抔新土都渗透着鲜血，隐藏着冤魂。司马懿站在京观前的高台上，面容整肃，他抽出腰间所佩利剑指向高空，台下数万人随之高呼。呼声整齐雄壮，响彻天地，回荡山谷。

誓师完毕，万名将士尽皆散去，司马懿却没有立即回帐，他走下高台，回身向着京观深深地鞠了一躬，两颗浊泪簌簌落下。

朔风吹过，天地皆寒。这一幕只有紧紧相随的司马昭看到了。

再度受托，低调做事

一场北风之后，天渐渐变得寒冷起来。东北的风雪来得比中原又早，几乎还没有思想准备，大雪就飘飘扬扬漫天飞舞了。天地一片洁白，战争的残迹陡然不见了踪影。

军兵依旧驻守襄平，安顿四方百姓，平定小股叛乱。不少士兵缺少棉衣，难耐寒冷。各队兵马的将领纷纷前来找司马懿，要求分派被褥和棉衣。

司马懿道："军中所带被褥、棉衣都已分发完毕，无法再发送了。"

众将却不肯离开，说道："库中还有许多旧的被褥，都督为何不拿出来，赐给士兵？"

司马懿断然说道："那些破旧被褥乃是官家之物，我们没有权利私自动用。"

众将有些愤然，却又没有一人敢说什么，只是嘟哝道："总得想办法不让士兵受冻才好。"

司马懿沉思良久，忽然问道："军中有无羸弱兵卒？"

有人回答道："有许多老兵已经年过六十，一直随军做些后勤工作。”

司马懿于是下令清点六十岁以上老兵的人数，一面派人火速赶往京师，上奏皇上，将他们解除兵役，遣送回乡。皇上准奏，派遣使臣手持诏书前来祝贺胜利，并命令他率领兵马行走便道，前去镇守关中。

军中共有一千多名羸弱兵卒，即日起就发送盘缠和抚恤金，遣送回乡。这些老兵提着脑袋，转战南北几十年，不止一次从死人堆里站了起来，此时老弱还乡，悲喜交集，哭泣着离开军营，踏上还乡之路，憧憬着安稳的晚年生活。司马懿亲自赶到营前，为他们送行。他自己也已经须发花白，看着这一幕情景，不免情动，双眼噙满了泪花。

老兵离营之后，司马懿下令班师回关中镇守。此时算来，自去年出兵赴关东讨贼到现在，不足一年。数万军兵冒着风雪，沿着崎岖小路如蜿蜒长龙向着关中方向进发。

这一天，风雪特别紧，行军依着山势早早地下了寨。帐中的炉火烧得很旺，暖烘烘的，却不时有一阵阴冷的风从帐外袭来。司马懿就着炉火，阅读经卷，却总是心绪不宁，不知有什么在扰乱心扉。他用尽方法，试图能够入静，却怎么也做不到。实在没有办法，只好和衣上床，却又是半夜辗转，不能入眠。后来终于昏然入睡。混沌之中，但见皇上一脸凄恻神情，掀帐门径直走到床榻前边，自己慌慌张张想要起身跪地迎接，却怎么也动弹不得，胸中憋闷，焦急难耐。皇上却忽然跌倒在地，双手顺势扑倒在司马懿的身上，头枕着司马懿的双膝。他只觉得两腿沉重得难以承受，却又不敢稍稍动弹。这时，只听皇上气若游丝，喘息不定，说道：“仲达，看看朕的面容！”自己低头看时，只见皇上面色正变得越来越苍白，最后竟然就像一张白纸，在寒风中飘飞起来，很快就在漫天冰雪中消逝不见了。司马懿大惊，他用尽气力，企图坐起身来，却没有能够做到。最后一声大叫，终于醒了过来，才知是南柯一梦。看看衣服、被褥已经被冷汗浸湿了大半。司马懿翻身下床，犹自惊疑不定，左右看时，见身边兵卒都已经来到帐内，站在身边，司马昭、司马师兄弟也先后赶到，询问父亲究竟何事？司马懿什么都没有说，挥手让他们各自回去睡觉。他自己披衣走出帐外，看着阴沉的夜空，雪光映出远处的山影起伏蜿蜒，一切依然是梦中光景。司马懿心中惊疑：难道皇上真的会出什么事吗？怎么会一点消息也没有？或许是自己接连几日行军，身心太累了。

接连几日，司马懿都心神不定，无意之中，他在等待着什么。当行军到达一个叫作白屋的地方时，果然就有诏书飞至。司马懿大惊，他双手颤抖着接过诏书，仔细看时，却是陛下亲笔所书：

> 如今朕非常急切不安地盼望你回来。回来之后马上排闼入宫，来视我面。

熟悉的字迹有些草乱，可以看出皇上身体虚弱，心绪不宁。陛下虽然正值壮年，但是淫欲过度，如今定然病重，司马懿不敢迟疑。即刻起程，乘坐追锋车，快马加鞭，日夜兼程，往洛阳方向赶去。从白屋到京城四百多里路，竟然一夜而至。行路途中，他又接连接到四道诏书。

到京之后，天已拂晓。

他此时一心只想快些见到皇上，后来竟然回忆不起来那时的情景。他没能整理一下衣着，径直闯入嘉福殿，扑倒在皇帝御床前，见皇上合眼卧榻，脸色苍白，身形消瘦，禁不住老泪纵横，连连叩首哭泣道：

“老臣在外，竟不知陛下龙体病成这样，实在罪该万死。”

曹叡吃力地睁开双眼，气若游丝，对司马懿说道：“若不是忍死等卿归来，朕必然已经驾崩多日了。朕才知道这死居然也可以忍住。今日见到你，死亦无憾了。”

司马懿说道：“老臣听说龙体不安，恨不得两肋生翼，飞来殿下。今日得睹龙颜，实在是臣之幸也。”

此时，曹真曹子丹之子曹爽为大将军，总摄朝政。曹爽忍不住向前说道：“陛下有什么话，尽管嘱托。”

司马懿这才注意到曹爽也在殿内，另外还有侍中刘放、孙资等，曹叡收养的两个儿子曹芳、曹询也在。被立为太子的曹芳年方八岁，此时他站在一旁，满脸惶惑。司马懿不忍再看下去。

曹叡用手指了指曹芳，对司马懿说道：“朕幼子曹芳，才满八岁，还不能掌理社稷。但愿太尉以及宗族兄弟、元勋旧臣能够精诚团结，竭力辅佐，不要辜负了朕的心意！”

说完，抬手指了指一旁的曹芳：“这就是他日储君，请卿认真看个仔细，不能有误，不得忘怀！”

声音微弱，却掷地有声。司马懿做惊慌之态，顿首流涕说道：“陛下尽请放心，先帝曾托孤于老臣，臣何以待陛下，就何以待他日储君。”

曹叡又对曹芳说道：“仲达与朕心心相连，如同一人，朕驾崩之后，你要待他如父，以礼相敬。”

司马懿起身过去，搀扶曹芳走近御榻。曹芳见父皇病成这样，心中无所依托，情不能禁，于是紧紧抱住了司马懿的脖颈，低声抽泣。

曹叡看在眼里，两行浊泪禁不住涌出，顺着眼角流下，他吃力地说道：“太尉勿忘幼子今日相恋之情……”此时，话未说完，沉沉睡着，不久驾薨而去。

曹叡在位十三年，享年三十六岁，死后谥曰明帝。逝在公元239年春天。

齐王即位，司马懿升任侍中、持节、都督中外诸军、录尚书事，和曹爽各自统领精兵三千人，共同执掌朝政。

司马懿与曹爽共同辅政，曹爽之父曹真当年与司马懿共同征战疆场，保家卫国，劳苦功高，人所共知，所以曹爽视司马懿为长辈，大事小情都要先报知司马懿，一齐协商解决，处处表现谦恭；司马懿为人随和，不露锋芒，越是功高，他越是做出谦和的模样，所以二人起初彼此谦让，均以国事为重，朝野上下，无不钦佩，传为一段佳话。

但是这种景象不会长久。

当时有清谈之士叫作何晏，行动无骨，似女人忸怩作态，面色苍白，见过他的人都以为他是涂着厚厚的脂粉。为了证实这一点，有人曾专门请他到家中吃年糕，看是否有脂粉被粘掉。后来大家都把何晏称为"敷粉何郎"。妻子金乡公主是曹操的女儿，却性格开朗贤明，对"何郎"自诩风流、行步顾影之态极度看不惯。

何晏善于清谈，此人口齿犀利，滔滔不绝，装腔作势，挥麈谈玄，大谈什么"名教出于自然"，千方百计为门阀地主的腐化糜烂生活进行粉饰。何晏与王弼二人开魏晋清谈之风的先河，带出了一大批"玄学家"，大讲玄虚理学，强调以无为本。"无"，神秘莫测，"道之而无语，名之而无名，视之而无形，听之而无声"，但是却能够"开物成务"，既能产生一切，又能主宰一切。玄学家推崇"三玄"：道家的《老子》《庄子》，儒家的《周易》。汉代独尊儒术之后，早期的玄学，对于打破经学对思想的禁锢，起了一定的作用，但它同时更是欺骗人民，为门阀地主腐朽统治直接辩护的唯心主义说教。

曹叡在位时，曾经斥何晏外静内躁，浮华好利，不能任用。偏偏曹爽与之臭味相投，把他看作才子，引为幕佐，当作心腹。与何晏臭味相投的还有邓飏，字玄茂；李胜，字公昭；丁谧，字彦静；毕轨，字昭先。一时都被曹爽笼络为门客。

曹爽不久就升任吏部尚书的要职。此时，曹爽的门客已经达到了五百多人。尤其引人注目的是，有“智囊”之誉的桓范桓元则，也投到了曹爽门下。

曹爽的一举一动其实都在司马懿的秘密注视之中。司马懿渐渐感到了自己的地位正面临着某种威胁。但是区区曹爽，也并没有让他太放在心上。

在曹爽门客活动频繁的同时，司马懿也在努力提拔安插自己的人到重要的部门。

但是时间不久，曹爽集团就掌握了大权，控制了局势。何晏负责选举，毕轨负责京师百官及附近各郡官员的纠察，李胜负责河南行政事宜，邓飏为尚书官。皇上年幼，朝廷大小政事，一时都被曹爽及其心腹垄断。

曹爽集团同时开始想方设法削夺司马懿手中的权力。一日早朝，曹爽上奏道：“司马太尉一生征战，为了魏国江山，舍生忘死，可谓功高盖世，臣以为可加封司马公为太傅。”

太尉掌管兵权，太傅却并不掌兵，曹爽此意正在于争夺兵权，司马懿对自己明升暗降，心中明朗如镜。但是现在却不能将这矛盾争斗暴露于朝堂，公之于天下，那样于国于己都极为不利。

皇上暗弱，不能明辨是非，他还以为曹爽果真胸怀大度，一切为国家考虑，不计较个人得失呢，所以对他盛赞一番，即刻准奏。司马懿只好佯装并不知晓其中用意，连忙叩首，谢过皇恩。其真诚之状，令朝中百官甚感蹊跷：司马公何以昏了头，不明白这中间的事了？

司马懿回到家中，才将失落感、失败感、气愤、懊恼诸种情绪一股脑地发泄出来。这是有生以来最令他气恼不能容忍的事。他一生都在快速地上升，直到获取了封疆大吏的高位，不想如今竟然败在曹爽小儿身上。春风轻拂，花草繁茂，司马懿的心中却十分地懊恼。有几只不知趣的小鸟在枝头叽叽喳喳乱叫，司马懿用脚踢起一颗石子，直往树梢打去，鸟儿惊飞，树叶簌簌落下。

司马懿老谋深算，曹爽哪里是他的对手。很快，一整套计谋已然明了于胸。他暗想："曹爽无谋，我可以先纵容此贼，然后设定计谋，赚他入网，最终玩曹爽于股掌之中，置他于败亡之地。"司马懿一向和善的脸上现出少有的狰狞来。

他叫人传来了司马师和司马昭，将前后情形叙说一遍。兄弟二人大发雷霆，大叫道："曹爽孺子何德何能，不过仗着是曹氏宗亲，一时显赫。父亲劳苦功高，国家上下，谁人能比？曹爽竟然行此歹毒之举，我等不如率领兵将直杀入此贼府中，一切也就结了。"

司马懿连忙制止，训教道："凡事不可逞一时意气，要三思而后行，以谋略取胜，倘若如你等所说，取曹爽人头并不困难，但那样岂不留骂名于天下，落个不忠之名，国家也会因此而混乱，得不偿失啊。为父已有计谋，先纵爽，而后赚爽，最后拒爽，玩曹爽小儿于股掌之中，又有何难。"

"曹爽得意忘形之时，必然为所欲为，待事情昭著于天下，我等再反戈相击，必让竖子死无葬身之地。”司马昭恍然明白，啮齿说道。

司马懿几日之后，即向朝廷呈交了奏章，大意是说：我为托孤之臣，本欲罄尽才智，侍奉皇上，无奈年龄老迈，身体日衰，近日尤感全身酸痛难忍，在院中散步尚且不能，故而不能每日临朝，只能在家中候旨。心中实在惴惴不安，乞肯陛下恩准。

皇上未作多想，立即准奏。曹爽集团虽然将信将疑，但是太傅本来已经没了兵权，而今又称病在家，那还有什么可以担心的呢？于是众人相聚，邀约美色，纵酒行欢，彻夜不止。

曹爽粗心大意，忽视了司马师的力量。也难怪，司马师那时太不起眼了。按照父亲授意，司马师渐渐抓到了统领京师禁卫军的重要兵权。为防备来日急用，先后暗中挑选三千敢死士卒，强化训练，个个以一当十，然后再暗暗安插到京师各个部门。事情做得秘不透风，仿佛从来没有发生过一样。

曹爽日益骄纵，终日与何晏等门下宾客饮宴作乐。渐渐地竟然事事与宫廷相攀比，衣着器皿，样样相同。四处所有进贡物品，都要经由曹府，自己喜欢的珍奇之物，悉数留下，残余的方才送入宫中。又命人走遍全国筛选美女，使得宅院之中，花前月下，充塞佳丽，不可胜数。弦乐之声充盈于内，酒肉之香飘逸于外。他还私自入宫，在先帝侍妾中选择最为曼妙者带回自己府中，恣意玩弄，并按皇宫惯例，每日“临幸”哪名女子，都要翻牌决定。

曹爽臭名已然昭著于天下，但是其权位高高在上，耳目众多，没有谁敢言语，就连皇上曹芳在很多事上也只能忍气吞声。曹爽还大造宫殿楼阁，在全国选调能工巧匠数百人，日夜不歇，加紧建设。

相比之下，司马懿府中不但简朴，简直是寒酸得目不忍睹了。司马懿平生崇尚节俭，常常以曹操、曹丕为楷模，到了位尊年高之时，日益谨慎，日常所用更为简陋。曹爽府中淫乱不堪，司马懿早有耳闻，他心中暗暗高兴，心里想道：这正是老天不容留曹爽小儿啊。

公元 241 年，夏五月。司马府中，数棵石榴，无数花蕾一齐绽放，花红似火，在绿荫的映衬之下，灿烂夺目，透着洋洋喜气，满院之中，就仿佛升腾着万道霞光。吸引得满府上下，争相观看。少有的喜庆与热闹，使得府中丫鬟使女放开胆子，相互调笑，悦耳的清音犹如水波荡漾在花草丛中。司马懿捋着胡须缓步走来，赞许不已，阴郁已久的心里，终于有了一丝晴朗。

大家兴致正高，忽然有心腹回来，报道："东吴大兵全面进攻中原，大将全琮入侵芍陂，朱然、孙伦围攻樊城，诸葛瑾、步骘侵略租中。"

司马懿大吃一惊，即刻勒令府中家人各自回去歇息，不许继续扰攘，他自己则急忙上马，直奔宫中，面见圣上商议御吴举措。

此时，曹芳已经接连接到多道警报，曹爽也被唤入宫中。曹爽虽然握有兵权，却很少经事，和他的父亲曹真相比，正有天壤之别，与司马懿更是无从比起。甚至在皇上面前，他也丝毫不能掩饰自己的慌张，说道："看来，是出兵御敌，还是出面讲和，一切只待太傅裁决。"

曹芳急忙命人去请太傅司马懿，刚出嘉福殿，却正好与他相遇。

司马懿见过圣上，就急忙询问东吴进兵一事。曹芳感叹地说道："如今国难当头，堪能为朕分忧的，还是卿等老臣啊。"

曹爽不尴不尬地在一旁随声附和。司马懿道："当年明帝驾薨之时，谆谆嘱托，说无论何时都不要忘记那日陛下相恋之情。老臣怎能不殚精竭虑奉侍陛下。"说着，拿眼斜瞅了一下曹爽。曹爽脸色唰地红了，下意识地躲避着司马懿犀利的目光。

司马懿又道："芍陂为淮南要冲，现由将军王凌把守，可以无忧，只是樊城、柤中两处，必须大将前往救援，方才能够退敌。曹爽将军久掌兵权，当仁不让，定能出师大捷。"

曹爽闻听，心中慌张，嗫嚅道："我等毕竟年少，不曾经历大战，不如司马公身经百战，经验富足，国危民难当头，只有您亲自出征，才能胜得稳妥。"

何晏尖细的嗓音，拖着长腔，自我欣赏地说道："樊城坚固，易守难攻，敌众屯兵城下，不战亦疲，但用长久之策与之抗衡，敌兵坚持不住，必然退却，此系以逸待劳之妙计！"说完，得意地环顾一下周围。司马懿从鼻腔之间轻轻哼一声，把脸转向了别处。曹爽用眼睛瞪了何晏一眼，示意他不要说话。

片刻的静寂之后，司马懿轻叹一声，说道："主上年少，国家临危，容不得大家在这里争执，如若不赶快出兵抵御贼寇，那么还如何能够安定社稷？！"一边说一边斜睨着曹爽，用手一托花白的胡须，慨然道，"大将军能往则往，如若不能，我司马懿虽然年老，愿意率兵前往杀敌。"

曹芳十分感动，眼里噙满泪花，说道："司马公不愧为国家中坚，等你高奏凯歌归还之时，朕要发动天下，为你庆功。"

司马懿礼毕，随即退出，奉旨调遣兵马，即日引兵出征。夏日炎炎，蝉鸣聒噪。司马懿全身披挂整齐，骑在高头大马之上，花白的胡须在微风中抖动，既显得威武，又令人感觉悲壮。皇上曹芳亲率文武百官早早来到城门外，为万千军兵送行。司马懿虽然年事已高，却显得精神抖擞，曹芳走下龙辇，与他依依惜别。百官之中，一片赞扬之声，一再称颂："国家大事，一切都仰仗太傅了。"一向飞扬跋扈、高高在上的曹爽，在一旁听着这些有意无意的话语，心中感觉从未有过的压抑难耐，自己仿佛被淹没在这人声的海洋里。

司马懿却不由得陷入了沉思之中。当年先帝曹叡不止一次带领满朝文武前来相送，几番南征北战，无论春夏雨晴，多少强敌生死荣辱，一切倏忽闪过，恍若隔世。他双手高高举过头顶，慨然道：“当今世上，若论用兵，再无堪与老臣相比之人，敬请陛下放心，不日老臣必能高奏凯歌而还。”说完打马而去，英姿不减当年，数万军兵随之起程。

烈日之下，卷起冲天烟尘。

司马懿率领大军赶至樊城，不几日，就解除了樊城之围，吴兵连夜匆匆逃遁，捷报迅速传往中原，满朝文武如释重负；司马懿再进兵柤中，吴兵闻风而退。魏军步步紧逼，斩杀万人，收其舟船军资而还。

大兵归来之时，曹芳引领百官，亲到城外迎接。司马懿出师大捷，高奏凯歌，皇上论功行赏，曹爽相形见绌。

在司马懿料敌决胜之时，曹爽也出于私心，屡屡活动。

公元 244 年，蜀国大将军蒋琬进任大司马，出兵涪城，谋袭中原。邓飏、李胜对曹爽说：“公欲立大事，如今唯一顾忌的就是太傅司马懿。如今蜀国蒋琬窥伺中原，正是您建立功名的良机啊，将军不如入朝请战，出兵伐蜀。”

朝堂之上，曹爽请战远征，皇上昏而无用，众臣不是不敢言语，就是曹爽附庸，所以无人出面阻止。只有司马懿挺身而出，说道：“蜀国并未进兵，根本无须劳师远征。而今，蜀国与中原力量悬殊，等到敌国进犯之时，再出兵攻伐也不为迟。”

曹爽日益骄纵，正是为了与司马懿争夺功名，才欲出战，怎会被劝阻得了。结果率军出征，劳师耗费，无功而还。

公元 245 年。秋八月。曹爽废置中垒营、中坚营，把两营兵众统统交给弟弟曹羲率领。司马懿援引先帝旧例制止，曹爽不听。

公元 246 年。吴兵入侵柤中，有万家百姓为避吴兵，北渡沔水。司马懿认为沔南离敌太近，倘若百姓奔还，还会引来吴兵，应该让他们暂留北方，曹爽不同意，下令将他们驱逐回到沔水之南。

吴兵果然击破柤中，烧杀劫掠百姓，数以万计。

公元 247 年。曹爽用何晏、邓飏、丁谧之计，把太后迁到永宁宫，自己专摄朝政。

一时曹爽兄弟共掌禁兵，屡改制度，司马懿不能禁止，从此与曹爽矛盾更深。

这年五月，司马懿称病，不再参与政事。当时童谣说：何邓丁，乱京城。

曹爽等人加紧了篡权的步伐。公元 248 年三月，黄门张当私自把后宫才人石英等十一人送给曹爽，曹爽、何晏乘机与张当勾结，图谋篡逆。

司马懿悄悄地寻找机会，准备与曹爽大干一场。

假称风痹骗过曹爽

公元 248 年。冬天。

京城凝重的空气中，充满了紧张气氛。

国家危亡当头，司马懿丝毫不敢懈怠，他召集弟弟司马孚，堂兄司马芝，侄子司马望，儿子司马师、司马昭，和自己的亲信，日日谋划，不分昼夜。这天，司马府中，北书房内，司马懿正与两个儿子商谈如何对付曹爽集团的叛乱，忽然门吏来报："河南尹李胜来访。"

司马懿心中"咯噔"一下，李胜是曹爽集团的人，何故此时来访，必然是自己的行动引起了曹爽等人的疑心。倘若事情败露，身家性命不保倒是小事，国家命运实在堪忧啊。

司马昭看了看父亲，吩咐门吏道："就说太傅有病，不能见客。"

司马懿说道："那样万万不可，李胜定是为探听虚实而来，我们不如将计就计，让曹爽等人自己走入我们的圈套。"随即下令，让李胜进来。

司马懿一边脱去外套，向床前走去，一边含笑说道："当年为父不愿出山跟随曹操置身乱世之中，曾假称患有风痹之症，两次骗过了曹操的使者，只不过曹操乃是一世之枭雄，终究没能蒙蔽得了。曹爽愚钝，不及曹操百分之一，而今为父再次假称风痹，必然能够蒙过这个小儿。你等且看我眼色行事。”说完，扔掉帽子，披散开长发，揉皱衣服，垫着被褥半躺在床上。这时，李胜已经大步跨进了房门。

见到司马懿双眼歪斜，口角流涎，李胜着实吃了一惊。司马师、司马昭忙上前一躬身，说道：“家父早年就患有风痹之症，不想病情加重，竟到了这种地步，近日遍请名医，都说恐怕难以治愈。”

李胜心中暗喜，却装出一副伤感的模样，走到床前，施礼说道：“我只听说太傅有病，却不知太傅的病这么严重。”

司马懿示意身边两位奴婢过来搀扶，挣扎着颤巍巍坐起身子，用被褥拥住四周，勉强把不时发抖的胳膊伸出来，试图抓住李胜的双手，说道：“啊，你……你是李胜吧……”

李胜急忙答道：“正是在下李胜，这些年李胜本没有多少功劳，一直仰仗太傅提携，在下心中实不敢忘，而今又承蒙皇上错爱，命令某回到本州任刺史，今天特意前来拜辞太傅。”

李胜说的“本州”是指故乡荆州，司马懿假装耳聋，故意将本州听成“并州”，吃力地大声叮嘱道：“你要去并州任刺史？并州靠近胡地，你可要小心啊。”并州治所在今山西省太原市西南，辖境包括陕西北部与内蒙古河套地区，当时属于边疆，靠近胡地。

李胜暗暗觉得好笑，纠正道：“是回我的本州荆州，并不是去边地并州。”

司马懿仿若没有听到，依旧只念叨并州的事。忽然又嘟哝想要吃粥。婢女连忙端上粥来，两三个人照应着用调羹舀着喂他。他的双唇像是麻痹得不听使唤，粥顺着嘴角直流到衣服、被褥上，他自己还显出焦躁的样子，满脸都是细细的汗珠。

李胜坐在床前依偎着司马懿，终于挤出了几滴泪水，十分伤感地说道：“当今皇上年幼，天下大事还都要仰仗您来支撑呢！大家都知您旧病复发，暂时不能处理政事，不想您却病成这副样子。您若万一有点儿闪失，则国家损失不可估量啊。”

司马懿见状，索性把戏做得更足，两颗浑浊的热泪，顺着脸颊流下。他唤过两个儿子，抽泣着说道：“如今为父年老体衰，又兼疾病缠身，大去之期恐怕不远矣。你们两个尚且年轻，着实让我放心不下，以后的事还都要多向李胜将军请教。”又转过头来，对李胜近乎哀求地说道，“两个儿子都不争气，以后就仰仗您来好好教导他们了，也希望您将来能够多记得我的一些好处，见了大将军，多多美言几句，他们两个就托付给您了……”话未说完，疲惫至极，躺倒在床上，只顾喘气，再也没有力气说些什么。

李胜目的达到，慌忙起身拜了几拜，乘机离开。院子里一群觅食的麻雀受了惊吓，“轰”然四散，飞上了光秃秃的树梢。

李胜刚走，司马懿就擦擦唇角跳下床来，活动活动筋骨，看看四周众人，问道：“我果真年老无用了吗？”说完朗声大笑，“我要亲眼看到曹爽集团贼众如何在光天化日之下，死在我的手里。”

李胜回来面见曹爽等人，脸上掩饰不住兴奋的表情，“如实”说道：“此真乃大将军齐天洪福也，不承想司马懿竟然病到这种程度，他已经病入膏肓，形神离散，说不定哪天就要到阴曹地府去侍奉先帝了。”

曹爽、何晏急忙询问李胜见到司马懿的情形。李胜兴致勃勃，将司马懿四肢颤抖、耳聋嘴笨、吃粥弄脏衣被、反复嘱托照顾小儿等细节绘声绘色地描述了一遍，曹爽不等听完，一口热茶直喷了出去，放声大笑。在座的所有人都笑得前仰后合，直闹得桌翻凳倒。

嬉闹了许久，终于安定些了，曹爽才高声说道："太傅老人家病到如此地步，放眼天下，我曹爽还有可忌惮之人吗？！"于是，召集来无数美女，饮宴歌舞，通宵达旦。

次日天明，曹爽意犹未尽，传下令去，备好战马弓矢，准备伙同何晏、邓飏、丁谧、毕轨、李胜等心腹出城打猎。弟弟曹羲忽然过来制止他道："兄长专权，天下必有许多敌对之人，而今都出外游猎，万一有什么不测，岂不功亏一篑？"

曹爽兴致正浓，已经不知地厚天高，听见这话，极不耐烦，叫嚷道："弟弟何必多虑，如今你我握有兵权，天下江山都在我的股掌之中，我们何惧之有？"

曹羲死活阻拦，曹爽就是不听。最后，曹羲说道："倒不如簇拥小皇帝曹芳一同出城，先到高平陵祭祀明帝陵墓，然后再去狩猎，岂不更好？"

曹爽终于点头赞同，立刻书写奏章，接皇上出城。三个弟弟曹羲、曹训、曹彦带领御林军浩浩荡荡出城，曹爽等人骑坐在马背之上，威风凛凛，不可一世。

消息传出，司马懿大喜过望，他握紧拳头用力一击书案，站起身来，用毛笔龙飞凤舞写下两个大字——"政变"。一边自言自语说道："曹爽逆贼今日可灭，苍天助我成大事也！"未做丝毫停留，立即制定策动政变的具体举措。他让三弟司马孚迅速联络朝中旧臣；长子司马师迅速调集平素训练好的三千敢死士卒；以朝廷的名义，命令自己的心腹司徒高柔，假节钺行大将军事，首先占据曹爽营寨；命令心腹太仆王观行中领军事，占据曹羲营寨；司马懿自己则带领早已联络好的几名老臣径直到后宫禀奏郭太后。老将出马，一切有条不紊。

朝中旧臣早就对耀武扬威、失乱纲常的曹爽深怀怨恨之心，如今德隆望尊的太傅司马懿带领大家起事，无不积极响应。顷刻之间，众臣集合一起，或骑马，或乘轿，不敢丝毫耽搁，跟随司马懿直奔后宫。

郭太后听见外面人声嘈杂，正自惊疑，忽然朝中百官一同匆匆而来，不知何故，连忙起身询问。司马懿在前，急忙跪地参拜，说道："太后不必惊慌，是我等老臣有要紧事奏请。"

太后见是执手托孤的老臣，心中稍安，问道："你与众位大臣匆匆闯入宫中，究竟为了何事？"

司马懿回道："如今皇上年幼，朝中奸臣当道，曹爽背弃先帝托孤之恩，结连党羽，威逼太后，践踏皇权，早有乱国篡逆之心，罪在不赦，朝野之中无不切齿痛恨，无奈曹爽位高权重。而今曹爽等人均已出城狩猎，正是我等举兵起事的大好机会啊。"

太后不曾经过这事，只觉心中发慌，犹豫道："我也早就看破曹爽等人的贼心，只是苦于无力。如今太傅出面讨贼，一切就仰仗您了。只是皇上在外，与曹爽等人同在一起，不知圣意如何？"

司马懿说道："太后不用忧虑，臣有上奏天子的表章，更有诛杀奸贼的妙计。"随即命令太尉蒋济、尚书司马孚书写表章。司马懿口述，二人笔录，须臾工夫，奏章写就。

司马懿上奏天子的表章写道：

征西大都督、太傅臣司马懿，诚惶诚恐，顿首谨表：臣昔从辽东还，先帝诏陛下与秦王及臣等，升御床，把臣臂，深以后事为念。今大将军曹爽，背弃顾命，败乱国典，内则僭拟，外专威权。以黄门张当为都监，专共交关；看察至尊，伺候神器，离间二宫，伤害骨肉。天下汹汹，人怀危惧。此非先帝诏陛下及臣升御床之本意也。

臣虽朽迈，敢忘往言？太尉臣济、尚书令臣孚等，皆以爽为有无君之心，兄弟不宜典兵宿卫，奏永宁宫。皇太后令敕臣如奏施行。臣辄敕主者及黄门令，罢爽、羲、训吏兵，以侯就第，不得逗留，以稽车驾；敢有稽留，便以军法从事。臣辄力疾将兵屯于洛水浮桥，伺察非常。谨此上闻，伏于圣听。

太后闻听，心下稍觉释然，她无可奈何地深深叹了口气，又用双眼瞄了瞄司马懿，语重心长地说道："如今国家转折关头，是国家之福还是国家之难，尽在太傅此举，您一定要好自为之。"

司马懿连忙叩首谢恩，引众人出宫，分头行动。

灭曹爽，独统朝廷大权

曹爽引领众人，与皇上相伴，出城打猎。曹府之中，难得的清静。

曹爽的妻子刘氏与几个姐妹手把火炉，谈天说地，下棋消遣，正玩得高兴，忽然门吏来报："太傅司马懿聚众起事，顷刻之间已经占据了武器库，并且派兵严严把住了城门。"

刘氏大吃一惊，慌忙传来曹爽帐下守督潘举，说道："久闻司马懿病重，卧床不起，怎么会忽然带兵封了城门？定然是要起兵叛乱，如今曹将军等人与天子一同出城打猎，不知如何是好？"

潘举说道："夫人不要惊慌，且待我领人出去探听一下消息。"

潘举说完，立即集合家中兵将数十人，备好弓弩刀枪，登上了门楼向四下张望。恰好司马懿全副武装，骑马提枪，威风凛凛，引领千余兵马从门前经过。潘举高声大叫："皇上和大将军均在城外，太傅何故起兵，难道想要兵变篡逆吗？"

司马懿身边将官回道："太傅是为了清除皇上身边的奸臣，消灭叛国的隐患。这是国家大计，你等不要阻拦！"

潘举大怒，嚷道："休得胡言，有我潘举在，你等今日就休想过得这条街道。”随即下令兵丁一齐放箭。箭矢如雨，司马懿等人急忙用枪剑拨打，一边往后退去。大家眼看真的不能经过，正在焦急，司马昭忽然想起了安插在曹府的偏将孙谦。

此时，孙谦就在潘举身侧。见潘举放箭，太傅人马受阻，孙谦马上上前阻止道：“太傅乃是为了国家大事，潘将军千万不能糊涂。”

潘举没有想到孙谦会为司马懿说话，十分恼怒，双手用力，弓拉得更满了。

孙谦又劝阻道：“曹爽等人拉帮结党，僭越皇权，其叛国图谋已经昭然若揭，天下人要共诛之。潘将军要为大义着想。”

潘举依旧不听，索性回身将利箭对准了孙谦。孙谦毫不畏惧，说道：“事已至此，成败就在旦夕之间，将军可得为自己留条后路啊！”

潘举一愣，手中拉满的弓，慢慢松了下来。

司马懿在司马昭等人的护卫之下，引领兵将穿越门前，径直出城。日头西斜，轻吹的北风更显得阴冷，沿着城墙，洛河蜿蜒，水色清清，临岸已经结起了一层薄冰，夕阳绚丽的余晖在阻塞的水面上映出更加绚丽的光彩。浮桥横跨，单调而孤寂。司马懿下令兵马驻扎在洛河，严密守住浮桥。

曹爽心腹司马鲁芝见司马懿起兵政变，急忙与参军辛敞商议，带领一小撮人马，杀出城门，飞马去高平陵，通风报信。

消息很快传到司马懿那里。司马懿首先想到的是大司农桓范。桓范是曹爽的同乡，与曹爽关系虽然不甚亲密，但是此人足智多谋，曹爽一直十分敬重他。司马懿起兵之初，就想笼络他，召他为中领军。中领军向来只有皇帝的亲信才能担任。桓范没能禁得住诱惑，应召担任了中领军。但是司马懿心里清楚，一旦情况有变，桓范会立刻倒向曹爽那里。鲁芝与辛敞斩关夺门而出，司马懿料到这必然对桓范触动很大，所以立刻派人去请桓范，结果不出所料，桓范与儿子一道已经骗过城门守将，连夜到城外投奔曹爽去了。

疏忽了这个人物无异于放虎归山，司马懿极为惋惜，后悔太过大意，对身边文武说道：“桓范见到曹爽，定会出谋划策，如若胁迫天子，远走他处，我等岂不前功尽弃？”

蒋济说道：“太傅不必忧虑。常言道：‘驽马恋栈豆。’曹爽贪图享乐，苟且偷安，非英雄人物，不过一驽马耳。只要不以死相逼，必然不肯另寻别的路途。”

司马懿深以为然，即刻召来许允、陈泰两位将官，命他们火速去高平陵见曹爽。叮嘱道：“你二人最好赶在桓范之前见到曹爽，设法稳住曹爽，以防生出变故。就说：‘太傅起兵，并没有别的什么想法，无非是见你弟兄垄断军权，心中不平，只要你们兄弟交出军权，太傅与令尊大人又是故交，一切都会宽容的。’”二人领命而去。

司马懿还不十分放心，他想到殿中校尉尹大目与曹爽一向交往甚密，急忙将此人召来。司马懿对他说道：“我这次起兵，不过是觉得曹爽兄弟把持军权，不把功高老臣放在眼中，所以想要削弱他们的军权，此外，别无所图。我知你和曹爽关系非同一般，所以决定让你告诉曹爽，束手请罪，切不要别作他图，免得兵刃相见。我与蒋济愿意指洛水起誓，以证实所言句句是真。”话未说完，二人当真面对洛河，发起誓来。

尹大目不愧是“驽马”的心腹，他一心一意要为曹爽着想，听完这一番话，深信不疑，打马飞奔而去。

一丝复杂的笑意在司马懿的脸上漾开去。

皇上曹芳与大将军曹爽等人还没有离开高平陵。

少见的荒凉阴森气氛。无数的高丘远近相连，高高的野草直漫过头顶，数百株苍松古柏或怆然独立，或三五成林，上面有数不清的鸟儿筑巢打洞。野兔总在不经意间忽然蹿出，狼虫的叫声一高一低、一远一近，寂寞而旷远。焚烧冥钱的黑烟如柱，却在不高的空中被一阵清风化解，再无踪影。天地都显出另外一副模样，这里确实是一个别样的世界。所有人的心中都有些发紧，在默然中恐惧着然而又好像是等待着会发生什么。

像墨水洇湿宣纸一般，黄昏降临了。一切可怕的东西都变得更加可怕。众人踏平一片野草，就地搭起了帐篷。星星点点的火把陆续生了起来，月亮在高空中也越来越清晰、越来越明亮了。无聊的人们都瞪大了眼睛，仰着头望着如钩的月亮发呆。皇上曹芳却心潮起伏，他感觉先帝的灵魂就在他的身侧，似乎还给他说着什么。自魏国建立至今，不过数十年光景，却已几次传承皇位，每个人都是那么短暂，自己八岁即位，贵为天子，拥有万里江山，但是而今满目疮痍，众卿失和，天下形似凝合，其神却早就已经离散，有谁能够知道，太阳再次从东方升起之时，天下会是什么样子。

曹爽却另有心思。他望着弯弯的月亮，遐思无限。朦胧中，他仿佛看到这月亮、这江山都像是长了腿，悄然走进了他自己的府邸……

天上陡然生出一团黑云，月亮被吞噬掉了，严严实实，不留痕迹。天空从未有过的阴暗，只有四周的火光远远划出一个大大的不规范的圆圈。

曹羲忽然走了过来，俯首帖耳对曹爽说道：“自出城以来，劣弟常常感觉脊背发冷，今晚又见阴云遮月，像是从来不曾见过这等奇观，就像是天狗吃月一般。出城之时，我曾极力阻止哥哥，现在城中该不会出什么事吧？”

曹爽正在痴迷于美妙的梦幻之中，却被曹羲打断，又说些如此不中听的话，生气道：“你懂得什么，就在这里胡说这些？你我兵权在握，伴驾出城，司马老儿又病重不起，休得多虑！”

正在这时，忽然数匹战马自远处飞奔而来，待走近帐时，翻鞍落马，口中声称：“太傅有表章呈给皇上！”径直进帐要见皇上。曹爽闻听，吃惊非小，他已经料定城中出了大事，慌忙上前阻拦，哪里还来得及，差点没被来人搡倒。

黄门官跪在曹芳面前，宣读表章。曹爽等人只好站在一边惊慌地听着。表章乃蒋济、司马孚所写，用的是司马懿的口气，句句都是讨伐曹爽等人的檄文。曹爽直听得哆哆嗦嗦，冷汗淋漓，他知道城中已经难回，家中妻儿老小，都在城中，现在不知怎样，想想又无计可施，心中更加焦躁。左右看看，兄弟曹羲、曹训、曹彦正以怨怼的眼光看着他。何晏低着头，跪在一旁，他善于辞令，夸夸其谈的双唇，此时也缄默不言，似乎再无“妙计”可出。

曹芳倒像是一个局外人。从登基之初到现在，他不记得自己曾在什么时候，说过一句举足轻重的话。他始终在几位重臣的庇佑之下，后来几乎整个成了曹爽集团的傀儡，甚至连自己的后宫都看管不住。随着年龄的增长，他独立摄政的欲望越来越强烈，所以他的不满情绪也就越加高涨。他现在以揶揄的目光看着不再威风凛凛的曹爽，鼻息间轻哼了一声，淡然问道：“大将军以为现在应该如何裁处？”

曹爽嗫嚅良久，没能说出什么。曹羲见哥哥没了主意，急促地说道：“司马懿雄才伟略，又狡诈多谋，善于用兵，诸葛亮都难与他匹敌，当今天下，更不知还有无对手，我等除束手就擒，可免于一死，另外别无出路。”

曹爽沉思良久，反复权衡，一脸的痛苦与无奈，点头说道：“看来，只好如此了。”

众人正在不知所措时，辛敞、鲁芝、桓范等各领部分人马先后赶到。曹爽道：“一夜突变，我都已经知道了。但不知目前城内局势如何？”

辛敞说道：“司马懿早有图谋，谁也不能想到，一时之间，竟然遍地都是他的亲信，而且人马众多，城中要地均被占领，各路城门都被封住，我们是斩将夺门而出的。而今司马懿父子带领兵马亲自驻扎于洛水浮桥，其势头猛劲，大将军还是另作良图吧。”

曹爽拿探询的目光盯着桓范。桓范说道：“太傅政变，无疑是冲着大将军您来的。我以为主公绝不能再忧虑了，不如携天子临幸许都，号令天下，调兵遣将，而后卷土重来，杀回洛阳，兵败司马懿，岂不酣畅淋漓，以逞大丈夫之志？”

曹爽再作权衡，焦急地说道：“那可使不得。我等全家老小，半生基业都在京都，我们远走许都，作对司马懿，城中一切岂不毁于一旦，即使能够再展宏图，又有什么意思。”

桓范没有想到大将军曹爽竟然如此怯懦，急切地说道：“主公如若束手投降，非但家中老小不能得生，就连我等自己也定然难保项上人头。”

曹爽说道：“太傅与家父，同为大将军，一齐征战疆场，乃是生死之交。他与我们常常叔侄相称，安能忍心对我兄弟下手如此毒辣？”

桓范颇感失望，心中暗暗后悔没有响应司马懿，却冒死前来帮助这等庸才。

争执的声音越来越小，渐渐平息了。秋虫的叫声却愈加清晰，凄楚而无奈。猫头鹰奸诈的笑声与野狼凶残的嗥叫交相响起。天地之间忽然显得那般狭小，连空气都觉得稀薄了。

是夜，为了安全起见，曹爽听从大家意见，迅速调集屯田兵马三千多人，里三层外三层，严密护卫着曹爽无法调整的纷乱思绪。他踏着野草来回踱着步子，中间几次豪情突发，却又很快被自己否定，压了下去。矛盾的冲荡使他一夜之间苍老了许多。

好不容易挨到了天明。忽然兵丁来报，说自城中来了使者。曹爽疲惫的双眼猛然一亮，连忙传令唤来使进帐。

来者正是司马懿派出的使者侍中许允、尚书令陈泰。曹爽问道："太傅突然起兵政变，不知究竟为了何事？"

二人答道："太傅有话，说将军手中握有重要兵权，与所建立的功劳并不匹配，惹得朝中大臣多有怨言，此次起兵，不过是要削去兵权，并没有别的意思。希望大将军以大局为重，不要有什么疑虑，尽早护卫陛下回京。"

曹爽听罢，心中稍稍觉得释然，正待表态，曹羲阻止道："司马懿这人外表宽和，实则心胸狭窄、阴险毒辣，哥哥千万莫要轻信。"

曹爽犹疑片刻，忽见殿中校尉尹大目骑马匆匆赶到。尹大目奉劝道："太傅非等闲之辈，大将军且莫轻易与他敌对。太傅已经当着众人的面，指洛水为誓，无意伤害大将军。太尉蒋济还专门写来了书信。我尹大目多年追随将军，所言句句发自肺腑。希望您除去兵权，尽早回府。"

曹爽一向十分信任尹大目，"除去兵权，尽早回府"几个字对他触动很大，他忽然抽出腰间佩剑，俯身用力插入土中，泥土几乎没到了剑柄。"从此谁也不许再言起兵对抗太傅的事，我情愿放弃兵权，丢掉官职，回自己府中只做富家翁足矣。”

桓范起初还以为听错了，等明白过来，他用手直指曹爽破口大骂：“想不到你父亲一世英明，你们兄弟却如此窝囊怯懦。身为大将军，一人之下，万人之上，如今屈辱当头，竟然苟且偷安，满足于人下求情，甘心只做富家平民，只恐怕您不能圆此美梦。数日后，我去城中为你收尸！”话一说完，出帐扬长而去。

曹爽立即命人将象征兵权的印绶尽皆取来，如数交给许允、陈泰。曹爽手下幕僚无不唏嘘，有的悄然离去，有的无法抑制，仰天悲叹。众兵丁见状，纷纷解除甲胄，四散而去，各自寻找生路去了。

曹爽领着几个亲信，拥着陛下，垂头丧气，步履缓慢，向京城方向走去。

司马懿引领两个儿子和朝中众臣，早早在道旁迎候，向皇上叩头谢罪。曹爽急忙近前向司马懿施礼，说道：“近年来，在下无知，多有得罪，还望太傅看在先父的面子上，多多海涵。”

司马懿无声地笑了笑，说道：“阁下不必多虑，我自有道理。”随即命令司马昭带领一支人马，护送皇上进宫，又令左右速将何晏等曹爽手下幕僚全部戴上枷锁，送入牢狱。何晏不再面如敷粉，他双颊泛起一片死灰，声嘶力竭，嚷道：“大将军救我！”曹爽面色惨白，慌忙低下了头，心中暗想：“我自顾不暇，如何还救得了你们。”被紧紧捆绑送上了囚车的何晏、丁谧等人，无不用怨恨的眼光盯住曹爽，含怒而去。

须臾，浮桥之上，与司马懿的军兵默默相对的就只有曹爽兄弟了。冬日的天空、河流与田野。苍茫天地间，昨日还耀武扬威、不可一世的曹家弟兄此时显得是那么孤单无助。河风吹来，带着侵入肌骨的寒意，曹爽偷看了司马懿一眼，禁不住无声地发出一声轻叹。

司马懿瞥了他们一下，说道：“你们弟兄三人，暂且回到自己府上吧。”

对司马懿来说，曹爽已经是股掌之中的小鸟，它早就难以飞出自己手心了。

曹爽兄弟刚刚回到家中，大门就被从外面反锁住了。上千军兵将曹府围得严严实实。曹家门楼上，昨日才刚有曹爽家奴射过箭矢，如今已经布满了对方的军兵。司马懿还下令在曹府围墙四角，分别筑起了细而高的岗楼，上面昼夜有人值班，观察院中的动静。

曹氏兄弟此时在司马懿眼中，无异于经过一番搏杀，才刚猎获到的狼虫虎豹等战利品：他们在铁笼中左冲右突，惶惶不可终日，再也没有了往日的凶狠与威风。他要尽情地戏弄他们、折磨他们，悉心欣赏他们的种种表现，从而慢慢品味自己的成功与智慧。

曹爽抬眼望着四下里穿盔戴甲的士兵，心中着实没底。他心慌意乱，在院子里逛来荡去。光秃的树上，却有无数麻雀，在高低的枝头，排列出不同的弧线，像是被枝条穿起的一串串土豆；但更让人心烦的是，它们不时地“叽喳”乱叫，飞上飞下，闹哄哄地让人难受。它们怎么能够知道一个堂堂的大将军，如今正在等待着他人来裁决自己的命运。

焦躁而又无聊的曹爽精心做了一只弹弓，顺手捡起一颗石子，拉弓往树上打去，一群麻雀“轰”地向天空飞散了。顷刻之间，又如穿土豆般聚拢在了枝头。

守卫在高处的士兵开始戏弄曹爽。曹爽每天刚一下楼，士兵就喊：“原大将军下楼喽。”曹爽手拿弹弓顺小路往东南方向走，士兵就喊：

“原大将军东南行。”墙外的军兵也跟着起哄，扰攘的声音远远比麻雀的叫声更为可憎，更加令曹爽心神不宁。他满面羞愧，连忙转身上楼，外面又轰然响起“原大将军上楼喽”的喊叫声。

曹爽心中郁闷，向弟弟曹羲描述一番。曹羲说道：“此种羞辱何足道哉，只是不知太傅究竟要如何处置我们。眼下，府中粮米已经所剩不多了。哥哥可以立即写一封书信给太傅，也正好借此探探口风。”

曹爽点头，随即铺开纸笔，写了一封信，让人呈交太傅司马懿。信中写道：“贱子曹爽百拜书奉太傅尊前：窃念爽哀惶恐怖，无状招祸，合受屠灭。前遣家人迎粮，万望宽宏，当烦见饷，以继旦夕。”

司马懿此时正在加紧审讯黄门张当，准备顺藤摸瓜，弄清曹爽等人欲图谋反篡逆的罪行。见曹爽府上送来书信，他仍想把戏做下去，匆匆看过来信，便守着信使佯装惊讶道：“没想到大将军府中粮菜已光，实在是某考虑不周，我这就安排送去。”话未说完，又执笔写下回信：“初不知缺粮，甚怀蹴踖。今致米一百斛，并肉脯、盐豉、大豆相送，幸之笑留。”

曹爽读罢司马懿书信，又见这么及时将所需之物全部送来，心中暗暗高兴。对家人说道：“我早就知道太傅必然不会失信于我啊。”

依据张当供词，司马懿又夜审何晏等人，何晏、邓飏、李胜、毕轨、丁谧等人先后供认：曹爽兄弟公开结党，把持军权，并秘密商议，决定于三月间起兵谋反。

司马懿将所有供词一一拿到宫中让曹芳过目，又禀报太后，尔后，召集公卿大臣共同上殿，当众宣布曹爽等人的罪行。

朝中大臣，有的唏嘘不已，表示不可思议，无法理解，以表白自己的忠心；有的则说早已看破曹爽等人意欲图谋不轨，以说明自己心明眼亮；有的干脆缄口不言，表示自己从来不是是非中人，生怕一句话说不好，沾染了自己。

司马懿大声启奏圣上："曹爽等人窃取兵权，结党营私，图谋篡逆，早已犯下大逆不道之罪，依法应当诛灭九族。然而念其乃功臣之后，又是托孤之臣，可将曹爽兄弟及其党羽一干人犯，即日斩于市曹，灭其三族。其家产财物，全部查抄，并入国库。"

大殿之中，忽然死一般寂静。

"准奏！"曹芳的声音虽轻，却掷地有声，在每个人听来，都似乎与以往不同。

圣旨传到曹爽府中，没有心理准备的曹爽兄弟放声大哭。千余军兵涌进宅邸，有的抄没财物，有的捆绑人犯，有的分散奴婢侍从。曹家亲族不论老幼，逐一捉拿，曹家上下哭声响成一片。曹爽看在眼里，悔在心里，对他而言，天地间正在发生着最为悲惨的事情。

曹家三百多人，磕磕绊绊地被押解着走向东面街市。所要经过的所有街巷都挤满了人，好奇的人们谁也不愿放弃这绝好的机会。有的称快，有的惋惜，有的佩服太傅的才略，有的评价太傅为人却原来如此奸险狡诈，依旧从不同角度，按照各自的理解，不甘寂寞地发表着议论。

午时三刻，阴风怒吼。东面市曹搭起的高台之上，曹爽紧闭双目，准备引颈受戮，他实在不忍心再看到和自己一同站到断头台上的亲人。如果不是为了他们，如果不是因为对太傅充满信任和幻想，如果不是软弱苟且，或许自己早就走向他方，开创另外一片基业，或许这断头台上三百余口本是司马懿家中老小。不过，再这样想还有什么用啊。远处仿佛有什么声音响起，有时如中原唢呐，有时如西部泥埙，声音婉转凄恻，像从天边袅袅而来，又好像是向着天边发散而去。

司马懿亲自做监斩官。看着这些为祸多时，意欲谋反的人，他的心中亦喜亦悲。他悄然走到曹爽面前，轻声说道：“当年，先帝意欲请我出山，我因不愿乱世之中出来为官，所以假称身患风痹之症予以谢绝，哪知先帝不信，派人前来刺探，我又将计就计，做出病态给他看，先帝依旧不信。多年以后，我再次假装风痹病重，谁知大将军您就轻易相信了呢。我着实钦服先帝之才略，却实在不敢对您稍加恭维啊。大将军且记住，今日杀将军全家三百口并其他人等近千者，不是太傅，乃是将军您自个儿啊。”

曹爽听罢，紧闭双唇，牙齿却咬得“咯咯”直响。

司马懿又回头向着台下无数军兵与群众高声说道：“曹爽等人专权已久，目无朝廷，阴谋叛乱，今日被斩于市曹，乃是咎由自取，罪有应得。”

时辰已到。随着一声令下，无数钢刀“唰唰”落下，男女老幼千余人，瞬息之间，头颅滚落，闪亮的光影中，洇出了刺目的鲜红，暗淡了阳光与天空的颜色……

第六章

魂归洛阳，枭雄的最后绝唱

年近古稀，事业依旧辉煌；生命却犹如溪水渐渐漫过黄叶，悄无声息。总要有最后那片刻的回眸……

“性宽绰而能容”才能左右逢源，苟求性命于乱世；“情深阻而莫测”才能披荆斩棘，越险阻而登攀。“辅翼权重，竭诚尽节”，三受托孤之重，可见拳拳之心；“天子在外，内起甲兵”，假风痹而政变，未必失贞臣之体。

俱往矣！一切故事，或许重如泰山？或许淡若轻烟？

感谢苍天，感谢生命，且待我三叩而别……

为国沙场最后一役

司马懿用智谋杀死了曹爽等一干图谋造反的人，天下震撼。曹芳念司马懿救国有功，任命他为丞相，并增加他的封地，特许他进宫上殿不需通报姓名，命令他使用天子用的旌旗，出入时与天子一样，警戒清道。

这年十二月，光禄大夫刘放、孙资奏明圣上，说道："太傅司马懿为国锄奸，使得国家与民众免遭灾难，可谓功高盖世，况且栉风沐雨三十余年，征战疆场，扫荡群凶；又三受托孤之重，倾其才智，辅佐君王。臣以为看遍天下，无论古今，人臣未有如丞相之功者，即使周公、吕望也比他不过，应当为丞相加授九锡之礼。"

曹芳说道："朕也以为太傅之功，即使怎么加封都不为过，现在就传朕的旨意。"

加授九锡指的是：一、车马。大辂、戎辂各一（大辂是指金车，戎辂是指兵车。两车玄牡为二驷，黑马共八匹）。二、衣服。授以衮冕之服，并配以赤舄（衮冕是指王者的衣服。赤舄指的是朱履）。三、乐悬（指的是王者之乐）。四、朱户（居以朱户，指府门饰以红色）。五、纳陛（纳陛以登，陛是指台阶）。六、虎贲（虎贲三百人，指守门勇士）。七、斧钺（二者都是斧类，象征权力）。八、弓矢（赤色、黑色长弓各一，赤色箭矢一百，黑色箭矢一千）。九、秬鬯圭瓒（秬是指黑黍，鬯是祭祀用的酒，圭瓒是宗庙祭器）。加授九锡之后，人臣的威权无疑已经达到了极点，成了天子之下第一人。

司马懿此时却更加谨慎谦让，他对皇上说："陛下，为国锄奸，乃是身为臣子分内的事，臣本来就一心想到国家，并非为了加官晋爵。倘若陛下真的要这样加封我，岂不让为臣走向了孤独的境地。所以浩荡皇恩，老臣都领了，只是九锡之事就免了吧。"

曹芳没有准奏。

公元 250 年。又一个春天来临了。曹芳举行盛大的仪式，为司马懿加九锡之礼。颂扬司马懿才德功勋的声音上下响成一片，可是司马懿却再三推辞，并连连向大家拱手，表示谢忱。如此位高权重，为人处世却又如此谦恭，在场众臣都称是闻所未闻之事，赢得了无数赞誉之声。曹芳又颁布诏书，命令司马懿、司马师、司马昭父子三人齐抓朝政，同领国事。司马宗族之中，有才干的人都先后得到了提拔重用。

司马懿已经年至七十。司马懿的身心发生了极大的变化。身体的各种病症越来越多，体力也越来越感到不支。"人生七十古来稀"，他卧床之时常常浮想联翩，过去的事儿，会不知不觉间萦绕在脑际。他十分惊讶，数十年过去，一切竟都如在眼前。虽然不再上朝理事，但是朝中事务依然不少，每当有什么大事，魏帝曹芳都要亲自到司马府中去征询意见。

皇上在这一年，还下令在洛阳为司马懿建立生祠。

皇帝孱弱，强臣专权，天下不安定因素无时不在。兖州刺史令狐恿赶到寿春去见驻守在这里的太尉王凌。

令狐恿对王凌说道："如今我看朝野诸多景象，已经是末世之秋。汉末之时，丞相曹操威逼皇权，献帝刘协被迫为他加九锡之礼；如今皇上幼弱无能，朝中大小事宜无不由司马懿父子把持，司马家族势力日益强大，丞相司马懿也被加九锡之礼，专擅朝政，集团势力不可一世，与当年曹公相比正是有过之而无不及。所以魏国万里江山数年之内，将不再姓曹。我们又何必再尽心尽力，恪尽职守。"

王凌说道："司马集团势力强大，司马懿善于用兵，更有司马师、司马昭兄弟均非等闲之辈，曹爽当年何其霸道，谁能想到一夜之间，竟成阶下之囚，最后落得三族抄斩，血流成河。"

令狐恿说道："大丈夫处世，当有英雄气概，我们何必非要在别人之下做事。我有一计，我们不如一齐谋立楚王曹彪。"

王凌说道："司马懿对我一向友善，而且有恩于我，我怎能起兵叛乱呢？"

令狐恿说道："司马懿与大将军曹真更为友善，何至于灭曹爽兄弟三族呢？"

王凌不再说什么。二人便一齐商讨谋立新君的事。消息早就传到司马府中。司马懿正准备出兵剿除，这时，令狐恿身丧黄泉，事情就搁置了起来。

公元 251 年。春。

曹芳大摆銮驾到司马府中，有要紧事要见司马懿。司马懿正卧在床上，见皇上驾到，慌忙支撑着坐起半个身子。相互问候之后，曹芳说道："丞相勿动。您如今年纪已老，身体又不好，许多事本来不应再来打扰，只是无论什么事，朕还是觉得您拿了主意，这才放心些。朕今日来有事要与爱卿商议。”

司马懿说道：“圣上尽管说来。我虽然身体不是很好，但还不至于年老糊涂，尚且能够为国家做些力所能及的事情。”

曹芳道：“近日，驻扎寿春的太尉王凌接连写来奏章，说是东吴军兵不断侵犯我国边境，请求出兵征讨。不知丞相怎么定夺。”

司马懿听了，面露吃惊之色，说道：“王凌、令狐愚等人早有谋立楚王曹彪之心，因为令狐愚早死才没有起事。这次一定又是王凌借题兴兵，欲谋叛乱。陛下万不可准他用兵，老臣自有办法剿除贼祸。”

曹芳闻听，大吃一惊，额上顿时沁出了细汗，说道：“多亏有丞相提醒，一切就依照您的主意行事。”

这年四月，司马懿身体稍有好转，便奏明圣上，要亲自率领中军前往剿除叛贼王凌。曹芳心中不忍，劝阻司马懿另派他人前往。司马懿道：“老臣屡次剿除叛乱，颇有经验，可以像当年击斩反将孟达一样，速去速回，智杀王凌，圣上不必担忧。”曹芳不好再说什么，只有一再叮嘱他要注意身体。

次日，司马懿在弟弟司马孚之子司马望的陪伴下，率大军出了京城，直向寿春方向进发。

司马懿心中早就设下计谋。他先派人下一道赦书给王凌，声称赦免他意欲谋反的罪行，接着，又亲笔给他写了一封书信，大意是：你我都是故交，你意欲拥立新君，背叛朝廷，罪责实在难逃。好在尚未起兵，我已经奏明圣上，赦免了你的罪行。我已老朽，你以后要多思立功，将功补过，不然，再惹事端，必遭杀身之祸。

王凌本来想以讨伐东吴为名，调遣兵马，乘隙兴兵，没想到阴谋早被识破。正愁下一步没有出路，忽然赦免书到，心中十分高兴，再读司马懿书信，更是感激不尽。

身边人劝道：“司马懿狡诈多疑，出尔反尔，言而无信，此次所言也未必不是计谋。还望太尉谨慎从事。”

王凌禁不住想到孟达、曹爽诸事，脊梁间立刻透过飕飕凉意。他虽然将信将疑，但是也已经无计可施，只好侥幸地等待了。但是王凌怎么也没有想到，几天之后，忽然手下前来通报，道：“司马懿亲自率领大军前来征讨，现在大军已经到达百尺。”

王凌大惊失色，说道：“太傅用兵怎会如此神速，我命必然休矣。”他自知势力孤单，又如此仓促，怎么能够抵挡得了司马懿大军。负隅顽抗，势必灭亡。前思后虑，想到自己毕竟与司马懿相熟，不如出面请降，或许倒能求得一条生路。

王凌于是派属官王彧前往请罪，向司马懿送上自己的印绶和节钺。他随后用绳索套在自己身上，独自乘坐一叶扁舟出城迎接司马懿，面缚请罪。

司马懿乘坐的大船快行如飞，无数战船左右簇拥，旌旗招展。司马懿独立船头，全身披挂，虽然无法掩饰苍老，却果真精神矍铄，伟岸英武，比以往更有浩然之气。王凌心中惊慌，但是他又想到自己已经被赦免，而且与司马懿是故交，而今印绶、节钺已交，自己又面缚请罪，他还能将我怎样，慢慢地，心中又有些镇定起来。

司马懿派主簿前去替王凌解了束缚。王凌便觉得果真没有什么事了，于是驱舟向前，准备到司马懿大船上说话。看看只有十余丈远了，忽然在侧面飞出一只小船，船上几名军兵持枪佩剑，迎面阻住去路，喝道：“叛贼休得近前玷辱大船。”

王凌这才明白，司马懿原来是为了用计谋赚自己入瓮，却没有宽宥之心。他此时才深深悔恨自己如此愚钝。四面芦苇青青，眼前江水茫茫，水波不兴。王凌暗自叹了口气，心想：生死有命，富贵在天，又有什么办法呢！他远远地对司马懿喊道："丞相如果只用一札半简召我，我也不敢不去啊。您又何必拖着年迈的身体兴师动众呢？"

司马懿冷笑了几声，慨然说道："恐怕一札半简请您不到吧！"

王凌说："你忘记旧日交情，出尔反尔，你对不起我。""我宁可对不起你，也绝不能对不起国家！"司马懿声音苍老，却坚定有力。

话刚说完，前面小船上军兵已经将王凌捆绑结实，装入囚笼。司马懿分出六百人马将王凌解送洛阳，他自己则率领大军直奔寿春。临行前，王凌心中踌躇难安，求见司马懿。

司马懿立马帐前，捋捋花白的胡须，目光犀利，威严地望着王凌。

王凌抬头看着司马懿，递过眼色，试探地说道："今日丞相要把我押往京师洛阳，看在旧日情分上，罪人王凌需要一些东西，希望您能够帮忙。"

司马懿冷冷地说道："要什么只管说吧，我会尽量满足你的。"

王凌说道："我要几只钉棺材的长钉。"

司马懿早就听出了王凌话中的意思，冷笑道："好，那我立刻就成全你！"随即命人取来几颗长长的铁钉，绝望的王凌知道生的希望已经十分渺茫，颤抖着双手接过铁钉。铁钉"叮当当"掉落在囚笼下。

几乎未费一兵一卒，司马懿就平定叛贼，得胜而还。

司马懿心中十分清楚，大魏国自建立以来，就沧桑多劫。天下三分，内忧外患，不安定因素始终很多。再加上君王短命，明主缺乏，当今之世更是隐患四伏。王凌叛乱，幸好发现及时，倘若令狐愚不死，曹彪在南方被拥立为主，天下岂不又要分崩离析，军阀割据。所以，他决心重罚王凌之事，杀一儆百，警示天下。

王凌正行在去洛阳的路上。一日，忽然见到前方有一座小庙，仔细看时，却是贾逵祠堂，旁边刻有石碑、石像。贾逵生前任豫州刺史，大举抵御东吴，魏明帝曾经布告天下：只怕名声不能树立，不怕年龄不能长寿。贾逵留有忠于王室的功勋，死后仍然被人们思念，可以称得上是死而不朽的人了。王凌见此情景，情绪一下子激动起来，撕心裂肺般大喊："贾梁道，王凌乃是大魏的忠臣，您若在天有灵，定会知道。"小庙很快就在路边闪过去了。王凌依然艰难地、绝望地回头大喊，直到那庙宇、那青山，都在滚滚烟尘之中，消失得无影无踪。

王凌到达项城之时，绝望的情绪到了极点，夜晚乘人不备，服毒自尽。

司马懿此时正屯兵寿春，具体处理王凌谋反事件。见丞相不追根究底绝不罢休的态势，许多参与王凌之谋的人都慌忙出来自首。

司马懿依照供词，逐一推算，记录在册。最后凡是牵扯在其中的人，全部诛灭三族。寿春城外，血流成河，整个事件，震惊全国。

得知王凌已经服毒自杀，司马懿派人挖开王凌、令狐愚的坟墓，在附近的集市上，剖棺暴尸三天，然后烧掉他们的印绶和官服，把他们裸尸埋在泥土之中。

回到洛阳之后，司马懿奏明圣上，杀了楚王曹彪，并把魏国王公全部拘捕，集中邺城，命有司日夜监察，不准他们互相交接往来。

魏主曹芳念司马懿卫国有功，策命司马懿为相国，封安平郡公。前后食邑五万户，司马家族前后封侯者十九人。司马懿依旧坚持辞去相国、郡公之位。

六月，已经七十二岁的司马懿身体愈觉不佳。他心里明白，大去之期不远了。

病榻前，两个儿子司马师、司马昭看着父亲面容憔悴，喘息都十分艰难，不觉心情沉重。司马懿昔日挺枪跃马驰骋疆场的英姿、出语惊人行走于庙堂之上的睿智都已不复存在，一个伟大的生命历程走到了尽头。他的心里依旧不能平静，他用自己已经不敏的心灵在最后的时刻感悟着生命。赤条条而来，两手空空而去，但是人生几十年却无时无刻不被名利困扰。就要离开这个扰攘的世界了，从来都不像今日这么轻松。看到两个儿子伤感的样子，他笑了笑，想要活跃一下气氛，可他又忽然感觉心中一紧，他又想起了一个至关重要的大事。他并不放心自己的两个儿子，于是面容整肃，吃力地说道："为父乃是魏国开国大臣，数十年竭力辅佐三朝天子，而今官至太傅，人臣之位可谓到了极点，天下之人多有怀疑我怀有二心的。我心中常常因此感到不安。"

司马昭连忙说道："他们不过是以自己的私心来揣度父亲，父亲的行为不就是最好的明证吗？您又何必为此而忧虑。"

司马懿苦涩地摇了摇头说道："为父不放心者正是你们兄弟啊。我死之后，你们两个一定要善待主人，勤理国政，绝不可心生他意，负了我一世清名。如有违抗，即是大不孝之人！"

兄弟二人愣了片刻，都慌忙跪在地上叩头："父亲尽管放心，我们牢牢记下了。"

司马懿的唇角重又露出了笑意。

可是身后之事又有谁能够把握呢？

诸葛亮死后，蜀国以蒋琬、费祎、董允等人相继为相。公元258年以后，宦官擅权，政治腐败。大将军姜维北伐，劳而无功。公元263年，魏军三路攻蜀，姜维在剑阁抗拒钟会大军，而魏将邓艾轻军出阴平险道南下，于是年冬平灭西蜀。

司马懿大去之后，司马师、司马昭兄弟相继执掌朝政。朝廷内外的文武重臣接连反抗，都被镇压下去。公元254年，二十二岁的皇帝曹芳也被废掉，另立十四岁的曹髦当了傀儡皇帝。

司马昭做了丞相，专横跋扈，独断朝政。后来又威逼皇帝封他作晋公，按照古制给予最尊崇的礼遇。曹髦不堪任人摆布，忧愤难平，请来尚书王经，还有大臣王沈和王业，愤然说道："列卿，司马昭之心，路人皆知。是可忍，孰不可忍？朕与其坐以待毙，何如早下手与他拼上一场！"

尚书王经分析力量悬殊，要皇上三思而行。曹髦从怀中取出用黄绸写好的诏书，说道："朕意已决，死也不足畏惧。"

王沈、王业辞别了曹髦，就立刻向司马昭告了密。

曹髦亲自率领宫中数百名卫兵以及宫奴、童仆吵吵嚷嚷要去进攻司马昭，正碰上皇家禁军的首领中护军贾充，是豫州刺史贾逵的儿子，丞相司马昭的心腹。双方战不多时，贾充指使成济杀死了曹髦。

司马昭做贼心虚，把成济当作替罪羊，灭了九族。成济临刑前心怀不平，大骂不休。司马昭本来想要平息舆论，结果却欲盖弥彰。他不敢再贸然自称皇帝，又立曹操的孙子曹奂做皇帝。

这是公元260年的事，曹魏政权已经名存实亡。

历史有时会惊人地相似。五年后，魏国末代皇帝曹奂同东汉的末代皇帝一样，在一次隆重的朝典上被迫宣布，甘愿效法古代的圣贤尧舜，把皇位让给贤臣，自己含泪逊位隐去。

朝典之上，司马昭的儿子晋王司马炎效法曹丕受禅时的样子，假意推让再三（他不知是否知道，当年这正是祖父司马懿的主意），最后接过象征皇权的玺绶，宣称国号为晋，定都洛阳。

十五年后，晋灭东吴。

纷纷乱乱的三国，历经数十年风雨，终于画上了句号。

功过后人评

疾病纠缠之下，让人困苦不堪。

司马懿早就看透了世间的事，他一生节俭朴素，不尚慕虚荣，所以当许许多多耀眼的光环照临在他的头上时，他总是婉辞谢绝。他喜欢政治上的大喜大悲，更喜欢沙场之上的运筹帷幄。但是，他现在十分明了，那一切都已成为过去，都已成为历史。而且，自己已经不能再创造新的历史了。那一切，都将留待后人去做，包括自己，也要等待历史的评判。

皇上来看他了，他觉得非常满足。自己一生打了无数战役，经历了最为坎坷的时代，但是最后有这样好的结局，真是不容易。

人总是要去的。去哪里？那是怎样一种神秘的空间？他极力地思索着，好像是在梦魇之中，他似乎找到了答案。那是一个多么好的地方，可以在那里尽情地休息。没有了一切猜忌，没有争执，再也没有拼杀与死亡。只有平静，悄无声息。也没有饥饿、没有寒暑、没有困惑和苦闷。他苍老的唇角闪露出轻松的笑意。

是谁在喊？像是司马昭的声音，还有司马师、弟弟司马孚、侄子司马望……真好，都是身着官服，都是国家要员。听不见了，声音都远去了，人也远去了。又是那么安静、那么舒适。

怎么有人？是谁？怎么裸着身子？“我是令狐愚。”“我是王凌。”说什么呢？令狐愚、王凌早就死了，是欲图叛国，罪有应得。我也死了？死了也不怕你们呀，左右军兵安在？话还没有说完，早就有无数军兵摇旗呐喊而来。王凌、令狐愚吓得赶紧就跑。司马懿挥舞长剑，威风凛凛。忽然军兵散处，又有一辆四轮车推了出来，谁啊？那么熟悉，却又经久没有见面了。“我是蜀丞相诸葛亮，你难道不认识了吗？”认识，不知今日是斗将，还是斗阵法？……

又醒过来了，那么明亮。阳光真好，很温暖。窗外那么多的树，叶子都黄黄的，有两片叶子在微风中飘零而下，似乎还有谁的叹息声。这情景怎么那么熟悉？眼前站立的是谁？父亲吗？哦，还有母亲。无比宽厚与仁爱，自己就躺在她的怀抱之中。远远的，有婴孩的啼哭，就像是自己。多么熟悉而亲切的景象啊！这样地去，正如这样地来。都是一样的神秘与不可思议。不，那不是婴孩的啼哭，倒像是中原唢呐在演绎着“生”的快乐，又像是西部泥埙在渲染着“死”的悲凉。那缥缈的声音，在远远的天边吹奏着，在那个神秘的空间里吹奏着。淡若轻烟，像袅袅地向着天边发散开去，更像是从那天边袅袅地向着自己迢遥而来，总是若有若无地响，在耳边、在心上……

是迎接，还是送行？

“走了，来不及了。”

是苍老而悲怆的声音，是两颗浑浊而凄凉的老泪。

公元 251 年。八月。秋。

司马懿去世，享年七十三岁。

九月，被葬于河阴，谥号文，后改为宣文。晋武帝受魏禅，给司马懿上尊号为宣皇帝，称其陵墓为高原，庙号为高祖。